Michael Miersch

Das bizarre Sexualleben der Tiere

SERIE PIPER

Zu diesem Buch

Daß Sex die Welt bewegt, wissen wir schon lange. Nahezu jede erdenkliche Spielart ist uns Menschen inzwischen bekannt. Wie aber treiben es die anderen Lebewesen? Michael Miersch gibt in seinem Buch kenntnisreich und unterhaltsam Auskunft über das Sexualleben der Tiere vom Aal bis zum Zebra. Er schildert die Liebespraktiken von Finken und Fledermäusen, Hyänen und Hühnern, Stachelschweinen und Seepferdchen und erzählt von bizarren Balzritualen, skurrilen Genitalien und den immer wieder verblüffenden Tricks, mit denen die Geschöpfe zueinander finden. Romantisch schnäbelnde Vögel und die überaus guten Sex-Manieren der Regenwürmer zeigen freilich, daß Tiere auch nur Menschen sind …

Michael Miersch, Jahrgang 1956, ist freier Autor. Er dreht Dokumentarfilme und schrieb mehrere Bestseller in den Bereichen Natur, Umwelt und Wissenschaft. Seine Bücher und Reportagen erhielten Preise im In- und Ausland und wurden in neun Sprachen übersetzt. Gemeinsam mit Dirk Maxeiner verfaßte er »Öko-Optimismus« (Wissenschaftsbuch des Jahres 1996), »Lexikon der Öko-Irrtümer« (1998), »Life Counts« (Wissenschaftsbuch des Jahres 2000) und »Das Mephisto-Prinzip« (2001).

Michael Miersch

Das bizarre Sexualleben der Tiere

Ein populäres Lexikon von Aal bis Zebra

Mit Illustrationen von
Christine Faltermayr

Ein Eichborn.
Lexikon

Piper München Zürich

Von Michael Miersch liegen in der Serie Piper vor:
Lexikon der Öko-Irrtümer (mit Dirk Maxeiner, 2873)
Das bizarre Sexualleben der Tiere (3009)

Für Andrea Bischhoff, mein Sexualsubjekt,
und in Erinnerung an Uwe Gruhle,
der dieses Buch auf den Weg brachte

Taschenbuchsonderausgabe
Piper Verlag GmbH, München
Oktober 2002

Umschlag/Bildredaktion: Büro Hamburg
Isabel Bünermann, Julia Martinez/
Charlotte Wippermann, Katharina Oesten
Foto Umschlagvorderseite: Jame Balog/The Image Bank
Foto Umschlagrückseite: Ernst Wrba
Gesamtherstellung: Clausen & Bosse, Leck
Printed in Germany ISBN 3-492-23795-9

www.piper.de

Es gab Zeiten, da wurde über Sex im Flüsterton geredet und Bilder nackter Körper mit schwarzen Balken zensiert. Damals mußte die »Natur« herhalten, um den Menschen Angst einzujagen. Alles, was nicht der Fortpflanzung diene, sei wider die Natur, lautete ein Standardargument der Spaßverderber. Was kaum einer wußte: In Wahrheit machen es die Tiere in allen denkbaren Varianten und längst nicht immer im Dienste der Fortpflanzung.

Heute wird im öffentlichen Diskurs Verbalsex bis zum Abwinken geboten. Sexrekordler und Beichtwütige verstopfen die Fernsehkanäle. Doch alle reden immer nur über sich selbst, und zwar im doppelten Sinne: als Einzelwesen und als Vertreter der Art *Homo sapiens*.

Aber wie treiben es die anderen? Was wissen wir von den vierbeinigen, sechsbeinigen, geflügelten und flossentragenden Nachbarn auf unserem Planeten? Es wird Zeit, die menschliche Nabelschau einmal zu unterbrechen und einen Blick über den Gartenzaun unserer Gattung zu werfen. Denn, so der Evolutionsbiologe Jared Diamond, »das Leben der Tiere erscheint uns seltsam, aber (...) nach den Maßstäben der 4300 anderen Säugetierarten auf der Erde und selbst nach den Maßstäben unserer engsten Verwandten, der Menschenaffen, sind wir die Seltsamen«.

Fremdheit kann wie ein Spiegel wirken. Wir erkennen darin, wie wunderlich unser eigenes Verhalten ist. Die Berichte der Verhaltensforscher über das Triebleben der Tiere zeigen: Erstens sind Tiere ganz anders. Und zweitens sind Tiere auch nur Menschen. Dieses Buch soll zum Verständnis der ganz anderen beitragen. Es ist jedoch eine klare Absage an alle, die gern die

Natur heranziehen, um uns Menschen Moral zu lehren. Denn aus der bunten Welt des tierischen Trieblebens kann man keine Einteilung in »natürlich« und »unnatürlich« herauslesen. Noch kann man die Erkenntnisse der Verhaltensforschung für ein saloppes »anything goes« in Anspruch nehmen. Denn Tiere tun auch Dinge, die gottlob unter Menschen verpönt oder verboten sind. Einige Spinnen fressen beispielsweise nach dem Paarungsakt ihr Männchen auf – eine Praktik, die selbst die liberalsten Sexualreformer nicht gutheißen.

Sex bewegte die Welt schon lange, bevor es Menschen gab. Lust und Verlangen sind Geschenke der Natur. Bei aller kulturellen Überlagerung blieben sie tierisch. Und sie können tierisches Vergnügen bereiten: Ohne den Paarungstrieb wäre das menschliche Leben ziemlich dumpf und öde. Wer aber das Spiel der Geschlechter nur unter kulturellen Prämissen betrachtet, blendet das evolutionäre Erbe aus. Alle Menschen tragen biologische Überlieferungen in sich, trotz Antibabypille und Moral, Viagra und Religion. »Die Bewegung der ganzen Welt«, schrieb Michel de Montaigne, »läuft auf die Paarung hinaus. Alles ist von der Begierde danach durchdrungen, sie ist der Mittelpunkt, nach dem sich alles richtet.«

Ich danke meiner Frau Andrea Bischhoff für Recherche, Ideen und Ratschläge. Ein herzliches Dankeschön geht auch an die Kollegen Klaus Barber und Bernd Muggenthaler, von denen ich wichtige Hinweise erhielt. Alle Fakten verdanke ich den menschlichen Kundschaftern im Tierreich, den Zoologen.

München, im Mai 2001 *Michael Miersch*

Sex warum?

Wenn ich diese Frage stelle, antworten die meisten Menschen mit der Gegenfrage: Warum nicht? Sex ist ein so wesentlicher Bestandteil unseres Lebens, daß die Frage nach seiner Begründung absurd erscheint. »Sex warum?« klingt wie »Schwerkraft warum?« oder »Weltall warum?«. Sex ist überall: im Kopf, in der Hose, in den Händen, in der Sprache, in der Musik, in den Träumen. Von der Höhlenzeichnung bis zur Seifenwerbung dreht sich die menschliche Kultur vornehmlich um das eine. Und doch ist Sex nicht selbstverständlich. Denn, so überraschend es klingt, früher gab es keinen Sex – allerdings ist das schon ziemlich lange her.

Vor über einer Milliarde Jahren kam es zum sexuellen Urknall. Die drei Milliarden Jahre davor hatten nur simple Einzeller die Erde bevölkert, die sich durch Klonen vermehrten. Sie teilten sich in immer gleiche Abkömmlinge. Doch eines Tages kamen sich zwei von ihnen sehr nahe und machten etwas Unerhörtes: Sie verschmolzen miteinander. Danach taten sie, was alle schon immer getan hatten: Sie teilten sich wieder. Doch die neuen Wesen waren nicht mehr einfache Kopien der alten, denn sie enthielten das vermischte Erbgut zweier Eltern.

Der Sex brachte einen unwiderstehlichen Drive in die bislang lahme Evolution. Daß männliche und weibliche Tiere ihre Gene vermischten, war die entscheidende Voraussetzung zur Entstehung des buntscheckigen Zoos, der mit uns Menschen den Planeten teilt. Ohne dieses umwälzende Fertigungsverfahren hätten vielzellige Pflanzen und Tiere kaum entstehen können.

Heute vermehrt sich die große Mehrheit der höheren Lebewesen durch Sex. »Ochs tut es, Kuh tut es. Ein gesundes Känguruh tut es. Fink und Star auf dem Dach tun es. Bachforellen im Bach tun es«, sang einst Hildegard Knef. Einmal abgesehen von der kleinen Ungereimtheit mit dem Ochsen war dieses Lied biologisch völlig korrekt. Doch auch die Knef blieb eine Antwort darauf schuldig, warum es eigentlich alle Tiere tun?

Schon lange rätseln Biologen, wieso sich Mutter Natur so etwas Kräftezehrendes wie Sex ausgedacht hat. »Sex ist die Königin der Probleme«, schrieb der Evolutionsforscher Graham Bell. »Vielleicht hat kein anderes Naturphänomen so viel Interesse geweckt; gewiß hat keines vergleichbare Verwirrung gestiftet.« Seit Darwin die »Die Entstehung der Arten durch natürliche Zuchtwahl« verfaßte, ist klar: Alles Leben ist auf möglichst effektive Fortpflanzung angelegt. Warum tun es Stier, Kuh und Känguruh dann nicht so wie Blattläuse, Wasserflöhe, Sackmotten oder Rennechsen, die alle ohne Sex auskommen. Bei diesen Geschöpfen bringen Weibchen allein aus ihren Eizellen ohne Zuhilfenahme von Samen immer neue Weibchen hervor. Mütter und Töchter sind genetisch identische Klone.

Sex sei für die Fortpflanzung nicht zwingend notwendig, bemerkte der deutsche Naturforscher August Weismann im 19. Jahrhundert. Sein französischer Kollege René Réaumur hatte bereits 150 Jahre zuvor beobachtet, wie sich weibliche Blattläuse ganz ohne Männchen vermehrten. Seither haben Gelehrte immer wieder versucht, selbst im Labor Lebewesen zu klonen. 1910 gelang es Réaumurs Landsmann E. Battaillon, aus unbefruchteten Froscheiern durch einfaches Anpieksen Frösche entstehen zu lassen. Bemühungen, auch Säugetiere zu klonen, fanden ihren vorläufigen Höhepunkt, als schottische Genetiker am 23. Februar 1997 der staunenden Weltöffentlichkeit das Schaf Dolly präsentierten, das – ganz ohne den Samen eines Widders – aus einer leeren Eihülle und der Erbsubstanz einer Körperzelle erschaffen wurde. Frühere Versuche, Säugetiere ungeschlechtlich zu vermehren, waren stets gescheitert.

Werden Männer jetzt völlig überflüssig? Genetik und Reproduktionsmedizin entwickeln sich rasant. Eine friedliche, sexlose Mutter-Tochter-Gesellschaft, in der die Frauen unter sich bleiben, wird zur machbaren Utopie. Schließlich hat eine ganze Klasse im Tierreich, die *Bdelloidea* aus der Ordnung der Rädertierchen, in dreißig Millionen Jahren kein einziges Männchen hervorgebracht und sich dabei sehr erfolgreich auf dem Planeten verbreitet.

Klonen ist eine äußerst effektive Art der Vermehrung. Wenn alle Vertreter einer Art weiblich sind, ist der Fortpflanzungserfolg doppelt so groß. Denn alle – und nicht nur die eine Hälfte – kriegen dann Junge. Nachwuchs ist die Währung der Evolution. Wer mehr lebende Nachkommen hervorbringt, verbreitet seine Gene am schnellsten und setzt sich im Kampf ums Dasein durch. Warum vergeuden also so viele Geschöpfe ihre Zeit mit Sex?

Obendrein kostete die Erfindung der Geschlechtlichkeit einen hohen Preis, denn mit dem Sex kam der Tod in die Welt. Da Klone immer aufs neue sich selbst hervorbringen, sind sie unsterblich. In den Rocky Mountains wurde ein Espen-Klon entdeckt, zu dem fünfzigtausend Bäume gehören. Er erstreckt sich über 175 Quadratkilometer Land. Diese genetisch identischen Espen leben schätzungsweise schon länger als 10000 Jahre. Sie haben Eiszeiten überstanden und Hitzeperioden. Über ihnen leuchteten Sterne, die heute längst verglüht sind. »Sie erinnern uns daran«, schreibt der Evolutionsforscher Adrian Forsyth, »wie kurz unser eigenes Leben ist. Wir sind als Individuen doch nur sehr vorübergehende Erscheinungen.«

Asexuelle Geschöpfe sparen sich die Paarung, die oft mühselige Partnersuche, die aufreibende Balz. Die Zeit, die sexuelle Lebewesen mit solchen Dingen vergeuden, nutzen Klone zu ihrem Vorteil: Zum Beispiel indem sie mehr fressen oder besser aufpassen, nicht selbst gefressen zu werden. Auf geschlechtliche Statussymbole können sie getrost verzichten. Sie brauchen keine langen bunten Federn, die sie im Flug behindern, kein Geweih, mit dem sie im Unterholz hängenbleiben, und kein dickes Cabrio, mit dem sie vergeblich Parkplätze suchen. Das alles haben sie nicht nötig. Denn es gibt ja kein anderes Geschlecht, das sie beeindrucken müßten. Warum vermehren sich dann die weitaus meisten höheren Lebewesen durch Sex und nicht durch Jungfernzeugung?

Eines ist sicher: Männliche Wesen sind zur Vermehrung an sich nicht notwendig. Also müssen Hengste, Eber, Böcke und Bullen irgendeinen anderen Zweck erfüllen, sonst wären sie längst Opfer der natürlichen Auslese geworden. Doch bis heute streiten die Experten, welcher Zweck das sein könnte.

Darwin selbst eröffnete den Reigen der Erklärungen. Er betonte, daß durch Sex ständig neue Wesen entstehen, die sich von ihren Eltern unterscheiden. Dieser Unterschied ermöglicht im Laufe von Generationen die Anpassung an veränderte Umweltbedingungen. Lange Zeit begnügte sich die Wissenschaftswelt mit dieser Deutung. August Weismann und die anderen Biologiekoryphäen des 19. Jahrhunderts hielten das Phänomen Sex für ausreichend erklärt. Auch in der ersten Hälfte des 20. Jahrhunderts, als Genetiker wie Ronald A. Fisher (England) und Hermann J. Muller (USA) über den Sinn der Sexualität nachdachten, kamen kaum Zweifel auf: Sex – so der damalige Konsens – fördert die Anpassung einer Spezies an ihre Umwelt und dient somit der Arterhaltung. Durch das ständige Neukombinieren des Erbgutes können Tier- oder Pflanzenarten sich auf den Wandel ihrer Umgebung besser einstellen. Identische Klone dagegen wären langfristig zum Aussterben verurteilt, wenn sich ihr Lebensraum – etwa durch einen Klimawandel – verändert.

Eine überaus einleuchtende Theorie. Doch leider wurde ihr in den sechziger Jahren der Boden entzogen. Britische und amerikanische Biologen fanden damals heraus, daß einzelne Lebewesen sich keinen Pfifferling um die Erhaltung ihrer Art kümmern. Sie sind darauf programmiert, nur ihre eigenen, ganz persönlichen Gene weiterzugeben und dies – wenn es sein muß – auf Kosten von Artgenossen. Soziobiologen sprachen fortan vom Egoismus der Gene. Die gute alte Arterhaltung hatte ausgedient und war kein wissenschaftlich anerkannter Grund mehr, um Sex oder irgendeine andere Lebenserscheinung zu erklären. »Darwinsche Fitneß« wird im Sinne der Soziobiologie daran gemessen, wie viele Nachkommen eines Individuums überleben und zur Fortpflanzung kommen.

Der amerikanische Evolutionsbiologe George C. Williams

schrieb 1966, daß vom Standpunkt der individuellen, genetischen Konkurrenz die asexuelle Vermehrung der sexuellen überlegen sei. Ein sich klonendes Weibchen würde ihre fröhlich kopulierenden Nachbarinnen schon bald mit der Zahl ihrer Nachkommen ausstechen. In kürzester Zeit hätten ihre Töchter die Oberhand und würden alles Futter für sich beanspruchen. Es wäre schnell vorbei mit dem lüsternen Lotterleben der Sextiere. Ergo: Auch wenn die Genvermischung langfristige Vorteile für die Art bringt, so ist sie doch kurzfristig von Nachteil für das Einzelwesen. Wie kann sie sich also evolutionär durchgesetzt haben? Über achtzig Jahre, nachdem Weismann das Problem formuliert hatte, wußten die Experten immer noch nicht, wozu Sex eigentlich gut war. Doch immer mehr Forscher suchten nach neuen Antworten.

Fragen gab es (und gibt es bis heute) genug. Wie konnte überhaupt etwas so Kompliziertes wie die Reifeteilung der Chromosomen in den Keimzellen sexueller Wesen entstehen? Die Natur wußte schließlich nichts von den späteren Vorteilen dieses Verfahrens. Warum kommen manche Arten ganz oder zeitweise ohne Sex aus? Warum sind überhaupt Männchen entstanden? Weibchen könnten doch zusätzlich Samen produzieren und ihn gegenseitig austauschen (Schnecken und andere Zwittertiere tun genau dies).

Die späten siebziger Jahre waren eine Zeit, in der schnell wechselnde Theorien bunte Blüten trieben. Viele junge Biologen wurden von den Fragen angespornt, die der Brite John Maynard Smith in seinem Buch »The Evolution of Sex« (1978) formuliert hatte. Maynard Smith, einer der Väter der Soziobiologie, vertrat darin die Überzeugung, daß Zweigeschlechtlichkeit Tieren und Pflanzen einen Trumpf bieten mußte, der auch kurzfristig wirksam war. Sonst hätte sie sich niemals durchsetzen können.

Einige sahen die Antwort darin, daß nur durch die genetische Mixtur außergewöhnlich fitte Nachkommen hervorgebracht werden können. Und diese Prachtexemplare hätten dann eben mehr Erfolg als tausend schwächliche Klone. Andere formulierten die Reparaturtheorie: Genetische Defekte würden bei Klonen endlos von den Eltern auf die Kinder weitergereicht. Etwa durch UV-Strahlen krankhaft veränderte Gene könnten nicht ersetzt werden, da niemals neues Erbgut ins Spiel kommt. So würden im Laufe der Generationen immer mehr Minuspunkte angesammelt. Irgendwann wären die Klone dann gesundheitlich am Ende.

Die überlegenen Sexwesen dagegen kombinieren immer zwei halbe Chromosomensätze zu einem neuen ganzen. Das beschädigte Gen des einen Partners wird durch ein gesundes des anderen ersetzt. So wird in der Regel überlebensfähiger Nachwuchs hervorgebracht. Alexej Kondrashov von der Universität Moskau erklärte, Sex sei ein Mittel gegen zerstörerische genetische Mutationen. Sein Kollege Richard Michod aus Tucson, Arizona, ist ebenfalls von der Reparaturtheorie überzeugt. Er entdeckte 1988, daß auch Bakterien Sex machen. Sie nehmen Bruchstücke genetischen Materials aus ihrer Umgebung auf. Dieses Erbgut stammt zumeist von toten Artgenossen. Michod beobachtete auch, daß Bakterien mit beschädigten Genen besonders scharf auf Sex sind. Kaum haben sie ihr Erbgut repariert, fangen sie an, sich wie wild zu teilen. »Sex mit toten Bakterien«, kommentierte der kalifornische Genwissenschaftler Michael Rose, »ist offenbar immer noch besser als gar kein Sex.«

Die Reparaturtheorie ließ jedoch einige Fragen offen. Wenn es lediglich um das Abchecken und Sichern der mütterlichen Erbinformationen geht, warum gibt es dann bei vielen Tierarten ein Inzest-Tabu? Fehlerhafte Kopien lassen sich mit Hilfe der Gene von Geschwistern sogar besonders gut korrigieren.

William Hamilton, Landsmann von Maynard Smith, präsentierte 1980 eine Antwort auf das Sexrätsel, die er nach der »Roten Königin« benannte, einer literarischen Figur aus dem Buch »Alice hinter den Spiegeln« von Lewis Carroll. Die Rote Königin sagt zu Alice: »Hier mußt du so schnell laufen, wie du überhaupt nur kannst, um wenigstens auf der Stelle zu bleiben.« Dies ist die poetische Umschreibung einer großen Überlebensfrage aller Geschöpfe. Ob Rose oder Rotkehlchen, Krake oder Kakerlake, Meerkatze oder Mensch: Alle müssen wir »so schnell laufen, wie wir können«, damit wir nicht von Viren, Bakterien und Parasiten endgültig umgebracht werden. Alle sexuellen Lebewesen frischen durch immer neue Genkombinationen das Abwehrsystem ihrer Nachkommen auf. Und weil sie das tun, gibt es immer ein paar Individuen, die Seuchen überleben, da ihr Immunsystem den Angreifern überlegen war.

»Die bizarre Erfindung der Männlichkeit« (Hamilton) hat sich deshalb in der Evolution durchgesetzt, weil die Durchmischung der Gene die Abwehrkräfte aufmöbelt. Das erhöht die Chancen für den eigenen Nachwuchs, bietet also den Sexwesen auch einen kurzfristigen Vorteil. Bei ungeschlechtlichen Geschöpfen dagegen haben Bakterien und Viren leichtes Spiel. Sobald sie die Immunabwehr eines einzigen Klons geknackt haben, können sie alle überwältigen.

Der Wettlauf zwischen den Krankheitserregern und ihren Opfern kann nie endgültig gewonnen werden. Doch genetische Stagnation ist ein gefährliches Risiko. Hamilton hat den ewigen Kampf zwischen Parasiten und ihren Wirten im Computermodell nachgespielt. Ergebnis: Im virtuellen Biotop gelang es den sexuellen Wesen, ihren Plagegeistern immer einen Schritt voraus zu sein. »Geschlechtliche Spezies«, verkündete der Forscher stolz, »basieren auf dem freien und fairen Austausch von Biotechnologie zum Zwecke der Abwehr von Parasiten.«

Was Hamilton im Computer simulierte, untermauerten andere Forscher durch Naturbeobachtungen. Der amerikanische Biologe Curtis Lively untersuchte Neuseeländische Wasserschnecken, die sich sowohl ungeschlechtlich als auch sexuell vermehren können. Ein kleiner, parasitischer Wurm mit dem anzüglichen Namen *Microphallus* macht den Weichtieren das Leben schwer. In Seen, die mit dem Parasiten verseucht waren, so konnte Lively beobachten, vermehrten sich die Schnecken durch Sex. Dort aber, wo keine Wurmgefahr bestand, klonten sie sich lieber. Das gleiche Bild bot sich dem Forscher beim Beobachten einer kleinen mexikanischen Karpfenfischart. Auch diese Fischchen beherrschen beide Varianten der Vermehrung. Wie die Schnecken klonen sie sich in der Regel, doch schalten sie auf Sex um, wenn Parasiten sie bedrohen.

Wie erfolgreich die Samenimpfung parasitäre Angriffe abwehrt, läßt sich messen. Der Verhaltensphysiologe Nicolaas Michiels zählte bei ungeschlechtlichen Strudelwürmern zwanzigmal mehr Schmarotzer als bei ihren sexversessenen Artgenossen.

Klone können also eine Zeitlang die Oberhand gewinnen, solange es allein darauf ankommt, wer sich am schnellsten vermehrt, wenn Tiere zum Beispiel neue Lebensräume erobern. Sobald jedoch Parasiten und Krankheiten ins Spiel kommen, zahlt sich Sex aus. Das erklärt auch, warum viele normalerweise rein weibliche Lebewesen, wie Wasserflöhe oder Blattläuse, von Zeit zu Zeit doch wieder Männchen hervorbringen und eine Runde Sex einlegen, bevor sie sich erneut klonen. Der Samen wird als genetische Abwehrwaffe gebraucht. Männchen – so lautet die nüchterne Botschaft der Evolutionsforscher – sind nichts weiter als ein Produkt weiblicher Gesundheitsvorsorge. Und deshalb unverzichtbar.

A

Aale

Die schlangenhaften Glitschfische sind in sexueller Hinsicht die diskretesten Tiere der Welt. Für den Zeugungsakt ziehen sie sich in die tiefsten Tiefen des berüchtigten Bermuda-Dreiecks zurück. Seit Generationen versuchen Forscher, Aale dabei zu beobachten. Sie folgten ihnen auf Schiffen, tauchten mit U-Booten hinterher, durchkämmten die Sargassosee (dort liegt das Versteck der Aale) mit Netzen und hefteten Pfadfinder-Aalen Peilsender an – vergeblich. Noch nie ist ein laichender Aal im Atlantik gesichtet oder gefangen worden.

Der Europäische Flußaal (eine von 16 Flußaal-Arten, die sich in unterschiedlichen Meeresregionen vermehren) unternimmt eine 7000 Kilometer lange Hochzeitsreise aus den Flüssen und Seen der Alten Welt vor die Küste Nordamerikas. Hat ein Aal 32 Prozent Fett im Leib, hört er mit dem Fressen auf. Sein Darm schrumpft und seine Augen wachsen (damit er in der Tiefsee besser sehen kann). Dann versucht er mit allen Mitteln, in den Atlantik zu gelangen. Kleinere Strecken schlängelt er sich notfalls auch über Land. Innerhalb von zwei bis drei Jahren schaffen es die winzigen Aallarven dann wieder zurück nach Europa.

Die sexuelle Diskretion der Aale hat schon antiken Naturforschern Kopfzerbrechen bereitet. Aristoteles glaubte, die Erde selbst spucke Jungaale aus. Plinius der Ältere vermutete, daß aus alten Hautfetzen der erwachsenen Tiere neue Fischlein entstünden. Andere Theorien besagten, daß sich der mysteriöse Speisefisch aus Pferdeschweifhaaren oder kleinen Käfern entwickle.

Mehr Licht in das Dunkel der Aalreproduktion brachte der Däne Johannes Schmidt, der zwischen 1904 und 1922 Aallarven im Atlantik verfolgte. Der Fischforscher steuerte sein Schiff immer in die Richtung, wo er die kleinsten Larven entdeckt hatte, so lange, bis er noch kleinere fand. Endlich stieß er in der Sargassosee auf Winzaale, die aussahen wie frisch geschlüpft. Und dort endete die Spur. Wo genau die große Aalorgie stattfindet, blieb im Dunkeln der Tiefsee. Deutsche Wissenschaftler versuchten es mit einem Trick. Durch Hormonbehandlung brachten sie weibliche Aale zur Eierproduktion, statteten sie mit Drucksensoren und einem Sender aus und entließen sie über dem vermuteten Laichgebiet in der Sargassosee. Doch in 700 Metern Tiefe verstummten die Funksignale.

Kein Wunder, daß die Aale nicht gestört werden wollen, denn die Zeugung ist für sie ein einmaliges Erlebnis. Und das ist wörtlich gemeint: Aale tun es nur einmal im Leben. Nur wenige Tiere brauchen so lange bis zur Geschlechtsreife. Manche Aale sind bereits über 18 Jahre alt, wenn sie das erste (und letzte) Mal in ihrem Leben Sex haben. Nach der Eier- oder Samenabgabe sterben sie.

Und weil Sex bei ihnen erst im hohen Alter eine Rolle spielt, können sie sich mit der Vorbereitung darauf viel Zeit lassen. Erst nach Jahren entwickeln sich die neutralen Jungaale zu Männchen oder Weibchen. Faule Fische, die in den Mündungsgebieten der Flüsse verweilen, werden zumeist männlich. Energiebündel, die sich zu den Quellen emporkämpfen, neigen zur Weiblichkeit und werden größer.

Früher gehörten Aale zur Volksapotheke, unter anderem als sexuelle Stimulans für Nutztiere. So hat man auf dem Lande lebendige Aale verfüttert, um die Fruchtbarkeit des Viehs zu steigern. Der Schweizer Naturforscher Conrad Gesner (1516–1565) berichtet von Pferdehändlern, die lebende Aale in den After der Tiere kriechen ließen, damit die Rösser »ganz geyl und muthig scheinen« und so auf dem Markt einen höheren Preis erzielten.

Abtreibung

Die Tatsache, daß Tiere abtreiben, stellte Biologen vor ein Rätsel. Alle Tiere versuchen – so eine Grunderkenntnis der Evolutionsbiologie –, möglichst viele überlebensfähige und fruchtbare Nachkommen in die Welt zu setzen. Warum tun einige dann scheinbar das Gegenteil? Daß → Löwen, Spatzen und viele andere Arten den Nachwuchs ihrer Konkurrenten töten, paßt durchaus ins Darwinsche Konzept. Aber den eigenen?

Abtreibung kann eine paradoxe Fortpflanzungsstrategie sein, nach dem Motto »weniger ist mehr«. Weibchen opfern einen Teil ihrer Jungen, wenn ihre körperlichen Ressourcen (z. B. Muttermilch) nicht ausreichen, das Futter knapp wird oder eine Überpopulation Dichtestreß auslöst. Die Wahl der Mittel liegt dabei jenseits jeglicher Moral. Manche Tiere fressen ihre bereits geborenen Babys, andere die → Eier. Manchmal entscheidet der Körper selbst und löst die Embryonen in der Gebärmutter auf.

Hausschweine verlieren ihren Wurf, wenn er zu klein geraten ist. Wachsen am zwölften Trächtigkeitstag weniger als fünf Embryos in der → Gebärmutter heran, wird abgebrochen. Die Entscheidung fällt in einem Kampf der → Hormone. Jene Teile der Gebärmutterwand, in denen sich befruchtete Eier eingenistet haben, produzieren ein Schwangerschaftshormon, die leer gebliebenen ein Anti-Hormon. Die Strategie der → Schweine ist biologisch vernünftig. Ihre durchschnittliche Wurfgröße liegt bei neun bis elf Ferkeln. Stoßen Säue zu klein geratene Würfe ab und werden dann gleich wieder trächtig, können sie die Gesamtzahl ihrer Nachkommen dadurch erhöhen.

Weibliche Hausmäuse (→ Mäuse) resorbieren ihre Embryonen, wenn ein neues Männchen das alte ablöst. Der Stiefvater würde die Jungen ohnehin töten. Diese präventive Abtreibung wird in Fachkreisen Bruce-Effekt genannt, nach seiner Entdekkerin, der Biologin Hilda M. Bruce. Sobald in einem Mäuserevier der Pascha stirbt oder verschwindet und ein neuer seine

Duftmarke setzt, bricht die Schwangerschaft des Weibchens ab. Innerhalb von wenigen Tagen wird sie wieder brünstig.

Wenn männliche Dreistachlige → Stichlinge Hunger leiden, fressen sie einen Teil der eigenen Eier. Das verkleinert zwar das Gelege, steigert aber langfristig den Fortpflanzungserfolg. Ein gut genährter Stichlingsmann kann in der gleichen Saison noch weitere Laiche besamen und bewachen. Wenn er sich von seinen Eiern entfernt, um Nahrung zu suchen, läuft er außerdem Gefahr, daß sein Nest von Räubern geplündert wird.

Bei den Korallenbarschen verspeisen die Männchen jeden vierten Laich, den sie befruchtet haben, weil sich die Bewachung nicht lohnt. Lieber halten sie Ausschau nach einem anderen Weibchen, das mehr Eier legt. So erhalten sie mehr Nachkommen mit weniger Aufwand.

Bei Sandhaien und Alpensalamandern findet eine aus menschlicher Sicht besonders scheußliche Form der Abtreibung statt. Im Körper der Mutter fressen die Embryos sich gegenseitig auf. Ein Alpensalamander-Weibchen produziert etwa 60 Eier und bewahrt diese in einer Körperhöhle auf. Nach zwei Jahren werden zwei kleine → Salamander geboren, die sich an ihren Geschwistern gemästet haben.

Adoption

Zum Trost aller Tierfreunde hat die Natur nicht nur grausame Seiten, sondern zeigt auch ein gütiges Gesicht. Bei vielen Arten ist es durchaus üblich, daß Waisen und verirrte fremde Junge adoptiert werden. Tiere, die in Verwandtschaftsgruppen leben, engagieren sich besonders häufig als Pflegeeltern. Dies kann durchaus im Einklang mit dem genetischen Egoismus stehen, den die Soziobiologie postuliert. Wer die Brut seiner Schwestern aufzieht, tut damit auch etwas für die Verbreitung der eigenen → Gene (die ja auch in den Nichten und Neffen stecken). Adoption unter Verwandten wurde auch bei verschiedenen Affenarten (→ Affen) und Nasenbären nachgewiesen.

Bei → Rehen wurde beobachtet, daß sich unter bestimmten Umweltbedingungen mehrere untereinander verwandte Weibchen mit einem Bock zusammenschließen. Verwaist in so einer Rickengemeinschaft ein Kitz, wird es von einer Schwester oder Tante großgezogen und auch gesäugt.

Hausschweine, die in Gruppen gehalten werden, akzeptieren nicht selten fremde Ferkel an ihrem Gesäuge (→ Schweine). 1996 entdeckten amerikanische Wissenschaftler anhand von Gentests, daß Afrikanische Wildhunde nicht nur verwandte, sondern auch blutsfremde Waisen großziehen. Sie vermuten, daß die Rudeljäger daraus einen Vorteil ziehen: Da größere Rudel besser jagen und ihre Beute erfolgreicher verteidigen können, sind neue Mitglieder gut für alle. Die Schimpansenforscherin Jane Goodall berichtete von erwachsenen Schimpansenmännern, die sich rührend um verwaiste Kinder kümmerten (→ Schimpansen). Ein überaus selbstloses Verhalten, denn bei der lockeren Sexualität dieser Menschenaffen kann kein Mann wissen, ob er der Vater eines Kindes ist. Wie Wissenschaft zum Dogma werden kann, ist an der Interpretation kanadischer Forscher abzulesen, die sich im Journal of Zoology fragten, warum weibliche Eisbären fremde Junge adoptieren. Die Erklärung der Forscher: Die Fähigkeit, ihre Jungen zu identifizieren, ist bei Eisbären möglicherweise sehr unterentwickelt. Im Klartext: Die Bärinnen sind ein bißchen doof und können eigene Junge nicht von anderen unterscheiden. Die Forscher haben ein Problem damit, daß das Verhalten der Weibchen dem soziobiologischen Gesetz widerspricht, jedes Tier habe nur die Weitergabe seiner eigenen Gene im Sinn. Bevor sie sich aber trauen, das Dogma anzuzweifeln, erklären sie lieber die Tiere für dumm.

Auch bei verschiedenen Entenvögeln ist Adoption relativ häufig (→ Enten). Brandenten nehmen fremde Küken sogar unter ihre Fittiche, wenn diese nicht mit ihnen verwandt sind. Zwar versuchen sie anfangs, das untergeschlüpfte Junge zu verscheuchen. Aber schon bald erlischt die Aggressivität und die Küken werden akzeptiert. Der Zoologe Einhard Bezzel erklärt dieses altruistische Verhalten damit, daß Entenjunge sich selbst ernähren und außer Schutz nicht viel von ihrer Mutter verlangen. Die Amme hat sogar einen kleinen Vorteil von der vergrößerten Kinderschar (→ Ammenaufzucht). Je mehr Küken, desto geringer ist die Gefahr für das einzelne, von einem Räuber erwischt zu werden. So steigt durch Adoption die Überlebenschance der eigenen Brut. Bei Brandenten ist dieses Verhalten so verbreitet, daß Paare oft die gesamte Kükengruppe ihrer Nachbarn führen und umgekehrt.

Daß Elternschaft auch im Tierreich mehr bewirken kann als die Weitergabe der eigenen Gene, zeigen Untersuchungen an Haussperlingen. Bei den Männchen dieser Vogelart ist ein dunkler Fleck auf der Brust das Statussymbol, auf das die Weibchen fliegen. Wissenschaftler an der Universität Uppsala in Schweden schoben einem Spatzenpaar fremde Eier unter. Zur Überraschung der Forscher ähnelten die Brustflecken der Jungen nicht dem biologischen Vater, sondern ihrem Pflegevater, der sich um sie gekümmert hatte.

Affen

Diese größte Unterordnung der Primaten umfaßt so unterschiedliche Tiere wie das Zwergseidenäffchen (100 Gramm Gewicht) und den → Gorilla (275 Kilogramm). Auch wir Menschen gehören dazu, denn mit den Affen und Halbaffen zählen wir zur Ordnung der Primaten. Im Gegensatz zu den meisten anderen Säugetieren können sich Affen das ganze Jahr über paaren. Nicht nur der Mensch macht ausgiebig Gebrauch von dieser Fähigkeit. Es gibt noch mehr Ähnlichkeiten: Das Gesäuge der Affenweibchen hängt wie beim Menschen an der Brust (→ Busen, → Zitzen), und sie machen einen Monatszyklus durch.

An ihren fruchtbaren Tagen schwellen bei manchen Arten (→ Paviane, → Schimpansen) die äußeren Geschlechtsteile stark an. Bei diesem Anblick (der bei Zoobesuchern immer wieder für Gesprächsstoff sorgt) geraten männliche Affen in Paarungsstimmung. Das Sexleben unserer haarigen Vettern ist von Art zu Art völlig unterschiedlich. Es gibt Affen, die – nahezu – monogam sind, zum Beispiel → Gibbons. Andere, wie die Mantelpaviane, leben in Haremssystemen mit einem Pascha und seinem Gefolge (→ Harem). Schimpansen wiederum leben in Promiskuität, während → Bonobos andauernden → Gruppensex betreiben. Diese Zwergschimpansen sind übrigens unsere nächsten Verwandten.

Eine sexualanatomisch besonders bemerkenswerte Art ist der Nasenaffe, der auf Borneo lebt. Die Männchen dieser Schlankaffen tragen nicht nur eine gurkenförmige Nase im Gesicht, sondern stellen auch – einmalig unter den Primaten – fast ständig einen knallroten, erigierten → Penis zur Schau. Der malaiische Name für Nasenaffe ist »Holländer«. Unklar ist, ob diese Bezeichnung auf die Nasen der ehemaligen Kolonialherren anspielt oder die sexuellen Aktivitäten.

Tamarine, eine Gattung aus der Gruppe der Krallenaffen, die elf Arten umfaßt, galten früher als Musterfall eiserner Einehe. Inzwischen wissen die Biologen, daß auch bei diesen Primaten der erste Eindruck trügt. Beispiel Braunrückentamarine: Üblicherweise bevorzugen diese kleinen Affen aus dem Amazonasgebiet eher die monogame Partnerschaft. Manche führen jedoch Ehen zu dritt, bei denen ein Weibchen mit zwei Männchen zusammenlebt. An Stabilität und Harmonie büßt diese Dreiecksbeziehung dennoch nichts ein. Gemeinsam kümmert man sich um die Kinder und verbringt viel Zeit mit gegenseitiger Fellpflege.

Wie bei Wölfen bekommt in den sozialen Gemeinschaften der Krallenaffen immer nur das dominante Weibchen Junge (zumeist Zwillinge). Die anderen Weibchen helfen bei der Pflege und beim Bewachen des Nachwuchses. Ihre → Eierstöcke verkümmern. Das Alpha-Weibchen erzeugt diesen Effekt mit einer Kombination verschiedener Unterdrückungsmethoden (→ Alpha-Tiere). Es verströmt einen speziellen Duftbefehl (→ Geruchssinn) und drangsaliert die anderen Weibchen ständig. Trennt man im Laborversuch die Matriarchin von der Gruppe, stellt sich bei den unterdrückten Weibchen wieder der → Eisprung ein. Zoologen nehmen an, daß es für die kleinen

Krallenaffen überlebenswichtig ist, gemeinsam die wenigen Jungtiere zu bewachen, da diese ständig durch Raubvögel und → Schlangen bedroht werden.

Aids

Die sexuell übertragbare Immunschwächekrankheit kam vielleicht aus dem Tierreich. Wissenschaftler diskutieren, ob der Aids-Erreger ursprünglich als mutierte Variante eines Affenvirus auf den Menschen überging. Im Verdacht steht die Grüne Meerkatze, die in Afrika gegessen wird.

Sicher ist jedoch, daß wir den Affen in Sachen Aids viel verdanken. → Schimpansen, → Makaken und → Paviane sind die bevorzugten Versuchstiere der Aidsforscher. Zu Forschungszwecken infizierte Primaten müssen in den meisten Labors ein überaus trauriges Dasein fristen. Schimpansen werden, wenn sie den Virus tragen, in kleinen Einzelkäfigen gehalten, was für die ausgesprochen sozialen Tiere eine Höllenqual bedeutet. Erstaunlicherweise erkranken die Menschenaffen nicht an der Immunschwäche. Ihr Organismus lebt mit dem Erreger in friedlicher Koexistenz. Dennoch halten viele Aidsexperten die Langzeituntersuchung an infizierten Schimpansen für notwendig, um mehr über die Krankheit zu erfahren. Dafür fristen die Tiere mehrere Jahrzehnte in Einzelzellen. Ein Preis, der manchem Wissenschaftler schwer aufs Gewissen drückt. »Die Affen hier schulden uns nichts«, sagte Jim Mahoney, ehemals Leiter einer großen medizinischen Forschungsstation bei New York, »aber wir ihnen alles.«

Albatrosse

Die Minnesänger unter den Tieren: Im Gegensatz zu den meisten anderen Geschöpfen üben sie sich erstaunlich lange in platonischer Liebe und Enthaltsamkeit. Nach einer intensiven Werbung und den ersten Zärtlichkeiten verlassen Königsalbatrosse getrennt ihre Heimatinsel, um allein über das Meer zu fliegen. Einmal jährlich unterbrechen sie ihr Luftleben für kurze, überaus sittsame Treffen, bei denen sie ein wenig schnäbeln und sich gegenseitig das Gefieder kraulen. Nach vier Jahren paaren sie sich dann zum ersten Mal, nicht ohne zuvor eine imposante Ausdrucksbalz hingelegt zu haben. Dabei beknabbern sie ihre Schnabelspitzen, recken gemeinsam die Hälse und klappen lautstark ihre Schnäbel zu. Die Ehe dieser monogamen Vögel kann mehr als zwanzig Jahre dauern.

Biologen erklären die lange Verlobung der Albatrosse mit der Notwendigkeit, einen treuen Partner zu finden, der von den langen Futterbeschaffungsreisen absolut zuverlässig zurückkehrt. Die Aufzucht der Brut ist bei diesen Vielfliegern überaus langwierig und arbeitsintensiv. Pro Brutperiode ziehen sie nur ein einziges Küken auf. Das Einzelkind braucht ein Jahr, bis es sich selbst ernähren kann.

Alpha-Tiere

Die biologische Bezeichnung für das ranghöchste Mitglied einer Gruppe. Das typische Alpha-Männchen ist der Rothirschpascha, der inmitten seines → Harems stolziert und alle Geschlechtsgenossen aggressiv bekämpft. Auch im menschlichen Sozialleben sind die konkurrenz- und machtorientierten Alpha-Männchen und Möchtegern-Alphas leicht zu erkennen.

Glücklicherweise geht die Ellenbogenstrategie nicht immer auf. Im Tierreich werden Alpha-Männchen von den Weibchen und ihren weniger kampflustigen Geschlechtsgenossen nach Strich und Faden ausgetrickst. So nutzen weibliche Rhesusaffen jede Gelegenheit, um sich hinter Büschen mit anderen Freiern zu vergnügen. Klugerweise verhalten sie sich bei diesen Affären viel leiser, als wenn sie mit dem Gruppenboß kopulieren. Dies konnte die Verhaltensforscherin Anne E. Rasa auch bei Fuchsmangusten (einer afrikanischen Mungo-Art) beobachten (→ Mungos). Beim offiziellen Vollzug mit dem Alpha-Mann gaben die Weibchen ein temperamentvolles Quietschen von sich. Seitensprünge geschahen in aller Stille.

Würzburger Wissenschaftler unternahmen Gentests, um die Herkunft der Nachkommen bei kleinen Guppyfischen der Art *Limia perugiae* zu ermitteln. Das erstaunliche Ergebnis: Kein einziger Jungfisch stammte von dominanten Männchen ab. Die Chefs waren ständig damit beschäftigt, ihren Rang zu verteidigen. Die Biologen fanden heraus, daß in der Regel die rangzweiten Fische Väter von 65 und mehr Prozent der Nachkommen waren. Die untergeordneten Männchen wendeten jedoch nur fünf Prozent des Tages für Konkurrenzkämpfe auf. Die restliche Zeit versuchten sie – oft erfolgreich –, sich heimlich mit den Weibchen zu paaren.

Auch bei unseren nächsten Verwandten, den Schimpansen, werden die Macker hinters Licht geführt. Als der Schweizer Primatologe Christophe Boesch und seine Kollegen Vaterschaftstests unter wilden Schimpansen in einem westafrikanischen Nationalpark durchführten, entdeckten sie Erstaunliches: Von den 13 Jungtieren, die innerhalb von zwölf Jahren in einem Affenclan aufwuchsen, war kein einziges von den beiden Alphamännchen gezeugt worden. Schlimmer noch: Sieben Junge hatten Väter aus fremden Gruppen, obwohl es den Clanmitgliedern streng verboten ist, Kontakte zu anderen Horden aufzunehmen. Vor diesem Hintergrund wäre es sicherlich ein interessantes Projekt, Vaterschaftstests in den Chefetagen des Großstadtdschungels durchzuführen.

Eine Untersuchung im Gombe-Nationalpark in Tansania zeigte, daß auch bei Weibchen ein hoher Rang nicht gleichbedeutend mit vielen Nachkommen sein muß. Im Gegenteil: Weibliche Anubispaviane (→ Paviane) zahlen einen hohen Preis, wenn sie einen Spitzenplatz in der Gruppenhierarchie erobern. Oft bleibt dabei der Kindersegen völlig aus. Ein mächtiges und aggressives Weibchen hatte ihr ganzes Leben lang nur eine Schwangerschaft, die mit einer Fehlgeburt endete. Offenbar ist der Kampf um die soziale Position mit solchem Streß verbunden, daß die Fortpflanzungsfähigkeit verkümmert.

Amazonen-Molly

Dies ist nicht etwa der Spitzname einer Irin, die in Brasilien lebt, sondern bezeichnet einen kleinen, Guppy-ähnlichen Fisch. Die Art trägt den wissenschaftlichen Namen *Poecilia formosa* und lebt in einem feministischen Paradies mitten im Macho-Staat Texas: Alle Amazonen-Mollys sind weiblich.

Doch hin und wieder lassen sie sich dennoch mit dem anderen Geschlecht ein. In Ermangelung eigener Männer schnappen sie sich Männchen von zwei anderen Arten (Breitflossenkärpfling und Spitzmaulkärpfling). Dabei kommt es sogar zum Äußersten. Trotzdem sind die Nachkommen von *Poecilia formosa* stets Klone, die genetisch mit ihrer Mutter identisch sind. Des Rätsels Lösung: Die artfremden Samenzellen regen zwar die Entwicklung der → Eier an, es kommt dabei aber zu keiner Verschmelzung der Zellkerne. Diese extravagante Fortpflanzungsweise wird Pseudogamie genannt und gilt als Sonderform der → Jungfernzeugung (Parthenogenese).

Obendrein gibt es unter den Amazonen-Mollys auch noch → Transvestiten: Weibchen, die das Aussehen und Verhalten von Männchen der fremden Arten imitieren. Sie benehmen sich wie männliche Fische und entwickeln sogar ein Gonopodium, eine Verlängerung der Schwanzflosse, die bei manchen Fischen wie ein → Penis eingesetzt wird. Die anderen Weibchen sind von diesen Pseudomännchen genauso entzückt wie von artfremden (echten) Männchen.

Der deutsche Forscher Ingo Schlupp, der dies alles untersuchte, hält für denkbar, daß die Transvestiten ein erster Schritt zur Wiedereinführung des männlichen Geschlechts sind.

Ameisen

Wie auch bei anderen staatenbildenden Insekten hat nur eine Sex und der Rest muß schuften. Ein unerbittlicher Duftbefehl (→ Geruchssinn) der Ameisenkönigin bewirkt, daß alle Arbeiterinnen unfruchtbar bleiben. Weitere Botenstoffe der Herrscherin halten das enthaltsame Volk friedlich und treiben es zur Arbeit an. Doch auch die Königin paart sich nur einmal und speichert dabei soviel Sperma wie möglich in ihrem Hinterleib. Den Rest ihres Lebens verbringt sie – umsorgt von den Arbeiterinnen – als Eierlegemaschine.

Fruchtbare Weibchen sind bei den meisten Ameisen (es gibt viele tausend Arten) in ihrer Jugend geflügelt. Sie treffen sich mit den ebenfalls geflügelten Männchen auf einem Hochzeitsflug. Danach ist deren Aufgabe erledigt: Sie sterben. Die befruchtete Jungkönigin gründet eine Kolonie. Da sie nur einmal im Leben mit Sperma versorgt wird, muß sie äußerst sparsam damit umgehen. Amerikanische Wissenschaftler haben ausgezählt, wie eisern beispielsweise eine Feuerameisen-Königin mit ihrem Samenvorrat haushaltet. Für jede der rund 2,6 Millionen Arbeiterinnen, die sie in ihrem siebenjährigen Leben hervorbringt, benötigt sie nur ein bis drei Spermafäden. Zum Vergleich: Um ein menschliches Ei zu befruchten, müssen durchschnittlich 200 bis 600 Millionen Samen auf den Weg gebracht werden.

Aus befruchteten Ameiseneiern bilden sich Arbeiterinnen. Männchen entstehen – bei Bedarf – aus unbefruchteten Eiern. Manche Arten, zum Beispiel Australische Bulldoggenameisen, nutzen unbefruchtete Eier auch als Futter für ihre Larven.

Wissenschaftler haben errechnet, daß Ameisen mit ihren Schwestern enger verwandt sind, als sie es mit eigenen Töchtern wären. Die Schwesternschaft teilt 75 Prozent des Erbgutes. Eigene Junge würden jedoch nur 50 Prozent weitertragen (da ja die andere Hälfte von einem männlichen Tier käme). Dies ist für die Soziobiologen (die allen Geschöpfen genetischen Egoismus unterstellen) die Erklärung für das selbstlose Bemühen des Ameisenvolkes.

Ammen

Verhaltensforscher bezeichnen weibliche Primaten, die sich zeitweise als Pflegemütter für fremde Jungtiere engagieren als Allomütter. Der früher gebräuchliche Begriff »Tanten« hatte den Nachteil, daß er einen Verwandtschaftsgrad bezeichnet, der nicht immer gegeben ist. Allomütter tragen gern fremde Kinder herum, pflegen und behüten sie.

Bei den Berberaffen ist diese Kinderfreundlichkeit auch unter Männchen stark verbreitet. Zum gegenseitigen Vorteil: Wer ein Junges mit sich herumträgt, lebt besser. Das Kleine hemmt die Aggression männlicher Konkurrenten und beschert seinem Betreuer somit Ruhe und Frieden.

Wenn Menschen (Wissenschaftler, Tierpfleger, Landwirte) Jungtiere von einer fremden Mutter aufziehen lassen, spricht man von Ammenaufzucht. Geschieht so etwas in der Natur, wird es → Adoption genannt.

Ammen werden in Zoos eingesetzt, wenn ein leibliches Muttertier stirbt oder sich weigert, ihr Junges anzunehmen. Auch Verhaltensforscher setzen aus Versuchszwecken Ammen ein. Wenn die Pflegemutter zu einer fremden Tierart gehört, können sie in solchen Experimenten herausfinden, welche Verhaltensweisen angeboren sind und welche von den Eltern erlernt werden. Die meisten Tiere, die von artfremden Ammen aufgezogen wurden, zeigen später kein sexuelles Interesse an ihren Artgenossen. Statt dessen balzen sie die Verwandten ihrer Pflegemutter an, was besonders peinlich ist, wenn die Amme ein Mensch war. Hunde, die versuchen, menschliche Beine zu begatten, sind manchmal Opfer solcher → Fehlprägung.

Ammenkuhhaltung ist eine besondere Form der Kälberaufzucht, bei der Kühe außer ihrem eigenen noch drei bis fünf fremde Jungtiere säugen. Der Begriff Amme wird in der Viehzucht noch in einem anderen Sinn verwendet: Für die (im kommerziellen Sinne) weniger wertvollen Tiere, denen man die Embryos von teuren Hochleistungskühen einpflanzt. Auch Zoos wenden heute diese Technik an, um besonders seltene

Tiere schneller nachzuzüchten. Hierfür werden Embryonen einer seltenen Art auf Muttertiere verwandter Spezies übertragen.

Analverkehr

Obwohl für die Fortpflanzung gänzlich ungeeignet, ist diese Kopulationsvariante aus wissenschaftlichen Beobachtungen dokumentiert. Selbstverständlich machen es die → Bonobos (die ja gegenüber allen Praktiken aufgeschlossen sind), aber auch → Makaken und → Paviane. Forscher konnten beobachten, daß Rhesusaffen-Männchen untereinander Analverkehr bis zum → Orgasmus betreiben.

Bei einigen Affenarten, die in großen Verbänden leben (z. B. Paviane), gehört es fast schon zur üblichen Begrüßung, kurz von hinten aufzureiten. Dabei kommt es nicht selten zum Eindringen des → Penis in → Vagina oder Anus. Dies wird von einigen Verhaltensforschern als reine Dominanzgeste gedeutet, die die Gruppenhierarchie festigen soll. Andere erkennen darin durchaus eine sexuelle Komponente, obwohl es zumeist bei wenigen Beckenstößen bleibt.

Anemonenfische

Transsexualität ist unter Fischen keine Seltenheit. Viele hundert Arten können ihr Geschlecht wechseln, darunter die Anemonenfische der Gattung *Amphiprion*. Diese monogamen Riffbewohner leben in Symbiose mit → Seeanemonen, deren giftige Nesselzellen ihnen – im Gegensatz zu anderen Fischen – nichts ausmachen. Die Weibchen sind etwas größer als ihre Gatten. Entfernt man das weibliche Tier, wandelt das Männchen sein Geschlecht und verpaart sich mit einem der Junggesellen, die in der Nähe besetzter Seeanemonen-Reviere herumlungern.

Anglerfische

Weibliche Anglerfische sind grottenhäßliche Tiefseemonster. Dies ist aber nicht der Grund, warum nur die wenigsten von ihnen einen Mann abkriegen. Nach Angaben des amerikanischen Forschers Ted Pietsch leben rund 80 Prozent der Weibchen ihr ganzes Leben lang allein (das können bis zu 30 Jahre sein). Begegnet ihnen jedoch – was in der Tiefsee nur selten vorkommt – ein Männchen, wird die Beziehung überaus dauerhaft und innig.

Männliche Anglerfische sind unscheinbare Zwerge, die ihren Weibchen kein bißchen ähneln. Sie leben gewissermaßen als Sexualparasiten. Treffen sie auf eine Partnerin, docken sie sich an und hören auf zu fressen. Dann wachsen sie fest, verbinden ihren Blutkreislauf mit dem ihrer Wirtin und verschmelzen schließlich völlig mit dem fremden Organismus. In dieser Lage geben sie – das ist alles, was sie noch können – bei Bedarf → Samen ab. Die Männchen mancher Arten verkümmern bis auf die → Hoden.

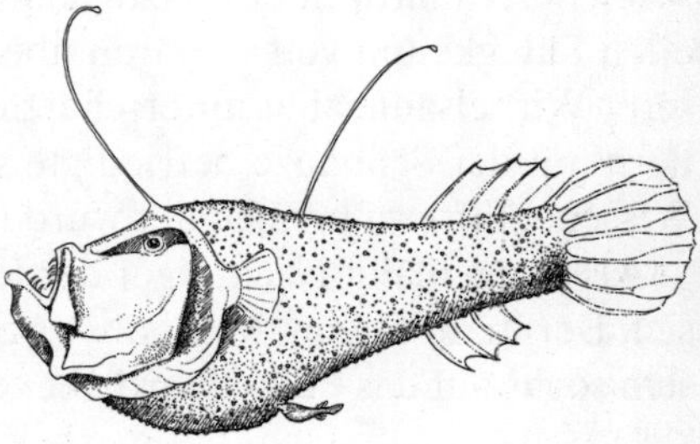

Weiblicher Riesenanglerfisch. Der Fortsatz am Bauch ist das angewachsene Männchen.

Animalerotica

Poetisches Genre der »Neuen Frankfurter Schule« aus den frühen siebziger Jahren. Das Dichtertrio Robert Gernhardt, F. K. Waechter und Fritz Weigle (Pseudonym: F. W. Bernstein) verfaßte diese erotischen Tiergedichte für die Rubrik »Welt im Spiegel« der Satirezeitschrift »Pardon«. Kostproben:

Der Nasenbär sprach zu der Bärin:
»Ich will dich jetzt was Schönes lehren!«
Worauf er ihr ins Weiche griff
Und dazu »La Paloma« pfiff

Der Mops hat seinen Zeugungstrieb
Ganz schrecklich gern und furchtbar lieb

Zur Nachtzeit faßt der Kormoran
Zu gern die Kormoranin an,
Die dieses, wenn auch ungern, duldet
Da sie ihm zwei Mark fünfzig schuldet.

Ein häufig zitierter Klassiker dieser Stilform ist der berühmte Zweizeiler von Robert Gernhardt:

Der Kragenbär der holt sich munter
einen nach dem andern runter

Wobei Gernhardt in der dazugehörigen Zeichnung die manuellen Fähigkeiten von → Bären überschätzte, die Biegsamkeit ihrer Wirbelsäule aber unterschätzte. Nicht mit der Tatze, sondern mit der Schnauze befriedigte sich ein Bär, der dabei von Wissenschaftlern beobachtet wurde.

Als kongenialer Nachfolger der Frankfurter Poeten betätigt sich Bernhard Gleim, Moderator bei Radio Bremen. Er wagte sich sogar auf das Feld pflanzlicher Sinneslust vor:

Wenn Moos und Moosin sich begatten
an eines stillen Moores Rand,
dann stellt ihr Liebesspiel selbst das in Schatten,
was man in Afrika beim Elefanten fand.
Zwar fehlt hier das Trompeten und das Röhren,
mit dem der Elefant die Gattin treibt,
es wird kein Laut die Stille stören,
wenn sich der Moos an seiner Moosin reibt,
doch ist das lustbereite Strecken der Tentakel

gewiß das größere Mirakel.
Das Wasser gibt, das Wasser nimmt,
dieweil der Moos in seiner Moosin schwimmt, –
am schönsten ist's danach, wie auch wir Menschen wissen,
ruht er erschöpft auf ihrem grünen Kissen.
Allein der carnivore Sonnentau,
wird hier vor Neid und Gift ganz blau.
Wir andern aber sagen bloß:
»Beim Moos, beim Moos ist schwer was los!«

Antibabypille

Hormonelle Verhütungsmittel in Form von Pillen oder Spritzen werden heute vielfach in Zoos angewendet. Der Grund: Durch die Erfolge der Tiermedizin und der Zoobiologie fühlen sich viele Arten in menschlicher Obhut ausgesprochen wohl. Das fördert ihr Sexleben. Da aber die Zoos längst nicht alle Tiere unterbringen können, die bei ungeregelter Fortpflanzung geboren werden, ziehen Tiergärtner die pharmazeutische Bremse. Besonders gebärfreudige Arten, wie etwa → Löwen, werden mit der Antibabypille künstlich zur Kinderlosigkeit verdammt.

1997 gelang es erstmals, Verhütungsmittel bei wildlebenden → Elefanten anzuwenden. Mitarbeiter des Berliner Instituts für Zoo- und Wildtierforschung pflanzten Elefantenkühen im südafrikanischen Krüger-Nationalpark winzige Kapseln eines Hormonpräparates unter die Haut. Der Versuch klappte: Keines der Tiere wurde trächtig. In der Vergangenheit mußten im Krügerpark immer wieder Elefantenherden abgeschossen werden, denn die Dickhäuter vermehrten sich so stark, daß sie die Vegetation zerstörten. Tierschutzgruppen hatten dagegen protestiert. Jetzt will man mit der Antibabykapsel eine sanfte Verminderung der Elefanten erreichen.

Aphrodisiaka

Schon immer mußten Tiere dran glauben, wenn Menschen ihren Trieb künstlich stimulieren wollten. Bevor wissenschaftliche Kriterien Einzug in die Heilkunde hielten, kursierten in Europa so viele obskure Lustmittel wie heute in Ostasien. Sperma, Menstruationsblut, Herz, Hoden und diverse andere Körperteile von Tieren wurden eingesetzt, um Männer standfest und Frauen feucht zu machen. Dabei griffen die Quacksalber bevorzugt zu Organen von Tieren, denen ein starker Sexualtrieb nachgesagt wurde, zum Beispiel → Hirsche und → Hasen.

Das wohl am meisten gepriesene lokal wirksame Reizmittel war ein Sekret der Spanischen Fliege, die allerdings weder eine Fliege ist (sondern ein Käfer), noch speziell in Spanien beheimatet (ihr Verbreitungsgebiet reicht bis Sibirien). Bereits in der Antike wurden enorme Summen für dieses Potenzmittel gezahlt. Im Jahre 1772 klagte der Staatsanwalt von Marseille den Marquis de Sade an, mehrere Prostituierte mit dem Insektensaft vergiftet zu haben.

Ostasiatische Apotheken bieten leider auch heute noch vielerlei Lustarzneien aus Tierkörpern an. Durch den Wirtschaftsboom in Asien wurde dies zu einem der größten globalen Naturschutzprobleme. Für viele seltene Arten, wie etwa Kragenbären, → Nashörner, Saigaantilopen, Schuppentiere, → Seepferdchen, → Tiger und andere, ist die chinesische Traditionsmedizin zur schlimmsten Bedrohung geworden. Zumeist geht es bei der Gewinnung der (größtenteils völlig wirkungslosen) Tierextrakte um das Heilen von Kranken, aber häufig auch um Sex. Tigerpenis beispielsweise gilt als Potenzmittel. Bleibt nur zu hoffen, daß Viagra möglichst schnell den Weg nach Asien findet.

Artgrenze

Wenn Menschen Sex mit anderen Arten hegen, wird dies → Sodomie genannt und gilt als ziemlich pervers. Doch die Neigung, sich mit fremden Wesen zu vereinigen, ist nicht auf Menschen beschränkt. Auch Tiere überschreiten beim Sex gelegentlich die Artgrenze. So kommt es nicht selten vor, daß paarungswütige Frösche über Fische herfallen, aber auch über grüne Gummistiefel oder Gartenzwerge.

Jane Goodall berichtete aus ihrem Forschungsgebiet am Gombe-Fluß in Tansania über gelegentlichen Sex zwischen → Schimpansen und Anubispavianen (→ Paviane). Was aus zwei Gründen besonders erstaunlich ist: Erstens sind Schimpanse und Pavian wesentlich entfernter verwandt als etwa Schimpanse und Mensch. Und zweitens jagen und fressen Schimpansen junge Paviane, wann immer sich eine Chance dafür bietet (meistens sorgen die starken Pavianmännchen allerdings dafür, daß sie keine Gelegenheit erhalten).

Die artübergreifenden Akte geschehen in beide Richtungen (Schimpansenmänner mit Pavianweibchen und männliche Paviane mit jungen weiblichen Schimpansen). Goodall beschrieb die rührenden Bemühungen des Schimpansen Flint und des Pavianmädchens Apple zueinander zu kommen. Die Schwierigkeit bestand darin, daß beide Arten eine unterschiedliche Körpersprache besitzen. Apple versuchte, Flint zu verführen, indem sie, auf allen vieren stehend, ihr geschwollenes Hinterteil mit seitlich abgeknicktem Schwanz präsentierte: eine eindeutige Aufforderung für Paviane. Schimpanse Flint war jedoch irritiert, da seine weiblichen Artgenossen bei gleicher Absicht auf dem Boden kauern. Schließlich versuchte er Apple nach unten zu drücken. Nach einigem Hin und Her einigte sich das Paar auf einen Mittelweg: Apple ging nicht zu Boden, sondern nur ein wenig in die Knie, und Flint besprang sie dennoch.

Aus Delphinparks in Florida, wo die Besucher 50 Dollar bezahlen, um eine halbe Stunde mit den Delphinen zu schwimmen, wird berichtet, daß die Meeressäuger gelegentlich versuchen, sich mit ihren Gästen zu paaren. Die Forscherin Georgia Cranmore glaubt jedoch nicht an eine Vorliebe der Delphine für Menschen. »Es sind sehr sexuelle Wesen«, sagt sie. »Sie versuchen es mit allem, was sie kriegen können, auch mit Gegenständen.« Im Falle sexueller Belästigung durch die Kleinwale empfehlen Experten die schnelle Flucht, denn Delphine können sehr grob werden.

In Pilanesberg, einem südafrikanischen Wildpark, kam es immer wieder zu sexuellen Übergriffen von Elefanten auf Breitlippennashörner. Regelmäßig ertappten die Wildhüter junge Elefantenbullen bei dem Versuch, Nashornkühe zu begatten. Ein Ansinnen, das anatomisch zum Scheitern verurteilt ist, denn die Geschlechtsteile der beiden Tierarten passen nicht zusammen. Die seltsamen Gelüste der Rüsselträger erklären Experten damit, daß sie als Waisen in Pilanesberg ausgesetzt wurden. Weil ihnen die artgerechte Sozialisation fehlte, schlossen sie sich in ihrer Not den → Nashörnern an.

Ein jugendlicher Afrikanischer Elefant versucht eine Breitlippennashorn-Kuh zu besteigen. Seine Bemühung ist zum Scheitern verurteilt, da die Geschlechtsteile der beiden Tierarten nicht zusammenpassen.

Doch auch Tiere, die unter Artgenossen sozial eingebettet sind, können einen Wunsch nach artfremden Spielgefährten entwickeln – und der muß nicht einmal sexuell motiviert sein. In einem texanischen Primatenforschungsinstitut verirrte sich eine kleine Katze in das Paviangehege. Ein Pavian fing an, sich rührend um das Kätzchen zu kümmern. Er trug es herum, liebkoste es und verteidigte es gegen Tierpfleger, die zu nahe kamen. Es gab keinen Zweifel: Der Affe hielt sich ein Haustier.

Gar nicht so selten kommen in der Natur sexuelle Übergriffe zwischen Vertretern nahe verwandter Arten vor. Dabei kann es (anders als bei Pavian–Schimpanse oder Elefant–Nashorn) durchaus zur Befruchtung kommen. Unterschiedliche Froscharten paaren sich, ebenso wie Wölfe und Kojoten oder verschiedene Arten von Bartenwalen. Zur Überraschung vieler Biologen stellte sich vor einigen Jahren heraus, daß die Nachkommen aus diesen artübergreifenden Verbindungen häufig nicht steril sind – wie man früher annahm –, sondern sich ihrerseits weiter fortpflanzen können. In alten Schulbüchern ist noch zu lesen, daß eine Paarung aus zwei unterschiedlichen Arten keine fruchtbaren Nachkommen hervorbringen kann. Als Beispiel dienen zumeist → Esel und → Pferd, die immer wieder neu gekreuzt werden müssen, um (stets sterile) → Maultiere zu erhalten.

Die Forscher Jonathan Rosenfield und Astrid Kodric-Brown fanden heraus, daß die Weibchen des Pecos-Kärpflings, einer kleinen Fischart aus Neu-Mexiko, es vorziehen, sich mit Edelsteinkärpflingen zu paaren. Durch den massenhaften Hang zur fremden Art wird die eigene immer seltener. Denn der Mischlingsnachwuchs pflanzt sich fort und ist dabei erfolgreicher als die reinrassigen Eltern. Zirka 40 Pozent aller gefährdeten Arten von Süßwasserfischen laufen nach Einschätzung von Wissenschaftlern Gefahr, sich mit anderen Spezies so stark zu vermischen, daß sie zu verschwinden drohen.

In Zoos setzten Paare aus Jaguar und Leopard, Löwe und Tiger fruchtbare Nachkommen in die Welt. Auch alle Arten von Wildziegen (zu denen zum Beispiel der Alpensteinbock zählt) sind im Zoo kreuzbar und bringen zeugungsfähigen Nachwuchs hervor. Als der amerikanische Genforscher Steen Willadsen künstlich »Schiegen« (Mischlinge aus Ziege und Schaf) erschuf, galten diese Tiere in der Öffentlichkeit als Monster aus dem Labor. Doch Schiegen können auch ganz natürlich entstehen und sich sogar fortpflanzen. Im Bergzoo von Halle kann man solche Kreuzungen besichtigen (→ Chimären).

Auerhähne

Die aufgeplusterten Kraftmeier bei der → Balz zu erlegen, war früher ein Lebensziel deutscher Waidmänner. Monarchen und Minister, Gutsherren und Fabrikanten priesen die Jagd auf den Auerhahn. Heute ist der Hühnervogel zwar geschützt, aber dennoch leider recht selten. Der Anblick einer Auerhahnbalz bleibt weiterhin eine Rarität.

Im Frühjahr treffen sich die Hähne auf Waldlichtungen und versuchen, ihre Gegner durch einen möglichst kolossalen Anblick einzuschüchtern. Zu echten Kämpfen kommt es dabei nur selten. Alteingesessene Feinde kennen sich von der Vorsaison, spulen nur noch ihr Pflichtprogramm ab und tasten die Rangordnung nicht an.

Balzende Auerhähne erzeugen mit Luftröhre und Zunge seltsame Töne, die sich laut »Grzimeks Tierleben« so anhören: »ko-löpp, ko-löpp, ko-löpp, ko-löpp, ko-löpp, ko-löpp, kalöpp, kalöppkalöpp-kalöppöppöpp«. Das klingt so ähnlich wie das Aufeinanderschlagen zweier Hartholzscheite und endet schließlich mit einem lauten »Klack«, wie das Entkorken einer Flasche. Es folgt das »Schleifen«, ein Zischlaut, der an das Wetzen einer Sense erinnert. In der Hochbalz kann ein Auerhahn diese Tonfolge 600 mal wiederholen.

Auerhennen finden solche avantgardistischen Arien hinreißend. Sie fliegen alle auf den besten Rufer und rauhbeinigsten Raufbold, der seine Konkurrenten von der Lichtung scheucht. Auf einem hessischen Balzplatz ermittelten Wildbiologen, daß der Obergockel 90 Prozent aller »Tretakte« (so das Fachwort) vollzog.

Wenn die Vögel auf ihrem Balzplatz keine Konkurrenten vorfinden, müssen andere Tiere oder gar Menschen als Ersatz herhalten. So kommt es immer wieder vor, daß Spaziergänger von erregten Auerhähnen attackiert werden. In Oberbayern und anderswo sprangen schwergewichtige Hähne erschrockenen Wanderern sogar auf den Kopf.

Ausdauer

Wie lange?

Vom Quickie bis zum Marathonsex sind im Tierreich alle Zeitmaße der Liebe vertreten.

Schimpansen	7 bis 8 Sekunden
Gorillas	1,5 Minuten
Bären	1 Stunde
Fossas	1 Stunde
Nashörner	1 bis 1,5 Stunden
Giraffen	30 Minuten
Präriewühlmäuse	bis zu 40 Stunden
Känguruhs	30 Minuten
Beutelmäuse	bis zu 12 Stunden
Krokodile	1 Minute
Kröten	bis zu 10 Stunden

Wie oft?

Die Lendenkraft von Hengsten, Bullen, Ebern und Böcken läßt selbst den schlimmsten Sexprotz ziemlich schwach aussehen.

Schimpanse	60mal pro Tag
Löwe	30- bis 40mal pro Tag
Zobel	30mal in 18 Stunden
Wanderratte	bis zu 500mal in 6 Stunden
Stier (männliches Hausrind)	an die 30mal pro Tag
Schafbock	50mal pro Tag
Moorhuhn	100mal in 12 Stunden

Austern

Diese schmackhaften Muscheln aus der Familie der *Ostreidae* dienen von alters her als → Aphrodisiaka, um das menschliche Liebesleben zu beflügeln. Kein Wunder, daß ihnen besondere Kräfte nachgesagt werden: Die Fortpflanzungstätigkeit der Austern ist rekordverdächtig. Kaum ein Tier bringt es auf so viele Eier wie einige Austernarten: über 100 Millionen im Jahr.

Das größte sexuelle Problem für Austern und andere festsitzende Tiere ist die Koordination der Abgabe von → Eiern und → Samen. Sie muß gleichzeitig erfolgen, damit die wertvollen Keimzellen nicht im weiten Meer nutzlos aneinander vorbeigetrieben werden. Wie bei vielen anderen Geschöpfen gibt auch bei den Austern der Mond den Fortpflanzungsrhythmus vor.

Axolotl

Gemäß der Pop-Parole »Forever Young« weigern sich diese mexikanischen Querzahnmolche, erwachsen zu werden. Axolotl (der Name kommt aus dem Aztekischen und bedeutet »Wassermonstrum«) verbringen ihr Leben als Larve. Dennoch werden sie geschlechtsreif und können sich fortpflanzen, ein Phänomen, das Neotenie genannt wird und auch bei anderen Lurchen vorkommt (z. B. Grottenolme).

Während man die Olme durch künstliche Hormongabe nicht verwandeln kann, ist das bei Axolotl möglich, denn ihr embryonales Aussehen beruht auf einer Schilddrüsenunterfunktion. Spritzt man den Tieren das fehlende Hormon, machen sie eine ganz normale Amphibienentwicklung durch. Sie verlieren ihre Kiemen, bekommen Lungen, gehen schließlich an Land und sehen Salamandern ähnlich. Kalifornische Forscher fanden Ende der neunziger Jahre heraus, daß die Disposition zur Neotenie auf einem einzigen Gen der Axolotl liegt.

Der hessische Amphibienzüchter Wolfgang Sauer entdeckte, daß auch die Larven unserer heimischen Feuersalamander sich manchmal strikt weigern, erwachsen zu werden.

In seinen Aquarien schwimmen kiemenatmende Salamanderlarven, die viele Jahre alt sind. Da Sauer sich bisher geweigert hat, die Tiere töten und sezieren zu lassen, ist es ein Geheimnis, ob die ewig Unfertigen über funktionstüchtige Geschlechtsorgane verfügen.

B

Bachstelze

Der Name dieses anmutigen, an fließendem Wasser lebenden Vogels muß im Rotlichtmilieu als Terminus für eine Urinfetischistin bzw. Urintrinkerin herhalten.

Backfisch

Altbackener Ausdruck für ein junges Mädchen. Die neuere Version »Teenager« klingt mittlerweile ebenso staubig. »Backfisch« stammt aus der Studentensprache des 16. Jahrhunderts und stellt die Scherzübersetzung des Wortes Baccalaureus (Gelehrter niedrigen Grades) dar. Erst viel später wurde es auf unverheiratete Mädchen übertragen. Andere Sprachforscher führen den Ursprung von »Backfisch« auf die Fischerei zurück: Ein Fisch, der zu klein und zu mager ist und deshalb zurück (back) ins Meer geworfen wird.

Bakterien

Auch Bakterien haben Sex. Amerikanische Wissenschaftler entdeckten 1988, daß Bakterien Bruchstücke genetischen Materials aus ihrer Umgebung aufnehmen. Zuvor war die Fachwelt davon überzeugt, daß primitive Einzeller immer nur ihr eigenes Erbgut durch Teilung vermehren. Die aufgesaugten → Gene stammen zumeist von toten Artgenossen. Forscher beobachteten, daß Bakterien mit beschädigten Genen besonders scharf auf eine genetische Auffrischung sind. Haben sie ihr Erbgut repariert, teilen sie sich besonders häufig.

Bestimmte Darmbakterien des Menschen sondern sogar Lockstoffe ab, um Artgenossen zum Austausch von Erbmaterial anzuregen. Trifft eine angelockte Bakterie auf eine Werberin, tauschen die beiden über eine Brücke Kopien von DNS-Molekülen aus – ganz ähnlich wie beim Sexualverkehr höherer Tiere.

Balz

»Im engeren Sinne«, schrieb Klaus Immelmann in seinem »Wörterbuch der Verhaltensforschung«, »ist Balzverhalten eine Sammelbezeichnung für alle Verhaltensweisen, die eine Paarung einleiten oder einleiten können.« Im weiteren Sinne werden zur Balz auch Handlungen gerechnet, die der Paarbildung und der Paarbindung dienen. Die Balz führt Männchen und Weibchen zusammen. Sie stiftet ein Ritual, das Angst und Aggression beschwichtigt, und synchronisiert schließlich die Paarungsbereitschaft.

Der australische Leierschwanz balzt auf einem selbst aufgehäuften Erdhügel. Dort singt er lauthals und präsentiert sein Prachtgefieder.

Besonders bei den Vögeln wird auf alle erdenklichen Weisen gebalzt: Der Afrikanische → Strauß führt einen bühnenreifen Tanz auf, der → Pfau prahlt mit seinem bunten Fächer. Einige Vogelmännchen füttern ihr Weibchen oder überreichen ihr symbolisch etwas Nistmaterial. Andere vollführen halsbrecherische Schauflüge. So flattert das Feldlerchenmännchen steil in die Höhe und begleitet diesen Kraftakt obendrein mit lautem Gesang. Weißohr-Kolibris absolvieren einen komplizierten Paarflug, der an die Kür von Eiskunstläufern erinnert. → Laubenvögel setzen auf bleibende Werte und werben mit einer ausgeschmückten Liebeshütte um die Gunst des Weibchens.

Für mehr als die Hälfte aller Vogelarten spielt der Gesang eine wichtige Rolle bei der Paarbildung. Was ein Vogel im Frühling trällert, liefert potentiellen Sexualpartnern oder Rivalen eine Menge Information. Sie erhalten Auskunft über die Art des Sängers, oft auch über die Zugehörigkeit zu einer bestimmten Population (denn auch Vögel haben Dialekte). Außerdem zeigt das Gezwitscher Geschlecht und Alter an und verkündet, ob der Vogel ein Revier besitzt.

Oftmals treffen sich die paarungswilligen Männchen in einer Balzarena und balzen dort um die Wette. Die Weibchen schauen zu und scharen sich am Schluß um die Sieger. Solche Turniere veranstalten beispielsweise → Birkhühner und → Kampfläufer. Aber auch manche Insekten, Fische, → Frösche und sogar Säugetiere (→ Fledermäuse, Antilopen) versammeln sich in der Paarungszeit in solchen Arenen.

Nicht immer geht es dabei um Rivalität, manchmal auch um Harmonie und die Synchronisation der Fortpflanzung in einer Brutkolonie. So führen Flamingos einen rituellen Gruppentanz auf, ohne den sie nicht in sexuelle Stimmung kommen können. In Zoos mit zu kleinen Flamingogruppen fragte man sich lange Zeit, woran es liegt, daß die rosa Stelzvögel kein Interesse an Sex zeigen. Als man versuchsweise Spiegel aufstellte, erwachte der schlummernde Trieb. Angeregt durch die scheinbare Anwesenheit vieler Artgenossen balzten die Flamingos und paarten sich.

Bärchen

Liebevolles Kosewort für die weibliche Schambehaarung.

Bären

»Bärenpaarungen«, so steht es in »Grzimeks Enzyklopädie«, »verlaufen sehr sachlich.« Meister Petz pfeift auf umständliche Balzrituale und langwierige Partnerwerbung. Das Männchen gesellt sich zum brünstigen Weibchen, beschnuppert es, beschleckt ihr ein wenig den Kopf, das Fell und das Geschlechtsteil. Dann stellt er seine Pranke auf ihren Rücken, steigt von hinten auf und umarmt sie am Bauch. Die Paarung dauert manchmal nur eine halbe Minute. Die Autoren Wally und Horst Hagen berichten, daß Bären aber auch durchaus eine Stunde in Paarungsstellung verharren können. Dabei kommt es vermutlich mehrmals zur Kopulation. Andere Forscher haben 16 Paarungen eines Bärenduos an einem einzigen Tag gezählt, an den darauffolgenden ging es ähnlich engagiert weiter. Einige Bärenarten sind Reflex-Ovulatoren, d. h. erst die Paarung löst den → Eisprung aus.

Begattungspfropfen

Im Tierreich wimmelt es von eifersüchtigen Männchen, die ihre Partnerin mit allen Mitteln von Seitensprüngen abhalten wollen. Eine beliebte Methode ist der Begattungspfropfen, eine Art Stöpsel, der die → Vagina verschließt. Viele → Schlangen beispielsweise verpassen ihren Weibchen nach der Paarung so einen inneren Keuschheitsgürtel. Männliche Vipernnattern, ansonsten harmlose Kriechtiere aus Südeuropa, bilden nach der Ejakulation ein Sekret in den Nieren, das sie im Weibchen deponieren. Später verhärtet es und bildet einen Stöpsel.

Dem → Maulwurf schwellen die Cowperschen Drüsen und

die Vorsteherdrüse während der Paarungszeit auf über zehn Prozent seines Körpergewichtes an. Die beiden Flüssigkeiten aus diesen Drüsen verbinden sich in der Scheide wie Zwei-Komponenten-Kleber und sitzen dann als harte Masse unverrückbar fest. Obendrein kommt ihm das Maulwurfweibchen entgegen: Wie auch bei den Spitzmäusen verschließt sich ihre Vagina nach der Paarung mit einer Haut.

Erdhörnchen hinterlassen in ihren Gattinnen Pfropfen aus einer silikonartigen Masse, mit der man ohne weiteres Wasserhähne abdichten könnte. Doch wie immer hat auch im Falle des Begattungspfropfens die Konkurrenz Gegenstrategien entwickelt. Penisknochen, die bei vielen Säugetieren die Erektion unterstützen, können wie Brechstangen wirken. Die ganze Vielfalt der Penisformen, all die Häkchen, Noppen und Nippel dienen teilweise auch als Werkzeug, um den Pfropfen des Vorgängers herauszuziehen. Rattenmännchen gelingt dies in über zwei Dritteln der Fälle. Sie fressen den eiweißreichen Begattungspfropfen dann auf.

Einige Arten der Schmetterlingsgattung Apollofalter gehen ganz auf Nummer Sicher, indem sie sich bis zur Eiablage selbst am Weibchen festzementieren.

Besamungserlaubnis

In der deutschen Landwirtschaft wird keinesfalls munter drauflos besamt. Ein Besamungsgesetz regelt, daß zur → künstlichen Besamung nur geprüfte Bullen zugelassen werden. Obendrein schreibt es vor, daß nur Tierärzte, Besamungsbeauftragte (hört sich wie ein Traumberuf an), Besamungstechniker sowie Tierhalter nach einem speziellen, erfolgreich abgeschlossenen Kurs eine Besamung durchführen dürfen.

Bestäubung

Tiere helfen den Blumen beim Sex. Sie befruchten die Sexualorgane der Pflanzen (Blüten) mit Pollen, den sie bei den Artgenossen dieser Pflanzen mitgenommen haben. Nicht nur → Bienen und andere Insekten tun dies, sondern auch Vögel, → Fledermäuse und sogar Eidechsen. Die meisten Pflanzen belohnen diese Liebesdienste mit Nektar. Ein Johanniskraut-Gewächs der Gattung *Clusia* aus Südamerika bietet als Gegenleistung eine Arznei. Die Blüten locken verschiedene Wildbienenarten mit einem antibiotischen Harz, das die Insekten in ihre Nester einbauen. Andere Gewächse führen ihre Helfer hinters Licht, indem sie Geruch oder Aussehen der Weibchen ihrer Bestäuber annehmen. So verwechseln die Männchen einer Fliegenart die Blüten des Fliegenragwurz mit einem paarungswilligen Weibchen. Nichtsahnend begatten sie diese Attrappen und tragen dabei den Pollen von einer Pflanze zur anderen. Im Gegensatz zu ehrlichen Blumen spendiert der heimtückische Fliegenragwurz den dienstbaren Insekten nicht einmal ein Tröpfchen Nektar zur Belohnung.

Beutelmäuse

Kleine Breitfuß-Beutelmäuse werden als Halbwaisen geboren. Wenn sie zur Welt kommen, ist ihr Vater bereits tot. Die Männchen dieser australischen Tierart sind die Eintagsfliegen unter den Säugetieren. In der Paarungszeit gehen sie so heftig zur Sache, daß der Streß sie dahinrafft. Geplagt von Magengeschwüren und Immunschwäche sterben sie kurze Zeit nach dem letzten Koitus ihrer ersten Brunstzeit. Während der Paarungssaison fressen die Beutelmausmännchen kaum, ihr Körper wird in diesen Wochen zur Hormonbombe, die nur das Eine will. Der gemessene Rekord der Dauerkopulation eines Beutelmausbocks liegt bei zwölf Stunden ohne Unterbrechung. Australische Forscher waren der seltsamen Lebensweise der kaum 50 Gramm schweren Beuteltiere auf die Schliche gekommen, als sie in ihren Fallen ab Ende September kein einziges Männchen mehr fingen.

Beutelratte

Ein anderer Name für das Opossum (ein in Amerika verbreitetes Beuteltier). Im Rotlichtmilieu wird der Begriff selten auch für Prostituierte verwendet.

Beuteltiere

Die Beuteltiere sind eine eigene Ordnung unter den Säugetieren, die über 270 Arten umfaßt. Im Gegensatz zu den anderen Säugern besitzen sie keine → Gebärmutter, da das Junge als winziger Embryo den Körper der Mutter verläßt und es sich in einem Hautbeutel (daher der Name) an ihrem Bauch bequem macht.

Weibliche Beuteltiere besitzen zwei Scheiden, die bogenförmig voneinander getrennt liegen. Eine dritte, die »Pseudovagina medialis«, dient allein als Geburtskanal. Entsprechend dieser weiblichen Sonderausstattung besitzen Männchen aus der Familie der Raubbeutler zwei lange Eicheln, die sie nach dem Steckdosenprinzip in die Doppelscheide ihrer Weibchen einführen können. Männchen von Arten, die nur über einen gängigen Einzelpenis verfügen, können sich eine Öffnung aussuchen oder abwechseln.

Einige Beuteltiere paaren sich überaus lang und ausgiebig. Känguruhs, die populärsten Vertreter dieser großen Ordnung, bringen es immerhin auf eine halbe Stunde.

Einige Opossum-Arten, → Beutelratten aus Amerika, sind in der mißlichen Lage, Beuteltiere ohne Beutel zu sein. Deshalb baumeln ihre Embryos frei schwingend an den → Zitzen ihrer Mutter. Am Anfang sind sie noch sehr klein: Ein ganzer Wurf paßt auf einen Teelöffel. Zwanzig verlassen die beiden Scheiden, doch nicht alle finden eine Zitze. So bleiben zirka sieben übrig, die sich festsaugen. Dabei schwillt die Nippelspitze an, so daß die Keimlinge festhängen. Reißt diese innige Verbindung doch einmal ab, stößt das Junge Ultraschallrufe aus. Die Mutter kehrt um und nimmt es wieder auf.

Biber

Mitte des 19. Jahrhunderts war der Biber in Europa nahezu ausgerottet. Der Grund: ein begehrtes Drüsensekret namens Castoreum, für das die Händler Höchstpreise erzielten. Das Volk nannte den heißen Stoff weniger vornehm »Bibergeil«, womit seine Verwendung treffend beschrieben ist. Es besteht aus bitteren, aromatischen Harzen, die von den Afterdrüsen des Bibers ausgeschieden werden und eine wächserne Konsistenz besitzen. Neben der Impotenz wurden früher auch Zahnweh und Herzbeschwerden mit Bibergeil kuriert. Außerdem schmierte man es in Bienenstöcke, um den Honigertrag zu steigern.

Die meisten Konsumenten glaubten, Bibergeil stamme aus den Hoden des Bibers. Dazu paßt eine Sage, die schon in der Antike bekannt war: Nach ihr bissen sich verfolgte Biber einen Hoden ab, um den begehrten Stoff dem Jäger zu überlassen und so ihr Leben zu retten.

Bei Bibern ist der → Geschlechtsunterschied äußerlich nicht erkennbar, denn ihre Genitalien liegen in einer taschenartigen Vertiefung, die von einem Ringmuskel verschlossen wird. Nur erfahrene Biberkenner sind in der Lage, den Penisknochen des Männchens unter der Haut zu ertasten und so das Geschlecht festzustellen.

Bienen

Das erste Mal ist für männliche Honigbienen (Drohnen) auch gleichzeitig das letzte Mal. Hat sich der Drohn unter Hunderten von Konkurrenten zur Königin durchgeschlagen, sprengt er förmlich seinen Geschlechtsapparat in die Öffnung der königlichen Stachelkammer hinein. Die Samengranate des Drohns ist ein seltsames, gelbliches Gebilde aus Haken, Krempen und Windungen. Hat er es abgeschossen, stopft er die Monarchin noch mit einem schnell aushärtenden Sekret zu und stirbt. Dieser explosive Geschlechtsakt dauert nur wenige Sekunden und erzeugt einen dezenten Knall, der für menschliche Ohren hörbar ist. Am Ende haucht das Männchen sein Leben aus und geht schließlich als tote Hülle zu Boden.

Das Sperma, das die Königin beim Hochzeitsflug sammelt, reicht ihr fürs ganze Leben. Aus den → Eiern, die sie mit → Samen befruchtet, werden Arbeiterinnen. Legt sie unbefruchtete Eier, entstehen daraus neue Drohnen.

Bienenfresser

Bei den Weißstirn-Bienenfressern führen die → Väter ein strenges Regiment über ihre Söhne. Hat ein junger Bienenfresser eine Liebste gefunden und will sich mit ihr ein Nest bauen, kommt der Alte und schikaniert die beiden so lange, bis sie den Traum vom Eigenheim aufgeben. Dann verdonnert der Vogelvater seinen Sohn, bei der Aufzucht seiner jüngeren Geschwister mitzuhelfen. So entstehen in den ostafrikanischen Kolonien der Weißstirn-Bienenfresser Familienclans, deren männliche Mitglieder aus einem Vater und seinen erwachsenen Söhnen bestehen. Die Töchter wandern im Alter von ein bis zwei Jahren aus. Erst wenn der Patriarch stirbt oder zu alt ist, um die anderen zu drangsalieren, trauen sich die jungen Vogelmännchen, eigene Familien zu gründen.

Birkhühner

Die → Balz dieser schönen Vögel, die zu den Rauhfußhühnern gehören, gab die Vorlage für ein Stück bayerischer Volkskultur ab: Den Schuhplattler. Die schwarz-weiß-roten Hähne drehen sich im Kreis, bis ihnen fast schwindlig wird, und stoßen von Zeit zu Zeit Schreie aus, begleitet von Luftsprüngen und Schaukämpfen. Die Hennen stehen in Gruppen daneben und schauen, was die Burschen so alles draufhaben.

Bitterlinge

Diese Unterfamilie der Karpfen-ähnlichen Fische hat eine ganz besondere Fortpflanzungsstrategie entwickelt. Männchen des Europäischen Bitterlings suchen lebende Süßwassermuscheln (Überfamilie: *Unionoidae*) auf, um sie zu bewachen und heftig gegen Nebenbuhler zu verteidigen. Die Weibchen besitzen eine Legeröhre. Diese ist die längste Zeit des Jahres nur zwei bis drei Millimeter kurz, wird aber in der Laichzeit doppelt so groß wie das Fischchen selbst. Mit Hilfe dieses speziell ausgeprägten Geschlechtsorgans legt sie ihre → Eier in eine Muschel, worauf ihr Partner sie befruchtet. Die Embryonen entwickeln sich in den Kiemen des Weichtieres und verlassen es erst, wenn sie eigenständig schwimmen können. Die Muscheln werden also von einer fremden Tierart geschwängert und müssen deren Brut austragen (→ Parasiten). Weil ihre Nachkommen zwischen den Muschelschalen so gut geschützt sind, können sich Bitterlinge leisten, weitaus weniger Eier zu legen als die meisten Fische. Beim Europäischen Bitterling sind es nur etwa 100.

Doch die Muscheln zahlen es den Fischen heim. Die Larven einiger Süßwassermuscheln (etwa 300000 je Muttertier) heften sich in der Haut oder den Kiemen von Fischen (z. B. Bitterlingen) fest, wo sie schmarotzend heranwachsen. Die Verletzungen verheilen schnell, der Fischkörper kapselt die Parasiten ein. Im Inneren ihres Wirtes verwandeln sie sich in richtige kleine Muscheln. Wenn sich der Fisch, vom Juckreiz geplagt, an einem Stein reibt, platzen die Hautkapseln. Die Jungmuscheln fallen auf den Grund, ihr neues Leben beginnt.

Blasenfüße

Diese winzigen Insekten, von denen es 4000 Arten gibt, werden auch Thripse oder Fransenflügler genannt. Sie ernähren sich zumeist von Pflanzensäften und sind in der Landwirtschaft als Schädlinge gefürchtet.

Der Blasenfuß *Elaphrothrips tuberculatus* ist die einzige bekannte Tierart, die sowohl → Eier legen als auch lebende Junge gebären kann. Seltsamerweise schlüpfen aus den Eiern stets Weibchen, während die als Larven geborenen immer männlich sind. Der amerikanische Forscher Bernard Crespi vermutet, daß es für Blasenfuß-Männchen vorteilhaft ist, einen Entwicklungsvorsprung zu haben und rasch zu wachsen. Denn der Erfolg eines Männchens bei der Partnersuche nimmt nämlich mit der Körpergröße zu.

Elaphrothrips tuberculatus pflanzt sich zweimal im Jahr fort. Die Sommergeneration ist vorwiegend weiblich, während im Winter die Männchen in der Überzahl sind. Welchen biologischen Zweck das hat, ist ungeklärt.

Blatthühnchen

Die Vogelfamilie der *Jacanidae* oder Blatthühnchen ist auf der ganzen Welt in allen Tropengebieten verbreitet. Alle sieben Arten sind polyandrisch. Weibchen besitzen einen → Harem von drei bis vier Männchen, die → Nester bauen und die Brut aufziehen. Die herrschende Henne kann bis zu vier Männchen mit vollzähligen Gelegen versorgen, und das auch noch zweimal hintereinander. So brütet ein gut geführter Männerharem bis zu 32 Eier im Jahr aus. Die Hennen verteidigen die Grenzlinien ihres Reviers heftig gegen andere Weibchen. Stirbt eines, kommt ein anderes und zerstört die Eier der Vorgängerin. Die Männchen versuchen, die Eier zu verteidigen, unterliegen aber, weil sie kleiner und schwächer sind. Danach geben sie klein bei, folgen der Aufforderung der neuen Matriarchin und paaren sich mit ihr.

Blatthühnchen führen ein riskantes Leben. Sie schreiten mit ihren riesigen Füßen auf den Schwimmblättern tropischer Wasserpflanzen, ohne dabei zu versinken. Auch ihre Eier gehen nicht unter, da sie besonders viel Luft enthalten. Die Männchen können ihre Jungen im Brustgefieder verstauen und davontragen, wenn → Krokodile oder → Schlangen dem Nest zu nahe kommen.

Blattläuse

Blattläuse können beides: Sie vermehren sich sowohl geschlechtlich als auch ungeschlechtlich (→ Jungfernzeugung). Jedes Jahr aufs neue probieren sie beide Methoden aus. Der große Vorteil asexueller Fortpflanzung ist die überaus schnelle Vermehrungsrate. Davon können Gärtner ein Lied singen. Pflanzen werden oftmals innerhalb weniger Tage von einem grauen Gewimmel aus Blattläusen überzogen.

Zunächst schlüpfen nur selbst reproduzierende Weibchen aus den Eiern, später auch Männchen und solche Weibchen, die einer Befruchtung bedürfen. Die Paarungen dieser Geschlechtswesen bringen die Wintereier hervor, aus denen die Stammütter schlüpfen, die in der nächsten Saison mit der ungeschlechtlichen Vermehrung beginnen: Der Zyklus fängt wieder von vorne an.

Blaukehlchen

Bei den Blaukehlchen (die zu den Drosseln gehören) ist es für die Partnerwahl ganz entscheidend, wie stark ultraviolett der blaue Kehlfleck strahlt. Weibchen bevorzugen Männchen, die das kurzwellige Licht stark reflektieren. Wissenschaftler konnten dies herausfinden, indem sie den Kehlfleck mit Sonnenschutzcreme überdeckten, die das ultraviolette Licht dämpfte.

Blauwale

Das größte Tier der Welt kann natürlich mit zahlreichen Rekorden aufwarten: Blauwale werden bis zu 33 Meter lang und 160 Tonnen schwer. Ihr Herz ist so groß wie ein VW-Käfer und pumpt 10000 Liter Blut durch die Gefäße. Durch die Aorta könnte ein Mensch kriechen. Diesem Giganten der Meere kommt natürlich auch die Ehre zuteil, die größten Geschlechtsorgane zu besitzen. Der → Penis eines Blauwals mißt zirka 2,5 Meter. In einem norwegischen Walfangmuseum steht ein Blauwalpenis, der zu einer Stehlampe verarbeitet wurde. Im Vergleich zum Gemächt nimmt sich das Gehirn ziemlich bescheiden aus: Es wiegt lediglich sieben Kilogramm.

Bonobos

Diese afrikanische Menschenaffenart sieht auf den ersten Blick den → Schimpansen recht ähnlich. Bonobos sind jedoch etwas kleiner, viel schlanker, haben längere Beine und eine höhere Stirn. Der bedeutendste Unterschied zu den gewöhnli-

Masturbierendes Bonobo-Weibchen. Deutlich zu sehen: Die Brunstschwellung der Vulva.

chen Schimpansen ist jedoch ihr Sozialleben. Während Schimpansen häufig aggressiv miteinander umgehen, leben Bonobos, so die Forscherin Mary Chipelo, »friedlich wie eine Hippiekommune«. Der Grund für das entspannte Miteinander: Bonobos machen von früh bis spät Sex, im Durchschnitt alle 90 Minuten. Dabei praktizieren sie alle nur denkbaren Positionen und Variationen, auch solche, auf die so leicht niemand käme und die noch nie in deutschen Talkshows besprochen wurden. Obendrein treiben sie es in allen möglichen Kombinationen von Frauen und Männern. »Es ist, als hätten sie das Kamasutra gelesen«, sagt der Primatenforscher Frans de Waal.

Besonders wichtig für das Sozialleben ist der lesbische Verkehr, bei dem die Weibchen Kitzler (→ Klitoris) und → Vulva aneinanderreiben. Dabei grinsen und quietschen sie so lustvoll, daß de Waal daraus auf »orgasmusähnliche Empfindungen« schließt. So werden Frauenbünde geschlossen, was dazu führt, daß bei den Bonobos – ganz anders als bei den Schimpansen – Weibchen oft ranghöher als Männchen sind. Eine andere Vorliebe der sexversessenen Menschenaffen ist der Geschlechtsverkehr von Angesicht zu Angesicht. Da die äußeren Genitalien der Weibchen nach vorne gerichtet sind, scheint ihnen diese Stellung besonders viel Vergnügen zu bereiten.

Sex, so die Wissenschaftler, dient in der Bonobo-Gesellschaft einerseits dem reinen Genuß, erfüllt aber auch wichtige soziale Funktionen. Wenn Schimpansen im Urwald Futter finden, kriegen sie sofort Streit. Alle versuchen durch aggressives Verhalten möglichst viel für sich selbst herauszuholen. Ganz anders bei den Bonobos: Sie warten mit dem Futtern und starten zunächst eine Orgie, bei der es alle miteinander treiben. Danach teilen sie sich friedlich und entspannt das Essen. »Die Kunst der sexuellen Versöhnung«, so de Waal, »hat bei den Bonobos wohl ihren evolutionären Höhepunkt erreicht.«

Neben Fellatio und → Analverkehr haben die lustbetonten Menschenaffen noch eine andere Vorliebe: Zungenküsse. Ein unerfahrener Tierpfleger im Zoo von San Diego erlebte das ganz praktisch. Als das Männchen Kevin sich ihm mit geschürzten Lippen näherte, bot er ihm ahnungslos die Wange. Doch Kevin zog ihn an sich und steckte ihm seine Zunge in den Mund.

Bootsmannfische

Ein Fisch, der singt und Nester baut. Die Männchen der glubschäugigen Bootsmannfische, die vor der Westküste Nordamerikas leben, graben höhlenartige → Nester unter Steinen. Dann singen sie Liebeslieder, um Weibchen anzulocken. Manche Arten pfeifen laut, andere summen wie Bienen.

Brunst

Zustand der geschlechtlichen Erregung und Aktivität bei → Säugetieren, der periodisch durch hormonelle Änderungen (→ Hormone) ausgelöst wird (Biologen sprechen zumeist von »Östrus«, Jäger von »Brunft«). Viele Tiere, die in Gebieten mit starken jahreszeitlichen Veränderungen leben, werden gemeinsam und in den gleichen Monaten brünstig. So wird vermieden, daß die Jungen im Winter oder in der Trockenzeit zur Welt kommen. Bei anderen schwankt die Brunstzeit individuell. Einige Arten wiederum sind in ihrem Sexualleben nicht an Brunstphasen gebunden (z. B. Menschen und → Bonobos).

In der Brunst kann sich der Körper auch äußerlich verändern (→ Brunstschwellung). Die Geschlechtsdrüsen werden größer, Lockstoffe und andere Sekrete verstärkt produziert. Viele Tiere verändern auch ihr Verhalten. Sie konzentrieren sich auf die Partnersuche, den Kampf gegen sexuelle Rivalen und die → Balz.

Obwohl sie zumeist von Wildformen abstammen, die nur ein- bis zweimal im Jahr brünstig werden, kommen Haustiere viel häufiger in die Brunst (vermutlich weil sie sich nicht mehr um ihr Futter kümmern müssen). Bei den Weibchen fällt die Brunst normalerweise mit dem → Eisprung zusammen. Landwirte reden bei Rindern von »Rausche«, bei Pferden von »Rosse«, bei Schafen und Ziegen von »Bocken«.

Brunstdauer bei Haustieren

Rinder	1 Tag
Pferde	5 bis 7 Tage
Schweine	2 bis 3 Tage
Schafe	1 bis 2 Tage
Ziegen	1 bis 2 Tage

Brunstzeiten europäischer Wildtiere
(Jägersprache: Brunftzeiten)

Rehe	Mitte Juli bis August
Rothirsche	September bis Mitte Oktober
Damhirsche	Oktober
Elche	September
Gemsen	Ende November bis Ende Dezember
Wildschweine	November (auch März)

Brunstschwellung

»Warum nur«, fragte Jane Goodall in ihrem ersten Buch, »ist das Schimpansenweibchen mit einer solchen Last gestraft?« Das Mitleid der Schimpansenforscherin ist verständlich, denn in sexuell aktiven Phasen schwillt die → Vulva weiblicher → Schimpansen bis zur »Größe einer mittleren Puddingschüssel« (Goodall). Das rosige, pralle Hinterteil zeigt allen Artgenossen auf weite Entfernung: Ich will Sex und bin empfängnisbereit. In den folgenden Tagen ist das brünstige Weibchen dann nicht allzu wählerisch und kopuliert über hundertmal mit wechselnden Partnern.

Wenn Schimpansenweibchen mit ihrer Brunstschwellung »gestraft« sind, dann müßten Pavianweibchen in Verzweiflung verfallen. Denn gegen ihr aufgedunsenes Hinterteil wirken die prallen → Schamlippen weiblicher Schimpansen geradezu niedlich. Die Brunstschwellung der Mantelpaviane sieht aus wie ein Fleisch gewordener Blumenkohl (nur größer) und führt bei Zoobesuchern regelmäßig zu entsetzten Gesichtern. Viele glauben, die armen Tiere wären krank. Doch den Pavianweibchen bleibt ein Trost: Männliche Mantelpaviane finden das monströse Hinterteil überaus sexy.

Das Hinterteil weiblicher Mantelpaviane (links) schwillt in der sexuell aktiven Phase enorm an

Brutpflege

Sex macht Spaß, führt aber in vielen Fällen zu Nachwuchs, und der macht Arbeit. Viele Tiere sehen nicht im geringsten ein, warum sie sich dieser Mühe unterziehen sollen. Sie legen ihre → Eier auf den Boden oder ins weite Meer, packen den → Samen dazu und suchen so schnell wie möglich das Weite. Bei den meisten Wirbellosen, aber auch Fischen, Lurchen und Kriechtieren müssen die Nachkommen selbst sehen, wie sie zurechtkommen. Sie lernen ihre Eltern nie kennen. Sogar innerhalb der fürsorglichsten Klasse im Tierreich, den → Säugetieren, gibt es Mütter, die ihren Beitrag auf das Nötigste beschränken und dann abhauen: So säugt die Klappmützenrobbe ihr Baby nur vier Tage (die meisten → Väter tun ohnehin nichts für ihre Jungen).

Doch viele Mütter (und manche Väter) opfern sich auf und betreiben Brutpflege. Die beginnt schon damit, daß sie beispielsweise schützende → Nester oder Kokons für die Eier bauen. Manche sammeln auch Nahrung und deponieren sie neben den Eiern, damit die schlüpfenden Larven einen gedeckten Tisch vorfinden. Einige Fische bewachen den Laich und fächern ihm sauerstoffreiches Wasser zu.

Richtig anstrengend wird es aber erst, wenn die Jungen geschlüpft beziehungsweise geboren sind. Dann schreien sie zumeist nach Futter, wollen gewärmt werden und verrichten ihre Notdurft mitten im Nest. Fürsorgliche Vogeleltern schaffen im Eiltempo Insekten heran, sorgen für Nesthygiene und putzen ihren Küken die Federn. Säugetiermütter offerieren ihre → Zitzen. Während das Junge immer fetter wird (→ Milch), magern sie zusehends ab und sind am Ende der Säugezeit (an dem oft der Beginn einer neuen Schwangerschaft steht) völlig entkräftet. Obendrein lecken sie den Kleinen das Fell sauber. Bei manchen Paarhufern müssen sie sogar mit der Zunge die Analgegend stimulieren, damit der Stuhlgang des Babys in Fahrt kommt. Zwischendrin tragen sie die Brut in sichere Verstecke und stürzen sich todesmutig auf Feinde, die ihrem Nachwuchs ans Leben wollen (meistens um den eigenen Nachwuchs damit zu füttern).

Sogar manche → Spinnen und Insekten betreuen ihre Brut mit Hingabe. Das Weibchen der Steinhummel füttert seine Larven mit Futtersaft von Mund zu Mund. Weibliche Ohrwürmer bewachen und belecken ihre Eier in einer Brutkammer, die sie zuvor gegraben haben.

Bei all dem stellt sich natürlich die Frage: Sind die paar Minuten (bei vielen Tieren nur Sekunden) Vergnügen es wirklich wert, den Rest des Lebens als Diener seiner Söhne und Töchter zu verbringen? Tiere stellen sich diese Frage nie. Bei Menschen fällt die Antwort sehr unterschiedlich aus. Doch fast alle Eltern beantworten sie mit »Ja«.

Brutdauer und Nestlingszeit bei einigen Vogelarten

Feldlerche	11 bis 14 Tage	9 bis 10 Tage
Nachtigall	13 Tage	11 bis 12 Tage
Amsel	13 bis 14 Tage	13 bis 16 Tage
Haussperling	12 bis 14 Tage	15 bis 16 Tage
Kohlmeise	13 bis 14 Tage	15 bis 18 Tage
Buntspecht	12 bis 13 Tage	21 Tage
Wellensittich	18 Tage	30 Tage
Aaskrähe	18 bis 20 Tage	30 bis 32 Tage

Storch	31 bis 34 Tage	54 bis 55 Tage
Uhu	31 bis 37 Tage	70 Tage
Steinadler	43 bis 45 Tage	75 bis 80 Tage
Gänsegeier	48 bis 50 Tage	90 Tage

Buntbarsche

Wie bei → Frettchen und → Kanarienvögeln wächst auch bei Buntbarschen das Hirn mit den → Hoden. Der US-Forscher Russel Fernald untersuchte die Männchen einer Buntbarschart im Tanganjikasee und stellte bei ihnen erstaunliche körperliche Veränderungen fest. Nach einem Rangkampf behält der Verlierer seine sandbraune Tarnfarbe bei. Den Sieger schmückt die Natur jedoch geradezu überschwenglich mit den Insignien der Macht. Er wird größer und muskulöser und sein Schuppenkleid trägt plötzlich orangerote Streifen. Obendrein schwellen seine Hoden und bestimmte Gehirnzellen im Hypothalamus. Dies sei, kommentiert der Biologe Darcy B. Kelley ein »wunderbares Beispiel dafür, wie das soziale Umfeld die Biologie der Lebewesen zu beeinflussen vermag«.

Bei einer anderen Art aus der riesigen Familie der Buntbarsche (mit über 2000 Arten die größte unter den Süßwasserfischen) ist eitles Machogehabe verpönt. Will ein Männchen des Quappenbuntbarsches *(Teleogramma brichardi)* ein Weibchen betören, geht er ganz anders vor: Er macht sich klein und gibt sich schüchtern. Das farbenprächtige Weibchen dagegen plustert sich balzend auf.

Etwa die Hälfte der Buntbarscharten sind → Maulbrüter, das heißt, sie brüten die Eier in ihrem Maul aus und behalten auch die Jungen darin, bis diese frei schwimmen können. Bei Gefahr sausen die kleinen Fischchen dann aber immer noch in Papas oder Mamas Maul (bei einigen Arten können es bis zu 10000 sein). Manche Buntbarsche können sogar fressen, während sie die Brut in der Mundhöhle bewahren. Nahrung und Nachkommen unterscheiden die Fische dabei vermutlich am Geschmack.

Das Maulbrüten hat zu einer besonderen Sexualpraktik geführt: Männliche Buntbarsche ejakulieren in den Mund ihrer Partnerin. Obendrein praktizieren viele Arten eine besondere Form des → Küssens: Das Maulzerren, das an bayerisches Fingerhakeln erinnert. Nur wenn beide Partner bei diesem sexuellen Kampfspiel standhalten und sich als ebenbürtig erweisen, bleiben die beiden zusammen. Gibt einer auf, wird die Beziehung abgebrochen.

Manche Buntbarsche im Tanganjikasee (in dem es allein 350 verschiedene Arten gibt) werden von Fiederbartwelsen als unfreiwillige Ammen mißbraucht (→ Ammenaufzucht). Die Fiederbartwelse sind die → Kuckucke unter den Fischen. Wenn das Buntbarschweibchen seinen Laich einen Moment lang freigibt, flitzen die Welse hinzu und mischen ihre Eier darunter. Im Maul der ahnungslosen Mutter fressen die jungen Welse die kleinen Barsche dann auf.

Zu den merkwürdigsten Vertretern der Buntbarsche gehören die Diskusfische. Deren Elterntiere tun etwas, was an die → Brutpflege von Säugetieren erinnert. Sie sondern einen Nährschleim ab, so als würden sie Milch ausschwitzen. Die Jungen fressen diesen graugelben Belag von der Haut ihrer Eltern. Er ist in den ersten Lebenstagen ihre einzige Nahrungsquelle. Ist bei einem Alttier die Eiweißabsonderung aufgezehrt, schwimmt der ganze Jungfischschwarm zum anderen Elternteil.

Busen

Die rund geformte, fettgepolsterte weibliche Brust ist ein rein menschliches Körpermerkmal. Bei allen Tieren – inklusive den Menschenaffen – wird das Gesäuge nur prall, wenn es mit Milch gefüllt ist (→ Zitzen). Außerhalb der Stillzeiten hängt es schlaff und leer herab. Diese Einzigartigkeit hat Evolutionsbiologen immer wieder zu Erklärungsversuchen gereizt. Desmond Morris nimmt an, die Entwicklung des Busens hänge mit dem aufrechten Gang zusammen. Dadurch war der Po der

Frauen – bei Affen das sexuelle Signal Nummer eins – nicht mehr auf Blickhöhe der Männer. Die Natur glich dieses optische Defizit aus, indem sie – so Morris – die Frau um eine Art Zweit-Po bereicherte. Die Halbkugeln aus Fettgewebe wurden zum neuen Schlüsselreiz der Zweibeiner.

Eine andere verbreitete Erklärung stellt die Konkurrenz der Frauen in den Mittelpunkt: Große Brüste signalisieren eine gute Ernährerin der neugeborenen Kinder. Die Biologin Lynn Margulis argumentiert dagegen, daß der pralle Busen den Weibchen einst einen ganz anderen Vorteil verschaffte: Er half ihnen, die Männchen hinters Licht zu führen. Eine üppige Brust sollte eifersüchtigen Machos ständige Schwangerschaft signalisieren. Die Kerle verloren den Überblick und damit die Kontrolle über die fruchtbaren Tage ihrer Partnerinnen. Wer also sicher sein wollte, daß sein Weib nicht von einem anderen schwanger wird, mußte ständig bei ihr bleiben: So wurde der Mann schleichend monogamisiert. Die alte männliche Strategie, Weibchen während der Brunstzeit zu bewachen und bei Beginn der Schwangerschaft zu verlassen, wurde mit Hilfe des Busens ausgehebelt. Denn der Zeitpunkt des Eisprungs blieb fortan im dunkeln.

C

Chamäleons

Chamäleonbabys schlüpfen nicht nach üblicher Reptilienart aus Eiern, sondern werden voll entwickelt geboren. Dennoch sehen sie ihre Mutter nicht. Sie hockt beim Geburtsvorgang zumeist auf einem Ast und läßt ihren Nachwuchs einfach herabfallen. Wenn alles gutgeht, landen die Jungen auf Blättern. Sie sind vom ersten Tag an vollkommen auf sich allein gestellt.

Chimären

Mischwesen aus Tieren verschiedener Art oder Tieren und Menschen aus der griechischen Mythologie (→ Artgrenze), die entstehen, wenn lüsterne Götter sich in Tiere verwandeln und es in dieser Gestalt mit Menschen treiben (→ Sodomie). Heute wird der Ausdruck auch für Tiere benützt, denen Forscher mit den Methoden der Gen- und Reproduktionstechnik Gene aus anderen Tierarten einpflanzen.

Coolidge-Effekt

So nennen Biologen den wachsenden Widerwillen von Männchen, immer wieder mit derselben Sexualpartnerin zu kopulieren. Bei mehreren Tierarten, die daraufhin untersucht wurden, dämpfte wiederholter Geschlechtsverkehr mit dem gleichen Weibchen den sexuellen Appetit des Männchens.

Der kanadische Forscher Dennis F. Fiorino maß den Botenstoff Dopamin – eine Art körpereigene Glücksdroge – im Gehirn von Rattenböcken. Die Gegenwart eines empfängnisbereiten Weibchens ließ den Dopaminspiegel um neunzig Prozent emporschnellen. Bei der anschließenden Kopulation ging er um weitere zehn Prozent hoch. Aber, oh weh, im Laufe der folgenden Tage sank die Konzentration des Wonnestoffs kontinuierlich ab und pendelte sich wieder beim Ausgangswert ein. Erst die Ankunft eines neuen Weibchens löste bei den Rattenmännchen wieder kräftige Dopaminstöße aus.

Der Effekt ist übrigens nicht nach einem Wissenschaftler benannt, sondern bezieht sich auf eine Anekdote um den US-Präsidenten Calvin Coolidge (1872–1933). Dessen Gattin soll einst bei einem Farmbesuch den Deckakt eines Hahnes beobachtet haben. Als man ihr mitteilte, der Hahn tue dies bis zu zwölfmal am Tag, soll sie gemeint haben: »Sagen Sie das meinem Mann.« Als der Präsident später davon erfuhr, daß der Hahn jedesmal eine andere Henne besteige, entgegnete er angeblich: »Sagen Sie das meiner Frau.«

D

Damenwahl

Wilde Kerle lassen es krachen. Männliche See-Elefanten, Rothirsche oder Flußpferde raufen, daß die Fetzen fliegen. Wer gewinnt, schnappt sich die Weibchen. Bei so viel aufgeblasenem Mackertum scheint ganz klar, wer im Tierreich die Hosen anhat. Männchen sind aktiv und aggressiv. Sie strotzen vor Kraft und nehmen sich die Miezen, wie es ihnen gerade paßt. Die Weibchen, schwach und passiv, warten brav, bis sie erwählt werden. So stellten sich Biologen bis in die siebziger Jahre die Natur vor. Doch dann untersuchten einige von ihnen das Gebaren der Raufbolde und ihrer Mädels ganz genau. Was sie herausfanden – und was seither in vielen Forschungsarbeiten bewiesen wurde –, stellte das gängige Klischee auf den Kopf: In der Wildnis herrscht Damenwahl. Das vordergründige Machogehabe der Männchen zielt nur darauf ab, doch bitte, bitte erwählt zu werden. Die Hirschkuh holt sich den attraktivsten

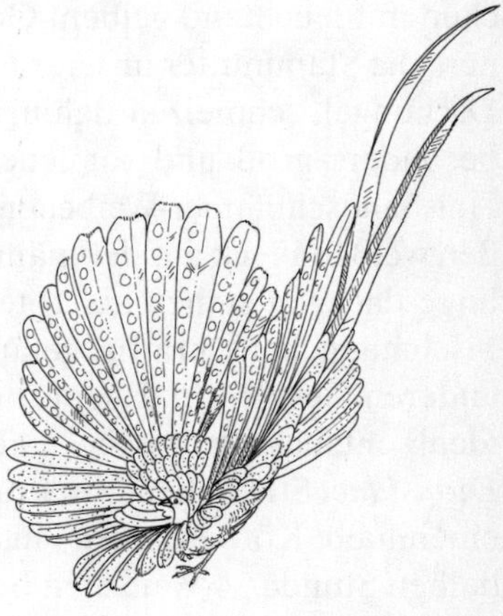

Das Prachtgefieder des Argusfasans ist ein Ergebnis der »female choice«.

Geweihträger aus der Brunstarena, und die Robbenweibchen scharen sich um den erfolgreichsten Strandpascha.

Einer hatte die natürliche Damenwahl bereits 1872 beschrieben: Charles Darwin persönlich. Dem Entdecker der Evolution war damals aufgefallen, daß bei vielen Tierarten das Weibchen den Partner auswählt. Darwin nannte das Phänomen »female choice«. Er sah in dieser »sexuellen Selektion« eines der großen Prinzipien, die die Evolution vorantreiben. Die weibliche Partnerwahl sorgt dafür, daß immer nur ganz bestimmte Männchen ihr Erbgut weitergeben dürfen. Doch das ging dem Zeitgeist gegen den Strich. Auch im Tierreich sollte der Mann das dominierende Geschlecht sein, ganz so wie es dem Patriarchat im alten Europa gefiel. Darwins Erkenntnis geriet fast hundert Jahre in Vergessenheit. Erst als die Gesellschaft sich gelockert hatte, entdeckten Wissenschaftler die Damenwahl erneut.

Ihre Beobachtungen offenbarten eine seltsame Vorliebe, die die Weibchen vieler Arten gemeinsam hatten. Hennen, Stuten und Geißen warfen sich fast immer Schönlingen an den Hals: Männchen, die durch besonders hübsches Gefieder, große Geweihe oder einen prächtigen Pelz auffielen. Dies schien so ganz dem Nützlichkeitsgedanken zu widersprechen, der ansonsten den Kampf ums Dasein bestimmt.

Goldammern werden schwach, sobald ein Ammernhähnchen mit leuchtend gelbem Gefieder auftaucht. Bankiva-Hennen, die Stammütter unserer Haushühner aus dem malaiischen Dschungel, schmelzen dahin, wenn der Kamm eines Gockels besonders groß und rot leuchtet. Das Schönheitsideal aller Halsbandschnäpper-Weibchen besteht in einem möglichst großen weißen Fleck auf der männlichen Stirn. Weibliche → Stichlinge dagegen stehen auf rote Bäuche. Ist die Unterseite des Fischmännchens kräftig gefärbt, hat es beste Chancen beim anderen Geschlecht. Ein besonders befremdliches Schönheitsideal entzückt tropische Fliegenweibchen aus der Familie *Diopsidae*: Stielaugen. Ein Prachtkerl, dessen Sehorgane bis zu eineinhalb Körperlängen auseinanderstehen, kann in einer halben Stunde 24 Weibchen begatten.

Solche scheinbar sinnlosen Schönheitskonkurrenzen weckten die Skepsis vieler Biologen. Sie überprüften im Versuch, was sie in der Natur beobachtet hatten. Marion Petrie von der Universität Oxford schnappte sich ein paar farbenprächtige Pfauenhähne und schnitt ihnen je zwanzig Federaugen aus dem Rad. Dann ließ sie sie zum Balzwettbewerb gegen Nebenbuhler antreten, die noch über die volle Pracht des farbigen Fächers verfügten. Alles Radschlagen der Gestutzten war vergeblich. Die Hennen flogen nur auf Männchen mit vollem Federschmuck.

Als gute Darwinistin konnte Petrie nicht glauben, daß die Natur Prunk und Tand fördert. Irgend etwas biologisch Nützliches mußte hinter den ästhetischen Vorlieben der Pfauenhennen stecken. Etwas, was ihrer Partnerwahl einen evolutionären Vorteil verlieh. Sie fand es heraus, als sie auf einer Farm bei Norfolk den Lebensweg von 349 Pfauenküken verfolgte. Sie registrierte deren Väter und beobachtete, welche Küken am besten gediehen. Nach zwei Jahren war klar: Je prächtiger der Federschmuck des Vaters, um so gesünder und kräftiger waren die Nachkommen. Viele Küken, die von Hähnen mit kümmerlichem Gefieder stammten, starben im Laufe der ersten beiden Lebensjahre. Das war die Lösung. Der barocke Pfauenschwanz ist keine Laune der Natur, sondern signalisiert den Weibchen, wer die besten → Gene besitzt. Ein Hahn, der im indischen Dschungel trotz der hinderlichen Schwanzfedern überlebt, muß überaus kräftig und robust sein. Leidet er jedoch unter Parasiten, Infektionen oder Erbkrankheiten, fallen die Schmuckfedern spärlich aus. Das Weibchen registriert: Vorsicht, dieser Kandidat könnte schwächliche Küken zeugen, und all mein Brüten wäre vergeblich.

Manfred Milinski kam zu dem gleichen Ergebnis, als er an der Universität Bern das Paarungsverhalten der → Stichlinge studierte. Fischmännchen, die der Biologe mit Parasiten infiziert hatte, bekamen einen bläßlichen Bauch und hatten bei den Weibchen keine Chance gegen knallrot gefärbte Konkurrenten. Die für Fischfrauen so hinreißende Bauchfarbe war also ein Fitneßindikator. Zum gleichen Ergebnis kamen Untersuchungen an Bankiva-Hühnern, Halsbandschnäppern, Rauchschwalben (→ Schwalben) und vielen anderen Tieren.

Weibchen haben gute Gründe, bei der Partnersuche wählerisch zu sein. Denn es gibt nur sehr wenige Arten, bei denen die → Väter sich um ihre Jungen kümmern. Die meisten Tiermütter dagegen investieren all ihre Energie in den Nachwuchs. Das fängt schon bei der Befruchtung an: Den wenigen und großen Eizellen steht ein Millionenheer billiger, kleiner Spermien gegenüber. Wird das kostbare Ei von einem genetisch angeknacksten Männchen befruchtet, kann dies den Bruterfolg des Weibchens vermindern oder zerstören. Das Wachstum der Eier im Körper der Muttertiere kostet eine Menge Energie. Dies gilt erst recht für die Entwicklung der Embryos im Bauch von Säugetierweibchen. Wenige Minuten Körpereinsatz des Männchens führen zu monatelanger weiblicher Schwangerschaft. Nach dem Schlüpfen oder der → Geburt beginnt für Vögel und Säuger die harte Zeit der → Brutpflege. Auch dabei sind es in aller Regel die Weibchen, die die Hauptlast zu tragen haben. Es lohnt sich also für Tiermütter, einen gesunden Erzeuger zu finden, damit auch die Jungtiere, die so sehr an ihren Kräften zehren, gesund und kräftig sind.

Manchmal bemerken die Männchen nicht einmal, was mit ihnen gespielt wird. Die Weibchen einiger Tierarten weisen kaum einen Freier ab, behalten sich aber dennoch die Entscheidung vor, wer Vater ihrer Jungen wird. Der Trick: Sie bewahren die Spermien in ihren Geschlechtsorganen auf und entscheiden erst später, welche Portion sie zur Befruchtung verwenden. Weibliche Abendsegler, eine Fledermausart, können Samen 198 Tage lang deponieren (→ Samenspeicher).

Ob es den Paschas paßt oder nicht, die Weibchen sitzen immer am längeren Hebel. Geweih oder Mähne, Hahnenkamm oder Pfauenrad: Alle männlichen Körperformen und Eigenschaften sind das Ergebnis jahrtausendelanger weiblicher Zuchtwahl. Vielleicht ist es so, wie der Schriftsteller Joseph Brodsky schreibt: »Das Ziel der Evolution ist Schönheit.« Oder hat Oskar Heinroth recht? Der Verhaltensforscher und Lehrer von Konrad Lorenz lästerte einst über das meterlange

Prachtgefieder des Argusfasans: »Seine Schwingen sind eines der dümmsten Produkte der sexuellen Selektion.« Doch selbst ein See-Elefantenbulle, der nach menschlichen Maßstäben wie ein fettleibiges, brutales männliches Chauvinistenschwein wirkt, ist letztendlich das Produkt weiblicher Zuchtwahl.

Und wie sieht es bei uns Menschen aus? Worauf fahren Frauen ab? Eine englische Untersuchung, die im Jahr 2000 die Lebensdaten von 4400 Männern überprüfte, zeigte: Kinderlose Männer waren im Durchschnitt deutlich kleiner als Väter. Daraus könnte man folgern, Frauen suchen sich gern große Männer. Doch dies ist beileibe nicht ihr einziges Kriterium. So ergab eine Umfrage unter Frauen in 37 Ländern, daß die Intelligenz bei den gewünschten Eigenschaften eines Traumpartners ganz weit oben rangiert.

Geoffrey Miller vom University College in London geht sogar so weit, daß er die Kulturleistungen der Menschheit durch die Damenwahl erklärt. Wenn Männer sich durch hervorragende Werke nach außen produzieren, tun sie im Prinzip nichts anderes als ein Pfau, der sein Rad schlägt: Sie wollen das andere Geschlecht beeindrucken. Weil Frauen kluge, einfallsreiche und erfinderische Liebhaber seit jeher bevorzugen, wurde die männliche Kreativität immer weiter angespornt. So enstanden – via Damenwahl – sensible Gedichte, schmeichelnde Melodien und grandiose Bauwerke. Das ist doch eine hübsche und romantische Erkärung für die kulturellen Höhenflüge der Menschheit.

Aber Biologie ist keine Mathematik, und starre Regeln werden vom Fluß des Lebens fortgeschwemmt. Auch die schöne Theorie der Damenwahl zeigt Risse. Die Verhaltensforscherin Jane Goodall beobachtete an → Schimpansen, daß paarungswillige Weibchen nicht immer die Stärksten und Mächtigsten bevorzugen. Oft scheint so etwas wie Sympathie eine Rolle zu spielen. Vielleicht ein erstes Anzeichen für das, was unter Menschen seit ein paar hundert Jahren – im Zeitmaß der Evolution sind das bloß Sekunden – Liebe genannt wird. Bei → Bonobos, auch Zwergschimpansen genannt, und Berberaffen konnten Forscher ebenfalls keine besondere Vorliebe der

Weibchen für ranghohe Männchen erkennen. »Weibchen bevorzugen einen bestimmten Männchentyp«, sagt die Primatenforscherin Meredith Small, »und im nächsten Augenblick paaren sie sich mit genau dem gegenteiligen Typ. Und einige Weibchen paaren sich mit jedem Männchen, das sie kriegen können.«

Damhirsch

Laut Bornemans Lexikon »Sex im Volksmund« ist ein Damhirsch ein Frauenheld. Als Damwild werden Prostituierte bezeichnet. Und der Ausdruck Damkuh meint entweder eine Lesbierin oder eine aggressive Frau.

Deckgebühr

Wenn der Bauer Ferkel mit viel Muskelmasse will, muß er zahlen. Dann erst darf er seine Sau von einem Eber befruchten lassen, der besonders vielversprechendes Erbgut ejakuliert. Bei → Rindern und anderen Haustieren wird ebenfalls für männliche Samenqualität bezahlt. Früher mußte der Landwirt sein brünstiges Vieh noch selbst zum Stall des Hodenträgers transportieren, heute reist in der Regel nur noch ein Reagenzglas mit Sperma durch die Gegend (→ Künstliche Besamung).

Delphine

Die Kulttiere der Esoterikszene gelten als intelligent, sozial und freundlich. Diese Aura wurde in den letzten Jahren von der Wissenschaft gründlich demoliert. Nicht nur, daß Große Tümmler (die bekannteste Delphinart, zu der auch Fernsehstar »Flipper« gehörte) die kleinen → Schweinswale attackieren und töten (ohne sie zu fressen). Männchen bringen auch Babys der eigenen Art um und sind üble Vergewaltiger. Gruppen männlicher Tümmler treiben Weibchen in die Enge und erzwingen so den Geschlechtsverkehr.

Sind keine weiblichen Delphine verfügbar, stürzen sich die Männchen auf alles, von dem sie vermuten, daß sie ihren 45 Zentimeter langen → Penis hineinstecken könnten. So kam es in Delphinparks in Florida und auf Hawaii zu sexuellen Attacken auf Menschen. Die amerikanische Delphin-Expertin Georgia Cranmore sagt: »Sie versuchen es mit allem, und es muß nicht einmal lebendig sein. Sie tun es auch mit einem Abflußrohr.«

Dildo

Selbst Sexspielzeuge, wie sie in Fachgeschäften angeboten werden, sind keine exklusiv menschliche Kulturleistung. Lothar Dittrich, früherer Direktor des Zoos von Hannover, konnte eine Schimpansin beobachten, die sich geeignete Masturbationshilfen aus einem größeren Holzstück zurechtbiß und damit mehrfach am Tag onanierte. Dittrich führt vier Fachartikel an, in denen andere Zoologen solche Verhaltensweisen schildern.

Doppellöcher

Derbe deutsche Bezeichnung für die japanischen Brandungsbarsch-Arten *Neoditrema ransonneti* und *Ditrema temmincki*. Beide haben eine für Fische ungewöhnliche Anatomie: Geschlechtsöffnung und Afteröffnung sind getrennt.

Duell

Zu Beginn ihrer Paarungszeit kämpfen viele Säugetiermännchen heftig um die Weibchen oder um gute Reviere, in die viele Weibchen kommen. Manchmal enden solche Duelle sogar tödlich. So trampeln sich Kamelhengste mitunter zu Tode (→ Kamele). Auch Löwenmännchen laufen Gefahr, von ihrem Gegner zerfleischt zu werden (→ Löwen).

Doch nicht alle sind so dumm, ihr Leben für das – zumeist recht kurze – Paarungsvergnügen zu opfern. Die Rivalenkämpfe vieler Arten sind rein ritueller Natur. Beide Kontrahenten halten sich dabei an ungeschriebene Regeln und verzichten darauf, den anderen ernsthaft zu verletzen. Gerade Männchen mit besonders gefährlichen Waffen (Hörner, Geweihe) beschränken sich auf solche sportlichen Zweikämpfe. Obwohl sich die Böcke der Oryxantilopen ihre spitzen Hörner gegenseitig in den Leib rammen könnten, kämpfen sie ritterlich und unblutig. Sie versuchen sich lediglich Stirn an Stirn wegzudrücken oder schlagen die Hörner seitlich aneinander. In diesem Kampfritual, auch Kommentkampf genannt, wird fair ermittelt, wer der stärkere von beiden ist. Der Verlierer sucht dann freiwillig das Weite.

Duldungsreflex

Um das Aufspringen und Eindringen des Männchens zu erleichtern, stellen sich brünstige Weibchen (→ Brunst) vieler Tierarten kurz vor dem Paarungsakt reglos hin und legen ihren Schwanz zur Seite. Dieser Duldungsreflex setzt erst ein, wenn die → Eier im → Eierstock reif zur Befruchtung sind.

Züchter können den Duldungsreflex des Schweins künstlich auslösen: Ein fester Druck aufs Hinterteil einer brünstigen Sau läßt sie so erstarren, als wäre ein Eber kurz vor dem Sprung. Den gleichen Effekt kann man mit biochemischen Mitteln erzielen (→ Geruchssinn). Spezielle Sprays, die männliche Duftstoffe enthalten, gaukeln Säuen die Anwesenheit eines Ebers vor. Bauern machen sich diesen Reflex bei der → künstlichen Besamung zunutze, damit das Tier während des Eingriffs stillhält.

Dungfliegen

Angesichts dampfender Kuhfladen kommen die Männchen der Dungfliege *(Scathophaga stercoraria)* richtig in Fahrt. Kaum hat sich ein Rind seines Darminhaltes entledigt, tummeln sich die goldgelben Fliegen in der Umgebung. Ohne langes Balzgehabe wirft sich das Männchen auf ein Weibchen und fängt an, es zu begatten. Das einzige, was man ihm zugute halten kann, ist, daß er sich dafür mit seiner Auserwählten wenigstens auf das Gras begibt und sich immerhin eine halbe Stunde Zeit für den Akt läßt. In dieser Zeitspanne ist es ihm möglich, anteilsmäßig die meisten Eier zu befruchten. Während der gesamten Zeit, auch wenn sich das Weibchen auf den Kot begibt, um die Eier abzulegen, wird es vom Männchen fest umklammert. Mit besonderer Innigkeit hat das allerdings wenig zu tun. Vielmehr möchte das Männchen sicherstellen, daß nicht ein anderes Männchen die Befruchtung übernimmt. Diese findet nämlich erst unmittelbar vor der Eiablage statt. Bis dahin bleiben die Spermien im → Samenspeicher des Weibchens. Wenn das Fliegenweibchen sich mit einem weiteren Partner einläßt, setzen sich nämlich größtenteils die Samen des zweiten durch.

E

Echsen

Unterdrückte Männchen der Art Jamaika-Riesenanolis haben einen Transvestiten-Trick entwickelt, um ihren dominanten Geschlechtsgenossen ein Schnippchen zu schlagen. Der Paarungserfolg dieser grellgrünen Echsen geht mit ihrer Körpergröße einher. Am häufigsten und ausgiebigsten (bis zu 25 Minuten) treiben es die großen (über 13 Zentimeter). Am wenigsten Erfolg haben die mittleren, doch die kleinen kommen überraschend häufig zum Zug. Denn sie können sich relativ unbehelligt in den Revieren der Großechsen herumtreiben und dort die Weibchen bespringen. Das klappt nur, weil die Chefreptilien sie mit den ähnlich kleinen Weibchen verwechseln. Der Nachteil: Nicht selten werden die kleinen Anolis-Männchen von den großen begattet.

Ganz ähnliche Verhältnisse bestehen bei den Seitenfleckenleguanen der Art *Uta stansburiana*, die in Kalifornien und Nevada leben. Auch bei ihnen gibt es drei Typen Männchen, die alle den Weibchen mit einer eigenen Strategie nachstellen. Angenehmerweise für die Forscher unterscheiden sich die drei auch noch farblich: Die Rötlichen sind die Machos, die große Reviere verteidigen und einen → Harem ihr eigen nennen. Die Blauen sind die braven Ehemänner, die ein einziges Weibchen eifersüchtig bewachen. Und die Gelbgestreiften vermeiden jeden Streit mit anderen Männchen und schleichen sich dafür lieber in die Harems der Roten ein, wo sie nicht weiter auffallen, weil sie den Weibchen gleichen. Amerikanische Verhaltensforscher fanden heraus, daß in einem Vier-Jahres-Zyklus jeder Männertypus eine Zeitlang die Oberhand gewinnt. Die Roten schlagen die Blauen und werden ihrerseits von den Gelben ausgetrickst, die wiederum gegen die Blauen verlieren.

Als die Forscher mit ihrer Langzeitbeobachtung anfingen, waren gerade die Blauen am Drücker. Doch dann wurden sie so erfolgreich, daß sie es nicht mehr schafften, die eigene Brut vor Konkurrenten abzuschirmen. Die aggressiven Roten stahlen Weibchen und legten sich Harems an. Doch diese wurden so groß, daß die Paschas nicht mehr merkten, daß sie längst von den hinterlistigen Gelben unterwandert waren. Bald brachten die Weibchen immer mehr gelben Nachwuchs zur Welt. Weil sie nun nicht mehr von den roten Mackern bedroht waren, kehrten die Blauen zurück, gingen auf Brautschau und zogen mit jeweils einem Leguanweibchen ab, das sie erfolgreich vor den gelben Herumtreibern in Sicherheit brachten. Das Spiel begann von vorn.

Bei männlichen Meerechsen auf den Galápagosinseln ist die Paarungsstrategie eine Generationsfrage. Die jungen versuchen heimlich, an die Weibchen heranzukommen, die von den

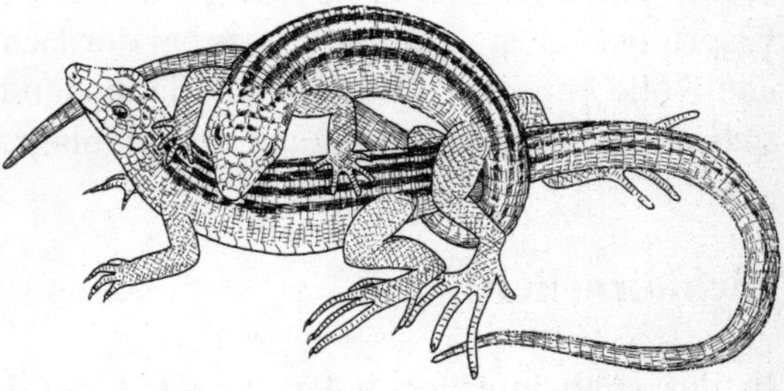

Manche Rennechsen-Arten sind rein weiblich und pflanzen sich ohne Befruchtung fort. Dennoch paaren sich die Tiere. Dieses Verhalten löst beim unteren Weibchen einen Eisprung aus.

alten bewacht werden. Junge Männchen sind den Weibchen an Größe und Gestalt äußerst ähnlich. Sie können von den wesentlich kräftigeren Männchen nicht auf Anhieb identifiziert werden. So getarnt mischen sie sich unter die Weibchen und versuchen, mit ihnen zu kopulieren, sobald sie vom Männchen unbeobachtet sind. Immerhin, jeder zehnte Versuch führt zum Erfolg.

Weniger erfolgversprechend, aber immer wieder einen Versuch wert, ist die sogenannte »Wegelagerertaktik«. Das Männchen reibt sich bis zum Samenerguß an einem Felsen (→ Onanie). Das Ejakulat wird in den Genitaltaschen gesammelt, die

die beiden → Penisse umhüllen. Auf diesen Zeitgewinn hoffend, machen sich die Tiere an umherwandernde Weibchen heran und versuchen, blitzschnell den gesammelten → Samen zu übertragen. Meist werden solche Versuche allerdings von den Rivalen jäh unterbrochen.

Andere Echsen kommen ganz ohne Männchen aus. 15 von 45 Arten innerhalb der Gattung Rennechsen sind nachweislich rein weiblich. Bei diesen Reptilien bringen Weibchen allein aus ihren Eizellen ohne Zuhilfenahme von Samen immer neue Weibchen hervor. Mütter und Töchter sind genetisch identische Klone (→ Jungfernzeugung). Der Amerikaner David Crews, der diese Tiere erforschte, machte in seinem Labor eines Tages eine seltsame Beobachtung: Zwei Weibchen der Art *Cnemidophorus uniparens* balzten einander an und schienen sich auch zu paaren. Crews fand heraus, daß dieser unter männchenlosen Rennechsen übliche homosexuelle Akt (→ Homosexualität) bei einer von beiden Partnerinnen einen → Eisprung auslöst. Und zwar stets bei der Echse, die die weibliche Rolle einnimmt. Die Pseudomännchen dagegen befinden sich stets in der Phase kurz vor der Eiablage.

Eichhörnchen

In der spätwinterlichen Paarungszeit der Eichhörnchen beginnt das Männchen, sein Weibchen zu verfolgen. Sie sausen zu zweit bis zur Erschöpfung über Baumwipfel und Boden. Die wilden Verfolgungsjagden, die in dieser Jahreszeit in Friedhöfen und Parks beobachtet werden können, sind aber nicht immer Liebesspiele. Weibliche Eichhörnchen wollen ihren Partner nicht teilen und bekämpfen mögliche Konkurrentinnen äußerst heftig. Eichhörnchenpaare scheinen sehr intensiv aneinander zu hängen. Ein Fotograf dokumentierte in Hamburg, wie ein Männchen mitten auf der Straße bei der Leiche seiner Partnerin verharrte, bis es ebenfalls überfahren wurde.

Früher gab man schwangeren Frauen Eichhörnchenbraten

zu essen. Durch den Verzehr der geschickten Klettertiere sollten die Kinder schwindelfrei werden.

Nahe verwandt mit den Eichhörnchen sind die Erdhörnchen. Bei einigen Arten dieser Nager verschließen die Männchen nach der Paarung die Scheide des Weibchens mit einem → Begattungspfropfen, der an Silikonmasse erinnert. Doch andere Männchen nutzen ihren Penisknochen (→ Penis), um den Verschluß wieder zu öffnen. Das scheint ihnen ganz gut zu gelingen, denn die meisten Erdhörnchen-Würfe haben mehr als einen Erzeuger.

Eier

Im deutschen Volksmund werden die Hoden als »Eier« bezeichnet. Das führt gelegentlich zu sprachlichen Verwirrungen, da Frauen über echte Eier (Eizellen) verfügen, die in den → Eierstöcken aufbewahrt werden, welche wiederum das weibliche Pendant der Hoden (»Eier«) sind. Alle haben also ihre Eier, aber nur die Frauen haben echte.

Die meisten Tiere, die sich sexuell vermehren, legen Eier. Zumeist müssen sie von einem Männchen befruchtet sein, damit sich neues Leben daraus entwickelt. Es gibt aber auch Arten, die sich durch unbefruchtete Eier selbst klonen (→ Jungfernzeugung).

Eier sind oft von einer widerstandsfähigen Hülle umgeben (bei Vögeln sogar von einer harten Kalkschale) und enthalten alle notwendigen Nährstoffe (z. B. Dotter) für die Entwicklung der Jungen. Bei den meisten eierlegenden Tieren findet die Besamung außerhalb des Körpers statt. Vögel und → Reptilien dagegen befruchten ihre Eier im Körper des Weibchens. Viele Tiere (z. B. → Spinnen) beschützen ihre Eier.

Die größten Eier produziert der Walhai: Ihr Inhalt entspricht dem von 160 Hühnereiern. Die kleinsten Eier legt die Parasitenwespe *(Caraphractus cinctus)*: Fünf Millionen Eier dieser Wespe wiegen ein Gramm. Die meisten Eier legt der Mondfisch: zirka 300 Millionen auf einmal. Unter den Vögeln hält den Größenrekord der Afrikanische → Strauß (Höhe: 18 cm, Gewicht 1500g). Der Zwergkolibri legt die kleinsten (Höhe: 1,1 cm, Gewicht 0,5g).

Warum legen Vögel überhaupt Eier und gebären nicht lebende Junge, wie es die → Säugetiere tun? Offenbar muß diese Methode der Fortpflanzung für Vögel irgendeinen Vorteil bringen, denn sie nehmen in Kauf, daß ihr Gelege während der Brutzeit besonders gefährdet ist.

Bei kleineren Vögeln würde eine Schwangerschaft das Körpergewicht derart erhöhen, daß sie nicht mehr fliegen könnten. Außerdem bringen sie durch das Eierlegen viel mehr Junge zur Welt, als wenn sie den Nachwuchs in einer → Gebärmutter austragen müßten.

In den achtziger Jahren fanden Wissenschaftler einen zweiten gravierenden Grund heraus: Vögel sind zu heiß. Ihre Körpertemperatur liegt bei 40 bis 41 Grad Celsius, also deutlich über der von Säugetieren. Für einen Embryo ist das zu warm. In Versuchen, bei denen Eier auf 40 Grad erhitzt wurden, starben viele Vogeljunge ab oder wurden mißgebildet. Ursache für die hohe Körpertemperatur der Vögel ist vermutlich das Fliegen. Es erfordert eine sehr hohe Stoffwechselleistung, die den Körper aufheizt.

Für Menschen hatten Eier schon lange vor dem christlichen Osterfest eine kultische Bedeutung. Alte Kulturen sahen den Ursprung der Welt und der Götter in einem mythischen Ei. Bei vielen Völkern war das Ei ein Symbol für Fruchtbarkeit und Unsterblichkeit.

Anzahl der Eier pro Gelege bei Vögeln

Pinguin	1
Albatros	1
Steinadler	2
Amsel	4 bis 5
Rauchschwalbe	4 bis 5
Haussperling	4 bis 6
Nachtigall	4 bis 6
Auerhuhn	6 bis 10

Wintergoldhähnchen	8 bis 11
Stockente	8 bis 12
Blaumeise	10 bis 13
Strauß	15
Kuckuck	15 bis 16

Anzahl der Eier pro Gelege bei anderen Tieren

Python	29
Mississippi-Alligator	88
Suppenschildkröte	104
Grasfrosch	4000
Hering	60000
Kabeljau	700000
Mondfisch	300000000
Amerikanische Schabe	12
Stechmücke	300
Termitenkönigin	86000 (am Tag; das sind über eine Milliarde in ihrem Leben)

Größe der Eier und Eizellen

Variationsbreite des Durchmessers bei verschiedenen Tiergruppen in Millimeter

Säugetiere	0,075 bis 0,25 mm
Stachelhäuter	0,1 mm
Insekten	0,5 bis 5 mm
Lurche	1 bis 4 mm
Knochenfische	1 bis 6 mm
Vögel	5 bis 85 mm
Haie	15 bis 100 mm

Eierstöcke

Die Keimdrüsen weiblicher Tiere liegen im Gegensatz zu ihrer männlichen Entsprechung, den → Hoden, im Inneren des Körpers. In den Eierstöcken werden die Eizellen produziert, aber auch → Hormone wie Östrogen, Progesteron und Relaxin. Bei den Wirbeltieren sind – wie beim Menschen – die Eierstöcke zumeist als Paar angelegt. Eine Ausnahme bilden die Vögel, bei denen der rechte Eierstock verkümmert ist. In der Regel produzieren weibliche Wesen weniger Eizellen als Männchen Samenzellen. → Eier sind auch fast immer wesentlich größer als Samenzellen. So würde die Samenproduktion eines einzigen Menschen-Mannes theoretisch ausreichen, um die gesamte Weltbevölkerung zu zeugen. Im Leben einer Frau reifen jedoch nur zirka 380 Eizellen heran (zirka 400000 sind von Geburt an im Eierstock vorrätig). Kurz gesagt: Eier sind groß und rar, Spermien sind klein und im Überfluß vorhanden. Die Eierknappheit wird bei den → Säugetieren dadurch noch verschärft, daß die Jungen im Körper der Weibchen heranreifen und nach der Geburt gesäugt werden müssen. Diese körperliche Anstrengung setzt der Reproduktionsfähigkeit noch engere Grenzen als die Zahl der Eier. Dies ist der entscheidende physiologische Hintergrund für viele Verhaltensweisen und Rituale im Bereich der Sexualität (→ Damenwahl). Es gibt allerdings – wie bei allen biologischen Erscheinungen – auch hier Ausnahmen: Einige Tiere, zum Beispiel bestimmte Fruchtfliegen (→ Fliegen) und → Muschelkrebse, produzieren gigantische Spermien (→ Samen), die im ausgefalteten Zustand länger sind als die Tiere selbst.

Eine ganz besondere Form der Keimdrüsen besitzen die → Schnecken. In ihren Zwitterdrüsen (→ Zwitter) werden sowohl Spermien als auch Eier gebildet.

Einhorn

Pferdeähnliches Fabeltier mit einem Horn auf der Stirn. Nach einem Text aus dem 2. Jahrhundert n. Chr. fängt man Einhörner, indem man ihnen eine schöne Jungfrau auf den Weg legt. Dann springt das Einhorn in den Schoß der Jungfrau und folgt ihr daraufhin brav. Mit solchen Geschichten (Horn springt in Schoß) kann man Freudianern Freude machen.

Eisprung

Um befruchtet zu werden, muß die Eizelle sich von der Eihülle befreien und den Eierstock verlassen (→ Eierstöcke). Bei den meisten Säugetieren (einschließlich der Affen und des Menschen) unterliegt der Eisprung dem artspezifischen hormonellen Rhythmus (→ Hormone), erfolgt automatisch und ohne äußeren Einfluß. Wenn das frei gewordene Ei keinem Samen begegnet, wird es vom Körper resorbiert oder abgestoßen.

Es gibt jedoch Weibchen, die gehen nicht so großzügig mit ihren Keimzellen um und lassen das Ei erst springen, wenn es sich wirklich lohnt, also nach einer erfolgreichen Paarung. Diesen Spartrick beherrschen unter anderem → Bären, Marder, Spitzmäuse, Ziesel und Kaninchen.

Erstaunliches fand das Team der britischen Verhaltensforscherin Karen McComb an Rothirschen heraus. Offenbar ist das Röhren des → Hirsches der Auslöser für den Eisprung der Hirschkühe. Die Wissenschaftlerin teilte Hirschkühe mit Gattern in drei Rudel ein. Die erste Gruppe hörte männliche Brunftrufe (→ Brunst) vom Tonband. Die zweite hatte außerdem einen echten Geweihträger in ihrer Mitte, der sie jedoch nicht befruchten konnte, da er sterilisiert war. Die dritte blieb akustisch und körperlich unbeeinflußt.

Nach zwei Wochen wurden zeugungsfähige Hirsche in alle drei Gruppen gelassen. Als Monate später der Nachwuchs kam, konnte McComb feststellen: Die Tiere in den Gruppen eins und zwei warfen ihre Kälber zwei Wochen früher als die in Gruppe drei. Die Duftstoffe und das Auftreten des Männchens in Gruppe zwei hatte keinen Unterschied zur Gruppe eins hervorgerufen. Ergo: Es ist allein der Brunftschrei, der das Ei springen läßt.

Elefanten

Selbstverständlich besitzen die Männchen der größten Landtiere auch den größten → Penis. Doch wenn man sexuell aktive Elefanten beobachtet, kommt weit mehr zum Vorschein, als man ohnehin erwartet. Ein ausgefahrenes Elefantenglied ist nicht nur entsprechend der Körpergröße beachtlich, sondern auch relativ zu der riesigen Statur: 1,5 Meter (die Hoden können über zwei Kilo schwer werden). Safariführer in Afrika scherzen gern über das »fünfte Bein« der Dickhäuter. Es ist wellenförmig geschwungen, die Anatomie des Weibchens verlangt diese besondere Form (und auch viel männliche Geschicklichkeit). Im Gegensatz zu anderen Tieren zeigt die Scheidenöffnung einer Elefantenkuh nicht nach hinten, sondern sie ist nach vorne geöffnet. Das äußere weibliche Geschlechtsteil hängt wie ein Schlauch zwischen ihren Hinterbeinen. Der Penis ist daher nicht nur ungewöhnlich geformt, sondern auch überaus beweglich. Er windet sich schlangengleich in die kurvenreiche Scheide. Für das Weibchen ist die Paarung ein ungeheurer Kraftakt, denn das viel größere Männchen stützt dabei einen Teil seines enormen Gewichts auf ihren Rücken.

Vergleichbar der → Brunst der Weibchen kommen männliche Elefanten alle paar Monate in die Musthperiode, die äußerlich sichtbar ist, weil ihnen in dieser Zeit ein öliges Sekret aus den Schläfendrüsen rinnt. In der Musth werden selbst freundliche Charaktere überaus aggressiv. Alle anderen Männchen (außer denen, die selbst in der Musth sind) gehen ihnen aus dem Weg. Weibchen paaren sich wenn möglich nur mit Musth-Bullen (obwohl alle Männchen das ganze Jahr über zeugungsfähig sind). Erwachsene Bullen sind häufig Einzelgänger und müssen zur Paarung oft von weither kommen, da in Elefantenherden keine geschlechtsreifen Männchen geduldet werden. Brünstige Weibchen sind jedoch in der Lage, Bullen mit Infraschallrufen über viele Kilometer anzulocken. Indische Arbeitselefanten werden während der Musth angekettet, da sie in dieser Gemütslage ihre Reiter und Pfleger zertrampeln. In Zoos sind die Gehege für Elefantenbullen so konstruiert, daß sie in dieser Zeit niemand betreten muß. Dennoch starben viele Tierpfleger durch wütende Elefantenbullen.

Afrikanische Elefanten werden später geschlechtsreif als alle anderen Säugetiere: mit zirka 16 Jahren. Die Weibchen haben die längste Tragzeit: 22 Monate.

Embryotransfer

Eine befruchtete Eizelle wird von einem weiblichen Spendertier auf eine Leihmutter übertragen. Folglich wird das Junge von einer Mutter zur Welt gebracht, die genetisch nicht mit ihm verwandt ist. Die Methode wird vor allem in der Landwirtschaft angewandt, um die Fortpflanzungsrate sogenannter Elitetiere zu steigern. Verspricht man sich vom Erbgut einer Kuh hohe Erträge, werden ihr → Hormone verabreicht, damit in ihrem → Eierstock gleich mehrere → Eier auf einmal reifen. Vier bis fünf Tage später wird sie durch → künstliche Besamung befruchtet. Haben sich die Eizellen zu kleinen Embryos entwickelt, wird bei einer Kuh die → Gebärmutter ausgespült, während eine Sau hierfür extra operiert werden muß. Die so gewonnenen Embryos werden auf ihre Tauglichkeit beurteilt und dann in die Gebärmütter verschiedener Weibchen eingepflanzt. Damit sie sich dort einnisten, müssen diese Leihmütter zur selben Zeit in der → Brunst gewesen sein wie das Spendertier. Auch dies läßt sich durch künstliche Hormongaben steuern.

Emus

Bei diesem australischen Laufvogel ist – wie bei anderen seiner Ordnung – Brut und Aufzucht Aufgabe des Männchens (→ Strauße, → Väter). Doch, wie Darwin bemerkte, geht der → Rollentausch bei den Emus noch viel weiter. Der große Naturforscher stellte eine »Umkehr der allgemeinen moralischen Qualitäten« fest: »Das Weibchen gebärdet sich wild, streitsüchtig und laut, das Männchen freundlich und wohlwollend.«

Enten

Männliche Stockenten zählen zu den schlimmsten Vergewaltigern im Tierreich (→ Vergewaltigung). Viele Tierfreunde glauben, daß die Brutalität, mit der die Erpel Weibchen schänden (oftmals sogar zu Tode) eine Folge des Luxuslebens in den Stadtparks sei: Da sie sich nicht mehr ums Fressen kümmern müssen, wüßten sie nicht mehr wohin mit ihrer Kraft. Der Ornithologe Einhard Bezzel hat das Phänomen eingehender untersucht und diesen Erklärungsansatz schlüssig widerlegt. Denn Gruppenvergewaltigungen hilfloser Enten durch brutale Erpel wurden bereits im 17. Jahrhundert beschrieben, als noch kaum ein Mensch es sich leisten konnte, Brot an Wildvögel zu verteilen.

Bezzel erklärt das grausame Verhalten mit einer einfachen soziobiologischen Rechnung. Männchen erhöhen ihren Fortpflanzungserfolg, wenn sie so viele Weibchen wie möglich befruchten. Im Zuge dieses Bestrebens setzte sich in der Evolution der Stockenten die sexuelle Gewalt als erfolgreiche Methode durch.

Das Prachtgefieder der Erpel wird übrigens nicht – wie man annehmen könnte – durch männliche → Hormone hervorgerufen, sondern durch die Unterdrückung der weiblichen. Kastriert man ein Entenweibchen (→ Kastration), wächst ihr männliches Prachtgefieder. Die bunten Federn sind also das Grundmuster, welches unterdrückt werden muß, um das für die Jungenaufzucht wichtige Tarnkleid zu erzeugen.

Entenmuscheln

Diese Tiere besitzen in ihrer Jugend die Anlagen für beide Geschlechter. Haben sie sich einmal niedergelassen, wachsen sie fest und können sich nicht mehr vom Fleck bewegen. Die Entscheidung, welches Geschlecht sie annehmen, hängt von ihren Nachbarn ab. Je nachdem, ob die Entenmuscheln in ihrer Umgebung männlich oder weiblich sind, wählen sie das gegenteilige Geschlecht. Entwickeln sie sich zu einem Männchen, wächst ihnen ein → Penis, der fünfmal so lang ist wie sie selbst. Mit diesem Organ begatten sie alle Weibchen, die in Reichweite sind.

Esel

Der Esel galt von jeher als Symboltier der sexuellen Begierde. Ein Ruf, der ihm vermutlich zugefallen ist, weil der → Penis des Hengstes im erigierten Zustand überaus eindrucksvoll ist. Obwohl sein sonstiger Körper deutlich kleiner ist als der eines Pferdes, macht sich dieser Unterschied beim männlichen Geschlechtsteil kaum bemerkbar. Eselstuten gehören zu den Tieren, von denen Sodomiten besonders angezogen werden. Eselshoden galten früher als → Aphrodisiakum. Ehebrecherinnen wurden im Mittelalter zuweilen nackt und mit dem Gesicht nach hinten auf einem Esel (oder einer hölzernen Eselsattrappe) durch die Stadt geführt.

F

Fasanen

Den Jagdfasanen kommt es auf die Sporne an. Die Hennen der bunten Hühnervögel gucken den Hähnen nicht so sehr aufs Prachtgefieder, sondern auf die Füße. Sind die Sporne (nach hinten abstehende Knorpelstücke) besonders lang, finden sie den Gockel unwiderstehlich (→ Damenwahl). Schwedische Forscher fanden dies heraus, indem sie im Gehege einem Teil der Hähne die Sporne künstlich verlängerten, sie anderen dagegen kappten. Alsbald umlagerten die Weibchen die vermeintlichen Langsporne und ließen ihre gestutzten Kollegen links liegen. Diese Vorliebe hat einen tieferen Sinn, denn wie die Wissenschaftler feststellen konnten, sind die spitzen Auswüchse um so länger, je älter, größer und schwerer ein Hahn ist. Hennen, die sich mit einem echten Langsporn paarten, zogen überdurchschnittlich viele Küken auf.

Kastrierten weiblichen Fasanen wächst männliches Prachtgefieder. Normalerweise unterdrücken weibliche Sexualhormone die bunte Pracht, weil das schlichte graubraune Tarnkleid überlebenswichtig für die Brut ist.

Faultiere

»Alle Faulthiere zeigen nicht die geringste Spur von Verstand, vielmehr eine Stumpfheit, Dummheit und Gleichgültigkeit, wie kein einziges anderes Säugethier … Sie haben keine Leidenschaften, sie fühlen weder Haß noch Liebe … Es läßt sich faßt erwarten, daß solche Thiere blos ein einziges Junges werfen. Das Eine scheint der Mutter schon zuviel zu sein.« So zieht Brehms Tierleben über die sympathischen Abhänger aus dem

Urwald her. Schon 1526 schimpfte der Spanier Gonzalo Fernández de Oviedo y Valdes: »Etwas Häßlicheres oder Nutzloseres als das Faultier habe ich bisher nicht gesehen.« Offenbar scheint die Gelassenheit der Faultiere die Arbeitstiere dieser Welt zu provozieren. Dabei verdient die sexuelle Aktivität dieser freundlichen Geschöpfe auch unter dem Blickwinkel des Leistungsprinzips durchaus Bewunderung. Faultiere treiben es von Angesicht zu Angesicht mit den Armen an einen Ast geklammert und den Beinen frei in den Lüften baumelnd. Das hätte Alfred Brehm nie geschafft.

Ai, der zweite Name des Dreifinger-Faultieres, allen Kreuzworträtselfreunden wohlbekannt, kommt übrigens vom Paarungsruf, einem langgezogenen »A-iii«, das im März und April durch die Wipfel tönt. Mit ihrem gemütlichen Gebaren sind die Faultiere übrigens überaus erfolgreich. In manchen Regionen Südamerikas stellen sie ein Viertel der Biomasse (das heißt des Gesamtgewichts) aller Säugetiere.

Fehlprägung

Jungtiere werden vom Anblick ihrer Eltern sexuell geprägt. Am Beispiel von Vater und Mutter lernen sie die Merkmale ihrer Art kennen. Dadurch wissen sie, wie ihre späteren Sexualpartner aussehen müssen. So wird Sex jenseits der → Artgrenze weitgehend ausgeschlossen. Werden Tiere von Men-

Ein fehlgeprägter Auerhahn versucht mit einem Hut zu kopulieren.

schen oder Tiermüttern anderer Arten aufgezogen (→ Ammen), kann es zur Fehlprägung kommen.

Was falsche → Prägung bewirkt, erfuhr Konrad Lorenz am eigenen Leib. Ein Erpel bewies ihm seine Zuneigung, indem er den Kopf des Nobelpreisträgers besprang und mit seinem weißen Haarschopf kopulierte. Wellensittiche ruckeln auf menschlichen Fingern herum, Hunde reiben sich an Beinen. Solche peinlichen Situationen (→ Sodomie) können entstehen, wenn Tiere sich für Menschen halten. Von in menschlicher Obhut aufgezogenen → Schimpansen wird berichtet, daß sie später mit Angst und Abscheu auf den Anblick von Artgenossen reagierten.

Fehlprägung ist häufig auch ein Problem, wenn im Gehege gezüchtete Tiere in die Wildnis entlassen werden sollen. Gewöhnten sich solche Tiere in ihrer Prägungsphase an Menschen, haben sie die oft lebenswichtige Scheu verloren. Ein ausgesetzter → Auerhahn wurde dabei beobachtet, wie er versuchte, den Trachtenhut eines Fotografen zu begatten.

Finken

Männchen, so lautet ein Glaubenssatz der Soziobiologie, bespringen jedes Weibchen, das sich mit ihnen einläßt. Denn, so die Theorie, es lohnt sich für männliche Wesen nicht, wählerisch zu sein. Sie erzeugen die meisten Nachkommen, wenn sie möglichst viele Weibchen befruchten.

Zumindest bei Zebrafinken stimmt das nicht. Männchen dieser Finkenart aus dem australischen Busch balzen nicht mit jeder, sondern nur mit den Besten. Forscher der Universität Glasgow trennten weibliche Zebrafinken in zwei Gruppen. Die eine erhielt Normalkost, die andere besonders eiweißreiches Kraftfutter. So eine Proteindiät versetzt Vögel in die Lage, mehr Eier zu legen.

Dann wurde je eine Vertreterin aus beiden Gruppen in eine gemeinsame Voliere zu einem Männchen gesperrt. In zwei Dritteln der Versuche balzten die männlichen Zebrafinken die besser genährten Weibchen an. Da die weiblichen Vögel sich in Gewicht und Aussehen glichen (zumindest für menschliche Augen), rätseln die Forscher, woran die Männchen sie unterscheiden konnten. »Vielleicht am Gezwitscher«, vermutet einer.

Fledermäuse

Mitglieder dieser großen Säugetierordnung (es gibt 950 Arten Fledertiere) machen es mit dem Kopf nach unten. Verkehrtherum an Höhlendecken oder Ästen hängend, vollführen sie eine ziemlich akrobatische Variante des Geschlechtsverkehrs. Die armen Weibchen müssen sogar in die falsche Richtung gebären, also das Baby nach oben herausdrücken. Die Neugeborenen haben einen überaus stark entwickelten Greifreflex, damit sie nicht herunterfallen.

Bei einigen Fledermausarten können die Weibchen männlichen → Samen länger speichern und frisch halten als alle anderen Säugetiere: bis zu 198 Tage. Manche besitzen dafür spezielle Taschen an der → Vagina, andere bewahren ihn in der → Gebärmutter auf. Mit dem Speichertrick sorgen die Weibchen dafür, daß ihre Jungen in der optimalen Jahreszeit auf die Welt kommen.

→ Penis und → Hoden männlicher Fledermäuse können völlig zusammenschrumpeln und im Bauchraum verschwinden, damit der Luftwiderstand beim Fliegen möglichst gering bleibt. Zur Paarungszeit schwellen die Geschlechtsorgane jedoch zu enormer Größe an.

Im malaiischen Dschungel gibt es fliegende Milchmänner: Bei den Fledermäusen der Art *Dyacopterus spadiceus* besitzen auch die Männchen funktionierende Brustdrüsen. Fünfzig Prozent der Flattermänner, die den Forschern ins Fangnetz gingen, sonderten Milch ab. Ob die Fledermausmännchen ihren Nachwuchs tatsächlich säugen, konnte bisher nicht beobachtet werden.

Fliegen

Stubenfliegen bringen in kürzester Zeit Millionen von Nachkommen hervor. Und das, obwohl sie Einzelgänger sind. Unter günstigen Umständen legt ein befruchtetes Fliegenweibchen bis zu 2000 Eier. Nach vier Generationen hat sie bereits so viele Abkömmlinge, wie Menschen im Großraum Paris leben: acht Millionen. Da in warmen Viehställen bis zu 15 Fliegengenerationen innerhalb eines Jahres aus dem Mist kriechen, ergäbe sich – würden sie alle überleben – eine Zahl mit 49 Nullen. Dabei sind Stubenfliegen gar nicht gesellig. Nur wenn Futter lockt, streben sie alle dem gleichen Ziel zu. Ein Effekt, der den Erfolg der klassischen Klebstoff-Fliegenfänger garantiert.

Fruchtfliegen sind die Lieblinge der Laborbiologen. An kaum einem anderen Wesen wurde Sexualität häufiger überprüft und getestet. Ein Ergebnis: Monogamie ist gesund. Männliche Fruchtfliegen, die versuchen, mit möglichst vielen Weibchen zu kopulieren, schaden sich dadurch selbst. Denn ihr Liebesleben sei, so das Wissenschaftsmagazin »New Scientist«, ein aufreibender Kampf. Obendrein ruinieren sie die Gesundheit der Weibchen, indem sie sie andauernd drangsalieren und ihnen nach der Paarung ein Gift einspritzen, das die → Samen der Konkurrenten zerstören soll. Die Wissenschaftler zwangen die Fruchtfliegen in einem Laborgefäß zur Einehe und siehe da: Nicht nur die Weibchen hatten weniger Streß und lebten länger. Der Fortpflanzungserfolg männlicher Fruchtfliegen nahm überraschenderweise zu und nicht ab. Treue Kerle brachten es auf mehr Nachwuchs. Fazit: Seitenspringen lohnt sich nicht. Kluge Männchen bleiben zu Hause.

Eine andere Studie an Fruchtfliegen brachte an den Tag, daß Enthaltsamkeit das beste Rezept für ein langes Leben ist. Die winzigen Insekten können einen Monat alt werden. Bei Männchen, die permanent Weibchen umwerben, verkürzt sich diese Spanne um eine Woche. Sexuell aktive Fliegen verbrauchten viel mehr Fett als die Zölibat-Insekten, die einfach herumsaßen und nichts taten.

Die Männchen einiger Fruchtfliegenarten, die selbst nur 1,5 Millimeter klein sind, produzieren gewaltige Spermien, die im ausgefalteten Zustand 20mal so lang sind wie die Tiere selbst.

Männliche Skorpionfliegen (Gattung *Panorpa*) müssen die Paarungsbereitschaft ihrer Weibchen teuer erkaufen (→ Prostitution). Die weiblichen Fliegen erwarten beim Geschlechtsakt ständig neue Geschenke.

Signalisiert das Skorpionfliegenweibchen Willigkeit, macht sich das Männchen sogleich daran, aus seinem Speichel einen nahrhaften Klumpen zu bilden, der an der Luft schnell trocknet. Kunstvoll formt ihn der Verehrer mit seinen Mundwerkzeugen zu einem Zylinder. Das Weibchen macht sich gierig daran, ihn zu verschlingen, während das Männchen gleichzeitig kopulieren darf. Doch sobald das nimmersatte Weibchen aufgegessen hat, ist Schluß mit lustig. Möglichst schnell muß ein neuer Speichelklumpen her, sonst wird sie sauer.

Da die Produktion der proteinhaltigen Geschenke für die Männchen mit einem sehr hohen Energieverbrauch verbunden ist, haben einige von ihnen in die Trickkiste gegriffen. Sie imitieren die Lockhaltung eines fortpflanzungsbereiten Weibchens und locken so andere Männchen mit ihren Geschenken an. Noch ehe der verdutzte Freier seinen Irrtum erkennt, hat der → Transvestit ihm auch schon seinen Klumpen entrissen und macht sich auf und davon zu einem echten Weibchen.

Tanzfliegenmännchen haben eine andere Strategie entwikkelt: Sie bluffen. Sie schüren beim Weibchen falsche Erwartungen durch eine pompöse Verpackung ihres Paarungsgeschenks. Ohne Präsent muß das Männchen bei den Weibchen erst gar nicht anschwirren. Bringt er aber Futter in einem möglichst großen selbst gesponnenen Ballon mit, ist die Dame schon eher geneigt. Das Männchen darf zumindest so lange kopulieren, wie das Weibchen mit Auspacken beziehungsweise Aussaugen beschäftigt ist.

Um das Geschenk noch üppiger aussehen zu lassen, verpakken manche Arten ein relativ kleines Beutetier in einem unverhältnismäßig großen Kokon. Andere, wie die Tanzfliege *Hilara sartor*, übergeben lediglich einen leeren Ballon.

Tropische Fliegenmännchen aus der Familie *Diopsidae* brauchen keine Liebesgaben zu basteln. Dafür müssen sie gut aussehen, um anzukommen. Dabei ist der Abstand der Augen entscheidend, die wie Antennen vom Kopf abstehen. Wer die längsten Stielaugen besitzt, wird von den Weibchen umschwärmt (→ Damenwahl).

Flöhe

In der europäischen Literatur werden ganz überwiegend Frauen von Flöhen heimgesucht. »Viele Weiber, viele Flöhe«, seufzte Heinrich Heine. In der Tat scheinen diese geruchsorientierten Parasiten weibliche Wirte zu bevorzugen.

Speziell in erotischen Texten spielte der gemeine Floh *(Pulex irritans)* in früheren Jahrhunderten eine bedeutende Rolle. So erzählt ein altfranzösisches Chanson davon, wie ein Mädchen auf der Suche nach einem Floh genußvoll ihren Körper erkundet. Verliebten verhalf das lästige Insekt zu unverfänglichem Körperkontakt, der oft als Flohjagd begann und als Liebesspiel endete. In der mittelalterlichen Dichtung »Eligia de Pulice« wünscht sich der Autor, als Floh verwandelt, seiner Liebsten stets nahe sein zu können.

Fossas

Diese zirka 80 Zentimeter langen Schleichkatzen aus Madagaskar treiben es länger als sonst ein Säugetier: Durchschnittlich über eine Stunde. Im Zoo wurde aber auch schon eine fast dreistündige Paarung beobachtet. Wenn das Weibchen in Stimmung ist, duckt es sich vorne nieder, legt den Schwanz zur Seite, hebt ihr Hinterteil und stülpt die → Vulva zwei bis drei Zentimeter aus. Während der gesamten Paarung packt das Männchen seine Partnerin mit den Zähnen im Nacken. Das Weibchen miaut dabei. Fossas stecken beim Sex so fest zusammen, daß sie währenddessen gemeinsam durchs Geäst klettern können. Dies wird durch den außerordentlich langen → Penis möglich, der im steifen Zustand dem Kater zwischen die Vorderbeine reicht und an der Eichel Widerhaken besitzt.

Fregattvögel

Daß ein fußballgroßer, roter Ballon am Hals erotisierend wirken soll, ist für Menschen schwer vorstellbar. Nicht so bei den Fregattvögeln.

Kaum naht die Balzzeit, bläht sich bei den Männchen dieser Vogelfamilie der rote Kehlfleck zu riesigen Dimensionen auf. Mit Gleichgesinnten tut es sich sodann zu einer Kolonie zusammen und verausgabt sich völlig, sobald ein Weibchen naht. Alle Männchen legen den Kopf auf den Rücken, so daß der Kehlsack besonders schön und zum Platzen prall zur Geltung kommt, rasseln mit den Schnäbeln, kreischen und werfen ekstatisch die Köpfe hin und her.

Sobald sich das Weibchen allerdings für den Einen entschieden hat, schrumpelt sein Lockballon zusammen und der Nestalltag hält Einzug.

Frettchen

Wer behauptet, Sex bringe Männer um den Verstand, wird von den Frettchen eines Besseren belehrt. Tübinger Wissenschaftler konnten an diesen Mardern nachweisen, was bereits zuvor bei Vögeln entdeckt worden war: Schwellen die → Hoden, schwillt auch das Hirn. Im März, wenn der Frühling die Gefühle der Frettchen entfacht, verdreifacht sich unter dem Einfluß des Sexualhormons Testosteron das Gewicht der Hoden. Parallel dazu legten die Frettchengehirne von 6,49 Gramm im Dezembertief auf 7,39 im April zu. Bei den Weibchen konnte diese Veränderung nicht festgestellt werden.

Frösche

Alle Vögel legen hartschalige Eier, alle → Säugetiere säugen ihre Jungen. Doch über Froschlurche (Frösche und Kröten) lassen sich solche Aussagen nicht treffen. Diese Amphibienordnung, der über 4900 Arten angehören (ständig werden neue entdeckt), ist in Sachen Fortpflanzung überaus experimentierfreudig. Nur ein Teil hält sich an das klassische Schema aus dem Biologiebuch: Weibchen und Männchen wandern zu einem Teich. Dort legt sie den Laich und er befruchtet ihn. Aus den Eiern wachsen Kaulquappen heran, die sich selbständig ernähren und sich schrittweise vom fischgleichen Kiemenatmer zum landgängigen Vierbeiner entwickeln. Diese Methode ist jedoch lediglich bei europäischen Froscharten verbreitet. In den Tropen, wo die meisten Lurche hausen, treiben es die Frösche völlig undogmatisch: Es gibt lebendgebärende, solche, die → Nester bauen, und andere, die ihre Jungen im Maul ausbrüten. Einige paaren sich sogar wie Säuger und besitzen eine Art → Penis. Ihre → Kloake endet in einer röhrenförmigen Verlängerung, mit der sie ihre Weibchen innerlich befruchten. So vermeiden die Frösche, daß das reißende Flußwasser, in dem sie leben, den Samen davonspült. Den Namen dieser Art kann man sich leicht merken: Schwanzfrosch.

Der Laich der bis zu 20 Zentimeter großen Aga-Kröte ist giftig. Deshalb ist Kaviar in Südamerika mit Vorsicht zu genießen. Denn in manchen Ländern ist es durchaus üblich, Froschkaviar zu servieren. Wenn sich der Laichsammler nicht auskennt und die falschen Lurcheier erwischt, kann das fatale Folgen haben: Bereits ein einziges Aga-Ei tötet eine Katze. Es starben auch schon Menschen nach dem Genuß von Aga-Kaviar. Die Kröte selbst setzt ebenfalls auf chemische Verteidigung. Sie spritzt mit Gift.

Wabenkröten drehen bei der Paarung elegante Loopings. Sie legt dabei die Eier auf seinen Bauch. Er besamt sie und deponiert den Laich auf ihrem Rücken. Dort werden die Eier in anschwellende Hautkrater eingebettet. Nach zwei Monaten schlüpfen die Kaulquappen.

Männliche Stummelfußfrösche setzen während der Paarungszeit keinen Fuß auf den Boden. Sie lassen sich nicht nur – wie andere Frösche auch – zum Laichplatz tragen, sondern bleiben gleich mehrere Monate am Weibchen festgeklammert.

Die Erdbeerfrösche aus Mittelamerika betreiben intensive → Brutpflege, wie sie sonst nur bei Vögeln üblich ist. Das Männchen bewacht die Eier, die an Land abgelegt werden, verteidigt sie gegen kannibalische Artgenossen und schafft Wasser herbei, um sie zu befeuchten. Wenn die Kaulquappen schlüpfen, kommt die Mutter, nimmt sie auf den Rücken und trägt sie zu einer Wasserstelle. Ein- bis zweimal die Woche besucht sie ihre Kinderschar und füttert sie mit unbefruchteten Eiern. Während der zwei Monate dauernden Entwicklung erhält jede Larve von ihrer Mutter 20 bis 40 Nähreier. Die Erdbeerfrösche sind keine seltene Ausnahme: Brutpflegeverhalten ist bei zirka zehn Prozent der bekannten Froscharten üblich.

Andere tropische Frösche deponieren ihren Laich in Schaumnester. Nach der Eiablage strampeln die Eltern mit den Hinterbeinen, so daß sich Luft, Sperma, Eier, Kloakensekrete und manchmal auch Wasser zu einer schaumigen Masse verbinden, die den Laich schützt und feucht hält.

Fünf Froscharten durchleben ihr Kaulquappenstadium im Körper der Mutter, die dann – ähnlich einem Säugetier – fertige kleine Fröschchen gebiert. 800 Arten legen zwar Eier, doch aus diesen schlüpfen komplette Frösche und keine Kaulquappen. Die Vertreter dieses Systems produzieren nur sehr wenige Eier, die dafür viel Dotter besitzen, damit sich die heranwachsende Larve davon ernähren kann.

Bei einigen Wüstenarten ist das Paarungsverhalten eng mit dem Regen verbunden. Sobald Wasser vom Himmel fällt, kriechen die Lurche hervor und nehmen so viel Nässe auf, wie sie können. Dann graben sich die Paare in die Erde ein. Dort befruchten sie den Laich und befeuchten ihn immer wieder mit Wasser aus ihrer Blase.

Eine dieser Arten ist die Schaufelfuß-Kröte. Sie lebt in der

Wüste von Arizona und verbringt bis zu zwei Jahren unter der Erdoberfläche, um der sengenden Sonne zu entgehen. Schaufelfuß-Kröten paaren sich, sobald es regnet. Alles muß sehr schnell gehen, weil die kleinen Regentümpel bald wieder austrocknen. Die Kaulquappen dieser Lurche entwickeln sich in zwei Formen: Die einen bleiben friedliche Pflanzenfresser, die anderen werden zu kannibalistischen Fleischfressern und verspeisen ihre Geschwister.

Männliche Gladiatorenfrösche bewachen den Laich und verjagen im Umkreis ihrer Eier jedes andere Tier. Bei den Darwinfröschen nimmt das Männchen die frisch geschlüpften Kaulquappen ins Maul. Diese leben dann in seinem Schallsack und bleiben dort, bis er sie als fertige Fröschchen ausspuckt. Bei den Beutelfröschen befördert das Männchen nach der Besamung die befruchteten Eier in einem transparenten Hautsack auf den Rücken des Weibchens. Dieses trägt die Brut dann mit sich herum.

Das bizarrste Verfahren besitzen jedoch die Magenbrüterfrösche. Diese seltsamen australischen Lurche wurden erst 1973 entdeckt und sind heute leider verschollen (vermutlich ausgestorben). Weibliche Magenbrüterfrösche verschlucken die befruchteten Eier und lassen die Kaulquappen in ihrem Magen heranwachsen. Während dieser Zeit frißt das Tier nichts und produziert keine ätzenden Magensäfte, wie Pepsin oder Salzsäure. Die Larven leben in dem Verdauungsorgan, bis die Mutter sie als fertige Frösche hervorwürgt.

Die Weibchen unserer heimischen Erdkröten sind zwar wesentlich größer als ihre männlichen Artgenossen. Dennoch können die Kerle richtig lästig werden. Nicht selten klammern sich mehrere Männchen im Paarungsrausch an ein weibliches Tier und versuchen, sich dabei gegenseitig runterzuschubsen. Es kommt vor, daß das Gewicht dieser liebestollen Lurche die arme Kröte so lange unter Wasser drückt, bis sie ertrinkt.

Wesentlich dezenter – und auch erfolgreicher – sind die listigen Männchen der nordamerikanischen Präriekröte. Schwach quakende Männchen (→ Quaken) können mit ihrem Stimmorgan kein Weibchen betören. Also lungern sie am Teichrand herum, überlassen das Froschkonzert ihren stimmgewaltigen Konkurrenten und versuchen gelegentlich, ein Weibchen abzufangen und zu umklammern.

Füchse

Im Rotlichtmilieu wird mit »Fuchs« (laut Borneman) ein Gestell zum Aufbinden masochistischer Kunden von Prostituierten bezeichnet.

Die Paarung echter Füchse kann ebenfalls ziemlich qualvoll sein, denn ähnlich wie → Hunde hängen sie danach fast eine halbe Stunde zusammen, bis der → Penis wieder abgeschwollen ist. Bevor es zur Vereinigung kommt, folgt der Rüde seiner Fähe auf Schritt und Tritt und holt sich dabei etliche Abfuhren. Denn sie ist nur an ihren zwei bis drei fruchtbaren Tagen bereit zum Sex. Die Keimdrüsen männlicher Füchse sind dagegen von November bis Februar aktiv.

In einem Fuchsclan müssen alle untergeordneten Weibchen enthaltsam leben und der ranghöchsten Fähe bei der Aufzucht ihrer Jungen helfen. Wird ein Revier in der Umgebung frei, nützen die unterdrückten Helferinnen ihre Chance und gründen eine eigene Familie.

G

Gänse

Obwohl er die eheliche Treue seiner Graugänse immer betonte, wußte bereits Konrad Lorenz, daß Gänse eben auch nur Menschen sind. Der berühmte Verhaltensforscher berichtete, daß von 61 beobachteten Weibchen 15 den Partner wechselten. Außerdem lungerten an der Peripherie der Lorenzschen Gänseschar immer ein paar Individuen herum, die der Nobelpreisträger als »beziehungsschwach« einstufte. Diesen losen Vögeln bescheinigte er »völlige Verwirrung« und unterstrich, daß sie fast nie erfolgreich Junge aufzogen. Obendrein gab es auch noch homosexuelle Männchenpaare, die es sogar miteinander trieben.

In den siebziger Jahren räumten britische und amerikanische Soziobiologen mit dem Mythos Partnertreue (→ Treue) in der Vogelwelt auf. Intensivere Beobachtungen und genetische Tests ergaben, daß bei manchen Vögeln bis zu 70 Prozent der Küken per Ehebruch gezeugt werden. Vermutlich würden Gentests an Graugänsen noch einige Überraschungen zutage fördern.

Gazellen

Viele Gazellenarten vollführen unmittelbar vor dem Aufreiten den sogenannten Laufschlag. Dabei strecken die Böcke ein Vorderbein fast waagerecht aus und stecken es zwischen die Hinterbeine des Weibchens oder seitlich am Schenkel vorbei. Bei einigen Arten kommt es ohne diesen Laufschlag nicht zur Paarung. Durch den Stoß wird das Weibchen zum Urinieren veranlaßt. Am Urin kann der Bock riechen, ob sie brünstig ist

(→ Brunst). → Urin spielt für Gazellen und andere Huftiere beim Vorspiel eine große Rolle und ist das stärkste Lockmittel der Weibchen.

Gebärmutter

In dieser Kammer der weiblichen Geschlechtsorgane reift der Embryo heran. Gebärmütter kommen nur bei Tieren vor, die keine Eier legen, sondern lebende Junge auf die Welt bringen, also bei den → Säugetieren. Gebärmutterähnliche Formen finden sich jedoch auch bei anderen Tiergruppen, bei denen die → Eier im weiblichen Körper heranreifen (z. B. bei manchen → Reptilien oder einigen → Spinnen). Diese Strukturen unterscheiden sich aber kaum von Eileitern.

Innerhalb der Säugetierklasse fallen die Gebärmütter recht unterschiedlich aus. So besitzen weibliche → Beuteltiere zwei, die auch in zwei Vaginen (→ Vagina) münden. Nagetiere haben nur noch eine Scheide, aber immer noch zwei Gebärmütter. Bei → Walen und Huftieren sind die beiden Kammern bereits vereint. Im Körper weiblicher Affen und Menschen ist der Uterus (so das Fachwort) dann eine einheitliche, ungeteilte Höhle.

Geburt

Alle Vögel und die meisten anderen Wirbeltiere erblicken das Licht der Welt, indem sie aus einem Ei schlüpfen. Der Großteil der Wirbellosen verläßt den Körper der Mutter ebenfalls als Ei. Insekten, die eine Metamorphose durchmachen, werden quasi zweimal geboren. Sie verlassen zuerst ihr Ei als winzige Larve. Ist diese später herangewachsen und hat sich verpuppt, schlüpft das fertig verwandelte Insekt als junger Käfer, Falter, Fliege oder dergleichen.

Die einzige Tierklasse, die (bis auf zwei Ausnahmen: den → Schnabeligel und das Schnabeltier) komplett lebend gebärt, sind die → Säugetiere. Die Geburt eines Säugers besteht aus drei Phasen: Während der Eröffnungswehen zieht sich die → Gebärmutter krampfartig und schmerzhaft zusammen, damit sich der Muttermund, der sie verschließt, öffnet. So tritt der Kopf (oder das Hinterteil) in die Scheide, und es setzen die Preßwehen ein. Diese treiben den kindlichen Körper mit aller Kraft der Gebärmutter- und Bauchmuskeln durch den engen Scheidengang nach außen: Das Baby ist geboren. Zuletzt folgen die Nachwehen, die die Plazenta nach außen stoßen und die stark vergrößerte Gebärmutter wieder zusammenziehen.

Die Geburt von Säugetieren dauert etwa zwei bis sechs Stunden und ist für die meisten Tiermütter eine Strapaze. Die stärksten und längsten Schmerzen erleiden aber Frauen. Denn sie zahlen den Preis für den aufrechten Gang und das große Gehirn des Menschen. Das steile Becken kann sich nur wenig aufdehnen. Obendrein paßt der Hirnschädel des Kindes zum Zeitpunkt der Geburt nur noch sehr knapp durchs mütterliche Becken. Das erklärt, warum Menschenbabys, im Gegensatz zu den meisten Tieren, so abhängig von der Mutter sind: Im Grunde kommen sie als Frühgeburten zur Welt, weil ihr Kopf mit einer längeren Schwangerschaft zu groß würde. So brauchen Menschenkinder ein ganzes Jahr, um das Gehen zu erlernen. Ein Kalb oder ein Kitz hingegen steht bereits nach wenigen Minuten auf eigenen Beinen.

Giraffenkälber stürzen bei der Geburt aus zwei Metern Höhe zu Boden und rappeln sich gleich danach auf, um ihrer Mutter mit der Herde zu folgen. Würde die Giraffenmutter liegend gebären, wäre sie Raubkatzen hilflos ausgeliefert.

Gnus hingegen können sich im Schutz der riesigen Herden eine liegende Geburt leisten. Im tansanischen Serengeti-Nationalpark kommen im Januar und Februar fast 400000 Gnukälber zur Welt. Eine Geburtenschwemme, die selbst den größten Hunger der → Hyänen und → Löwen übersteigt. Bis den Raubtieren der Magen wieder knurrt, sind die Neugeborenen fit genug, um mit der Herde zu flüchten.

Die Geburt eines Walbabys ist zugleich ein Kampf gegen das Ertrinken. Für seine ersten Atemzüge muß das Junge sofort an die Wasseroberfläche. → Delphine leisten sich dabei gegenseitig Geburtshilfe: Während sich die geschwächte Mutter noch ausruht, tragen andere Gruppenmitglieder das Neugeborene an die Luft.

Kleine Sattelrobben müssen bei ihrer Geburt den 37 Grad warmen Mutterleib gegen bitterkalte Eisschollen eintauschen, ein Temperaturgefälle von 50 Grad Celsius. Rüstzeug für diesen Kälteschock sind die energiereiche → Milch der Mutter und ein spezielles Neugeborenen-Fell. Die glasfaserartigen Härchen bündeln das Sonnenlicht und versorgen das Junge wie eine Solaranlage mit Wärme.

Eine beneidenswert leichte Geburt haben Bärenmütter. Ihre Jungen sind nur so klein wie Ratten, wenn sie während des Winterschlafs zur Welt kommen.

Noch einfacher haben es lediglich die → Beuteltiere. Nach einem Monat Tragzeit bringen beispielsweise → Känguruhs ihren kaum ein Gramm schweren Embryo zur Welt. Nackt und ohne Hirnrinde entspricht er dem Entwicklungsstand eines zweimonatigen Menschenfötus. Geleitet durch seinen → Geruchssinn, muß der Winzling durch dichtes Fell bis zum Beutel robben. Ein harter Kampf, den nur 60 Prozent schaffen. Am Ziel angelangt, saugen sie sich an einer Milchdrüse fest und verbringen so die nächsten Monate geschützt im Beutel.

Geburtsgewicht von Säugetieren in Gramm

Rotes Riesenkänguruh	0,75 g
Zwergfledermaus	1 g
Eichhörnchen	8,5 g
Zwergseidenäffchen	15 g
Kaninchen	60 g
Hausmeerschweinchen	75 bis 100 g
Walroß	6000 g
Afrikanischer Elefant	90 000 bis 135 000 g
Blauwal	2 000 000 g

Gewicht der Neugeborenen im Verhältnis zum Muttertier in Prozent

Riesenkänguruh	0,00005 %
Braunbär	0,1 %
Löwe	1 %
Feldhase	2 %
Elefant	3 %
Sattelrobbe	10 %
Flußpferd	15 %

Dauer der Tragezeit bei verschiedenen Tieren

Maus	22 Tage
Kaninchen	30 Tage
Riesenkänguruh	33 Tage (+235 im Beutel)
Katze	56 Tage
Wolf	61 bis 63 Tage
Hausschwein	115 Tage
Schaf, Ziege	147 Tage
Schimpanse	260 Tage
Rothirsch, Reh	280 Tage
Pferd, Kamel	340 Tage
Esel	350 Tage
Sattelrobbe	354 Tage
Blauwal	360 Tage
Elefant	623 Tage

Durchschnittliche Zahl der Jungen bei einem Wurf

Schimpanse	1
Gorilla	1
Orang-Utan	1
Blauwal	1
Elefant	1
Braunbär	2
Löwe	2 bis 4
Wolf	4 bis 7
Wildschwein	4 bis 8
Kaninchen	2 bis 10

Opossum	13
Wanderratte	15

Geburtenkontrolle

Fünfmal im Jahr kann eine Maus Junge bekommen. Diese beginnen nach 50 Tagen sich ebenfalls fortzupflanzen. So könnte die Nachkommenschaft einer einzigen Maus in nur einem Jahr theoretisch auf 1200 Tiere anwachsen. In drei Jahren wären es bereits 14000.

Dennoch ist nicht der ganze Erdboden mit Mäusen bedeckt. Damit dies auch so bleibt, sorgen Viren, Würmer, Füchse und Falken dafür, daß die Nager nicht überhand nehmen. Sollten alle ihre Feinde einmal kapitulieren, besitzen die Mäuse selbst eine natürliche Vermehrungsbremse. Drängeln sich allzu viele auf engem Raum, stirbt ihnen der Nachwuchs weg. Forscher haben im Labor herausgefunden, daß bei 43 Artgenossen auf 1,6 Quadratmetern eine Obergrenze erreicht ist, die Mäuse gerade noch aushalten können. Bei dieser Bevölkerungsdichte halten sich Vermehrung und Sterblichkeit die Waage: Die Zahl der Nager stagniert.

Spitzhörnchen ertragen noch weniger Geselligkeit. Die rattengroßen Urahnen von Affe und Mensch leben im Dschungel Südostasiens und meiden ihre Artgenossen wie die Pest. Nachbarn gehen ihnen buchstäblich an die Nieren. Treffen sie pausenlos auf andere Spitzhörnchen, magern die Tiere ab und sterben innerhalb weniger Tage an Harnstoffvergiftung. Damit es nie zu solcher Selbstzerstörung kommt, geben sie jedoch schon lange vorher die Fortpflanzung auf.

Aus einem ethischen oder religiösen Blickwinkel mögen Verhütung und Abtreibung verwerflich sein, aber unnatürlich sind sie keinesfalls. Viele Formen der Geburtenbeschränkung gab es schon lange bevor Menschen Hilfsmittel dafür erfanden. Sie sind seit Urzeiten Bestandteil der Evolution.

Manche Tierweibchen können ihre Vermehrung so steuern, daß der Nachwuchs optimale Chancen erhält. Je nachdem, wieviel Futter vorhanden ist oder ob Reviere freistehen, ziehen sie mehr oder weniger Junge auf. Die Natur kennt keine Skrupel: Die Methoden, mit denen Tiere ihre Fortpflanzung drosseln, sind oft grausam. Manche töten sogar den eigenen Wurf. Doch die Evolution hat auch sanftere Formen hervorgebracht: Enthaltsamkeit, Unfruchtbarkeit und → Abtreibung.

Wer sich im Überlebenskampf behaupten will, muß seine Kräfte geschickt einsetzen. »Es ist eine offenkundige Tatsache«, schreibt der Soziobiologe Richard Dawkins, »daß freilebende Tierpopulationen nicht mit den astronomischen Raten zunehmen, derer sie theoretisch fähig wären.« Manche Lebewesen scheinen genau zu merken, wann sich die Investition in Nachwuchs lohnt und wann nicht. Sie passen ihre Fortpflanzung der Umweltsituation an. Eine der effektivsten Methoden ist das Verzögern der Geschlechtsreife. → Eierstöcke und → Hoden der Spitzhörnchen bleiben kindlich unterentwickelt, wenn es im Revier zu eng wird.

Andere Arten korrigieren die Anzahl der Jungen pro Wurf. Eine Untersuchung an amerikanischen Weißwedelhirschen zeigte, daß die Weibchen zumeist Einzelkitze werfen, wenn zu viele ihrer Art auf zu engem Raum leben. Stehen genügend Platz und Futter zur Verfügung, bekommen fast 70 Prozent der Hirschkühe Zwillinge oder Drillinge. Auch Enthaltung ist eine wirkungsvolle Methode. In dicht besiedelten Gebieten leben ein Viertel der Hirschkühe ohne Hirsch. In durchschnittlich belegten Revieren sind es nur acht Prozent.

→ Hyänen passen nicht nur die Zahl, sondern auch das Geschlecht der Nachkommen ihrer Umwelt an. In guten Jahren, wenn die Beutetiere zahlreich sind, kriegen Fleckenhyänen doppelt soviel weibliche wie männliche Welpen. Weibchen, bei Hyänen das aggressivere Geschlecht, bleiben bei der Familie. Ein Rudel mit vielen Weibchen gewinnt an Macht, kann Nachbargruppen vertreiben und sein Revier erweitern. In Dürrezeiten werden jedoch mehr Rüden geboren. Sobald sie groß sind, verlassen sie ihre Sippe und schließen sich fremden Gemeinschaften an. So müssen in mageren Zeiten weniger Mäuler satt werden.

Trächtige See-Elefantenkühe bekommen männlichen Nachwuchs, wenn sie gut genährt sind. Ein Luxus, den sich nur die Satten leisten können. Denn Söhne bedeuten bei diesen → Robben zumeist eine Sackgasse für das Erbgut der Mutter: Die meisten Bullen erhalten nie eine Chance, sich fortzupflanzen, da nur die allerstärksten unter ihnen ein Revier mit Weibchen erobern können. So ist es lohnender, Töchter zu gebären, die mit hoher Wahrscheinlichkeit für Enkel sorgen.

Andere Lebewesen können sogar die Körpergröße ihrer Nachkommen je nach Umweltsituation verändern. Werden Wasserflöhe von Büschelmücken bedroht, bringen die Weibchen nur noch große Junge zur Welt – denn die Mücken sind auf kleine Beute aus. Lauern dagegen Wasserwanzen, die große Happen bevorzugen, fällt der Nachwuchs der Wasserflöhe besonders winzig aus. Dafür kriegen sie dann doppelt so viele Junge.

Wo es unter den Weibchen eine strikte Rangordnung gibt, ist Fortpflanzung oft ein Privileg der Herrscherin. Bei Wölfen, Füchsen oder in Gruppen lebende Mungo-Arten unterdrückt ein dominantes Muttertier alle Geschlechtsgenossinnen. Die anderen Weibchen müssen enthaltsam leben und mithelfen, den Nachwuchs der Übermutter zu päppeln. Die Verhaltensforscherin Anne E. Rasa beobachtete ein rangniederes Zwergmungo-Weibchen, das sexuelle Abenteuer suchte. Als sie Junge bekam, bissen die anderen Rudelmitglieder den unerwünschten Wurf tot.

Der Zoologe Erik Ziemen beschrieb anhand von Füchsen, daß solche brutalen Sitten nur dann herrschen, wenn Nahrung und Lebensraum knapp sind. In Revieren, wo Jäger fast alle Füchse abgeschossen haben, pflanzen sich plötzlich auch die sonst enthaltsamen Helferinnen fort. So wird frei gewordener Raum in kurzer Zeit von einer neuen Fuchsgeneration besetzt.

Konkurrenz herrscht nicht nur zwischen erwachsenen Tieren. Die Jungen eines Wurfes versuchen ebenfalls, auf Kosten ihrer Geschwister zu überleben. Nestlinge vieler Raubvogelarten töten ihre Geschwister. Bringen die Alten nicht genügend Futter zum Horst, fangen die Stärkeren an, das Schwächste aufzufressen. In der Sprache der Biologen heißen diese bedauernswerten Verlierer »Nährjunge«. Weniger aggressive Vogelarten kennen zwar keinen → Kannibalismus, doch es kommt häufig vor, daß schwache Küken einfach verkümmern und aus dem Nest geschmissen werden.

Gene

Gene sind die kleinste Einheit biologischer Information. Ein Gen ist ein Abschnitt auf der DNS (Desoxyribonukleinsäure) eines Chromosoms. Es beinhaltet den Code für eine bestimmte Struktur oder Funktion eines Lebewesens. Beim Sex, sagen die Experten, geht es um Gene. Jedes Geschöpf will sein eigenes Erbgut möglichst weit verbreiten. Biologen wie der Brite Richard Dawkins gehen so weit, Tiere nur als Transportmittel von Genen zu betrachten. Alle Lebewesen handeln demnach so, wie es ihnen der »genetische Egoismus« vorschreibt.

Legt man diesen Denkansatz zugrunde, ergeben viele scheinbar paradoxe Verhaltensweisen im Tierreich einen Sinn. So ist es genetisch gesehen durchaus vernünftig, wenn manche Spinnenmännchen sich ihren Weibchen nach der Paarung selbst als Futter anbieten. Denn ihre Chance, eine zweite Partnerin zu finden, ist gering. Und je besser die Mutter ihrer zukünftigen Jungen genährt ist, um so mehr Eier wird sie legen, die mit dem Samen des Selbstmörders befruchtet sind. So betrachtet, wählt das Spinnenmännchen eine optimale Strategie zur Ausbreitung seiner Gene.

Auch der bei Affen, Raubkatzen und vielen anderen Tieren verbreitete Kindesmord erscheint im Licht des »genetischen Egoismus« nicht mehr als Sackgasse der Arterhaltung, sondern als effiziente egoistische Fortpflanzungspolitik. Wenn etwa ein Männchen bei den Grauen Languren (einer Affenart) einen → Harem erobert, tötet es die Babys seines Vorgängers. So kommen die Weibchen schneller in die → Brunst und der neue Pascha kann möglichst viele Junge zeugen, bevor er selbst wieder abgesetzt wird.

Geparde

Gepardenbrüder kontrollieren mitunter gemeinsam ein Revier. Kommt ein Weibchen in ihr Territorium, konkurrieren sie nicht, sondern paaren sich friedlich hintereinander mit ihr. Doch zuvor muß eine wilde Hetzjagd stattfinden. Sie treiben das scheinbar fliehende Weibchen gemeinsam tagelang über große Strecken. Erst diese derbe Liebeswerbung scheint weibliche Geparde sexuell in Stimmung zu bringen oder vielleicht sogar den → Eisprung auszulösen. Weil dieses seltsame Paarungsverhalten lange Zeit unbekannt war, blieb in vielen Zoos der Geparden-Nachwuchs aus. Die Tiergärten hielten zumeist nur ein einziges Männchen und mehrere Weibchen. Doch ein Freier, der alleine auftritt, läßt Gepardenweibchen zumeist kalt.

Geruchssinn

→ Schaben protzen mit Körpergeruch. Die Männchen der Grauschabe umgeben sich mit einer Mixtur aus verschiedenen Geruchsstoffen, die ihren Rang in der Kakerlaken-Hierarchie bekanntgibt. Je nach individueller Note, die ihren Duftdrüsen entströmt, werden sie von anderen Männchen ängstlich gemie-

Ein Bock der Mendesantilope saugt den Geruch weiblichen Urins ein (Flehmen).

den oder respektlos drangsaliert. Zum Glück für die Verlierer stehen nicht alle Schabenweibchen auf Machoparfüm. Forscher der Universität von Kentucky beobachteten, daß weibliche Kakerlaken ebenso häufig mit den Unterlegenen anbandelten wie mit den Supermännern.

Andere Tiere nutzen ihr Schnüffelorgan, um allzu ähnliche Partner zu erkennen und zu meiden. So verhindern sie die negativen Folgen von Inzucht. → Wühlmäuse identifizieren ihre Geschwister am Geruch. Das funktioniert sogar dann, wenn Wissenschaftler sie gleich nach der Geburt trennen und erst nach der Geschlechtsreife wieder zusammentun. Erschnuppern sie einen hohen Verwandtschaftsgrad, ist sexueller Kontakt fortan tabu. Auch bei → Grillen und Kröten (→ Frösche) stellten Biologen fest, daß sie Paarungspartner bevorzugen, mit denen sie nicht verwandt sind.

Das Regiment der Nase über den Sexualtrieb spielt auch beim Menschen eine entscheidende Rolle. Der Geruch des weiblichen Eisprungs macht Männer willenlos, berichtete ein Wiener Forscherteam in der Ärzte-Zeitung. Diese sogenannten Ovulations-Kopuline, die im Schleim der Scheide entstehen, lassen – so das Ergebnis der Untersuchung – jede Frau als schön und begehrenswert erscheinen. Kriegen Männer diesen (im Versuch synthetisch erzeugten) Duftstoff in die Nase, bricht ihre Fähigkeit, weibliche Attraktivität zu beurteilen, völlig zusammen. Die Testpersonen bekamen bei den Versuchen Fotos von Frauen vorgelegt. Solche, die sie zuvor selbst als unattraktiv eingestuft hatten, erschien ihnen unter Einfluß der Ovulations-Kopuline überaus reizvoll.

Schweizer Biologen ließen fünfzig Frauen an verschwitzten Männer-T-Shirts schnuppern und die Duftnoten bewerten. Dann wurde von allen Testpersonen der MCH (Haupthistokompatibilitätskomplex) ermittelt, ein entscheidender Teil des Immunsystems. Ergebnis: Die Frauen fanden männlichen Körpergeruch immer dann erotisch, wenn der MCH des Test-Schwitzers von ihrem eigenen stark abwich. Ähnelten sich die Abwehrkräfte, rief der Schweiß Ekel hervor. Der sexuelle Schnuppertest ist ein Erfolgsrezept der Evolution: Je unterschiedlicher die Immunsysteme zweier Menschen, desto besser sind ihre Kinder gegen Krankheiten geschützt.

Weibliche Hausmäuse (→ Mäuse) können sogar riechen, ob ein Partner von Krankheiten geplagt wird. In einem Laborversuch strebten Mäuseweibchen zielsicher in Röhren, die Forscher mit dem → Urin gesunder Mäuseriche markiert hatten, und mieden Mauselöcher, die nach kränkelnden Männchen rochen.

Verglichen mit dem scharfen Geruchssinn mancher Geschöpfe wirkt die Riechleistung des Menschen ziemlich kümmerlich. Die Nasenschleimhaut von → Hunden ist siebzehnmal dicker und enthält zehnmal so viele Riechzellen. Obendrein verfügen viele Tiere über zwei Riechsysteme: Die Geruchsrezeptoren (die beim Menschen in der Nasenschleimhaut sitzen) dienen beispielsweise dazu, Futter zu prüfen oder Feinde zu entdecken. Ein zusätzliches Organ ist für die Kommunikation unter Artgenossen zuständig. Es empfängt Pheromone, also chemische Botenstoffe, die beim Adressaten ein bestimmtes Verhalten auslösen. Dieser Sensor wird mit dem Kürzel VNO (Vomeronasalorgan) bezeichnet. Beim Menschen scheint das VNO verkümmert: Im Laufe der Evolution blieben nur zwei winzige Grübchen in der Nasenscheidewand übrig. Unter den Wissenschaftlern ist umstritten, ob dort überhaupt Nervenenden auf Empfang stehen. Doch VNO-Forscher, wie der Amerikaner David Berliner, sind davon überzeugt, daß nicht nur Motten und Mäuse, sondern auch Menschen Pheromon-Botschaften empfangen können. Diese geheimen Verführer lösen nach seiner Ansicht wohlige Gefühle aus oder vermitteln erotische Stimmung.

Pheromone und Gerüche prägen das Sexualleben vieler Lebewesen. Zoologen entdeckten an Säugetieren vierzig verschiedene Typen von Duftdrüsen. Diese Organe geben an den verschiedensten Körperstellen Sekrete ab, von der Stirn bis zur Schwanzwurzel. Obendrein enthalten Körperausscheidungen, wie Urin oder Speichel, zusätzliche Botschaften. Mit Duftdrüsen locken paarungswillige Tiere Partner an oder vertreiben Rivalen. → Füchse markieren ihr Revier mit einem Häufchen.

→ Gazellen schmieren mit dem Kopf ein öliges Sekret an die Grenzbäume ihres Territoriums. Und Mäusemännchen erwekken mit Uringeruch die Empfängnisbereitschaft ihrer Weibchen.

Dem Chemiker Adolf Butenandt (Nobelpreis 1939) gelang es, Bombykol, den Lockstoff des weiblichen Seidenspinners, zu isolieren. Die Männchen dieser Falterart erschnuppern das Duftsignal mit ihren antennenartigen Fühlern und folgen ihm zielstrebig. Mit diesen erstaunlichen Sinnesorganen finden sie ihre Weibchen aus mehr als zehn Kilometern Entfernung.

Während die Falter mit ihren Fühlern riechen, nahmen die → Schweinswale den konsequenten Weg in der Evolution des sexuellen Geruchssinns: Sie schnuppern mit dem → Penis. Der deutsche Forscher Günther Behrmann entdeckte in den neunziger Jahren am Walpenis eine große Zahl von Nervenendkörperchen, die den Nervenenden unserer Fingerkuppen ähneln. Doch mehr noch: Die Glans des Schweinswalpenis ist pelzartig mit feinsten Sinneshärchen besetzt. Auf diesen ermittelte Behrmann sogenannte Chemorezeptoren: Empfangsstationen für Düfte und Geschmack, wie sie beim Menschen auf der Zunge sowie in Nase und Gaumen vorkommen. Wenn die kleinen Zahnwale sich paaren, müssen die Männchen ihren Penis mit schlängelnden Bewegungen in die weibliche Scheide »einfädeln«. Der Geruch der weiblichen → Vagina scheint dem Männchen zu zeigen, wo's langgeht.

So exotisch es klingt, ein vergleichbares Geruchsleitsystem wie die Schweinswale benutzen auch wir Menschen, nur auf mikroskopischer Ebene. Spermien können riechen. Sie besitzen ähnliche Rezeptoren wie unsere Nase und folgen den Lockstoffen der Eizelle.

Einigen Tierarten gelang es im Laufe der Evolution, geruchliche Fremdsprachen zu erlernen. Die Bolaspinne produziert mit ihrer Spinndrüse eine klebrige Kugel, die an einem Faden hängt. Mit diesem schwingenden Leimball fängt sie heranfliegende Nachtfalter. Um ihre Opfer zu ködern, verströmt sie das Sexual-Pheromon der Falterweibchen. Wie die Bolaspinne nutzen wir Menschen heute künstlich erzeugte Pheromone, um die Männchen von Mehlmotten, Borkenkäfern und anderen ungeliebten Insekten in den Tod zu locken. Klebefallen mit Liebesdüften lästiger Kerbtiere gibt es heute in jeder Drogerie.

Auch der Raubkäfer *Atemeles publicolis* lügt mit fremden Gerüchen, aber er läßt seine Opfer leben. Er schmarotzt sich durchs Leben, indem er den Geruch von Ameisenlarven imitiert. Bereitwillig tragen die Arbeiterinnen den → Parasiten ins Nest und füttern ihn durch.

→ Ameisen sind die Sprachgenies in der Pheromon-Welt. Die sozialen Insekten besitzen eine ausgefeilte Geruchsgrammatik, mit der sie ihr Staatsleben organisieren. »Sie sind praktisch wandelnde Drüsenpakete«, sagt der Ameisenforscher Bert Hölldobler. Er schätzt, daß sie mit ihren Duftdrüsen zwischen zehn und zwanzig chemische Wörter und Wortkombinationen erzeugen können. Von manchen Pheromonen bringt die einzelne Ameise weniger als ein Milliardstel Gramm hervor, und doch kann sie damit klar definierte Informationen weiterleiten. Ein Pheromon der Königin bewirkt, daß alle Arbeiterinnen unfruchtbar bleiben. Weitere Botenstoffe der Herrscherin halten das Volk friedlich und treiben es zur Arbeit an.

Bei den Ameisen hat die chemische Kommunikation ihren Höhepunkt erreicht. Sie ist jedoch keinesfalls etwas Besonderes. »Die überwiegende Mehrheit aller Arten, über 99 Prozent, verständigen sich vorwiegend über Moleküle«, sagt Hölldobler. In der Entwicklung des Lebens war dies die erste Form der Nachrichtenübermittlung, lange bevor es Augen und Ohren gab. Bereits Einzeller bedienen sich dieser Signalsprache. Isoliert lebende *Dictyostelium*-Amöben können einen chemischen Ruf ausstoßen, worauf alle benachbarten Artgenossinnen zusammenströmen, eine Kolonie bilden und schließlich zu einem pilzähnlichen Wesen verschmelzen. Die einzelnen Amöben sind dann nur noch Körperzellen eines neuen Organismus.

Geschlechtskontrolle

Ein Begriff aus der modernen Viehzucht, der die willkürliche Bestimmung des Geschlechts der Nachkommen meint. So kann der Landwirt je nach Bedarf Weibchen oder Männchen heranzüchten. Mit lasergesteuerten Spezialgeräten ist es heute möglich, bereits die Spermien zu selektieren. So können mit bis zu 95prozentiger Sicherheit X- und Y-Chromosomen erkannt und sortiert werden.

Geschlechtsunterschied

Der »kleine Unterschied« kann im Tierreich ganz schön groß sein. Bei vielen Arten unterscheiden sich Männchen und Weibchen durch weitaus mehr als nur ihre Geschlechtsteile. Der Rothirsch erscheint neben der geweihlosen Hirschkuh wie eine andere Tierart. Der prächtige Goldfasan besitzt kaum Ähnlichkeit mit seiner unscheinbaren Henne. Eine ausgewachsene See-Elefantenkuh wirkt wie ein Junges neben ihrem Bullen, der dreimal so schwer und doppelt so lang ist.

Solcher Geschlechtsdimorphismus zeichnet zumeist polygame Arten aus (→ Treue), wo ein Männchen viele Weibchen begattet. Bei monogam lebenden Spezies gleichen sich die Geschlechter oft bis auf besagten kleinen Unterschied. → Biber, → Gibbons, → Eichhörnchen, → Hasen oder Seehunde sind nur bei genauerer Untersuchung als Männchen oder Weibchen identifizierbar.

Männliche Luxusausstattung ist ein Ergebnis weiblicher Zuchtwahl. Wenn alle auf den mit dem größten Geweih fliegen, wird der Kopfschmuck im Laufe der Evolution immer größer. Diese → Damenwahl ist durchaus sinnvoll: Ein großes Geweih kann ein Hinweis auf ein starkes und gesundes Tier sein, das über gute Weidegründe verfügt, seinen Weibchen Nahrung garantiert und dessen → Samen kräftigen Nachwuchs zeugt.

Auffallend prächtige Geschlechtsmerkmale, etwa der lange, schwere Federschwanz des Pfaus (→ Pfauen), wirken wie ein

Handicap und machen dem Männchen das Leben in der Wildnis besonders schwer. Wenn der Schmuckträger den Kampf ums Dasein dennoch bewältigt, muß er ungewöhnlich fit sein. Das wissen die Weibchen und bevorzugen deshalb Freier mit möglichst pompösem Dekor.

Gespenstschrecken

Gespenstschrecken und Stabheuschrecken gelten als Meister der Tarnung und raffinierte Verwandlungskünstler, denn die rund 2600 verschiedenen Schreckenarten besitzen stets Form und Farbe der Pflanze, auf der sie leben. Einige gleichen einem dürren Ästchen, andere einem grünen Blatt oder einer Blüte. Sogar ihre Eier ähneln den Samen ihrer Heimatpflanze.

Weniger bekannt ist, daß es unter den Gespenstschrecken auch Meister der sexuellen Ausdauer gibt. Die exotischen Kerbtiere sind in der Lage, sich viele Wochen, manchmal lebenslang, ausschließlich der Kopulation hinzugeben. Dabei versenkt das eng angeklammerte Männchen einen penisartigen Samenüberträger regelmäßig in das weibliche Empfangsorgan. Im Schreckenreich herrscht immer Frauenmangel, da die großen, fetten Weibchen häufiger von Vögeln gefressen werden als die kleinen, mageren Männchen.

Gibbons

Die kleinen südostasiatischen Menschenaffen galten lange Zeit als Musterbeispiel ehelicher → Treue – bis sie genauer beobachtet wurden. Anhand von thailändischen Weißhandgibbons konnte der Zoologe Ulrich Reichert von der Universität Göttingen nachweisen, daß die Monogamie der Kletteraffen keineswegs ganz ungetrübt verläuft. Während sich die Weibchen um den Nachwuchs kümmern, gehen die Männchen heimlichen Liebesabenteuern nach. Aber auch die Weibchen suchen nach Gelegenheiten, um sich mit Fremden einzulassen.

Das ist nicht sehr schwer, da bei den Gibbons auch → Väter die Kinder betreuen. Anhand von drei Gibbongruppen zählte Reichert aus, daß zwölf von 100 Paarungen Seitensprünge waren. Er vermutet, daß hinter dem Fremdgehen der Weibchen eine kluge Strategie steckt, die der ganzen Familie dient: Sie beschwichtigen auf diese Weise die Reviernachbarn.

Gelegentlich führen die Gibbons auch Ehen zu dritt. Das kann vorkommen, wenn ein älteres Männchen seinen jüngeren Rivalen nicht vertreiben kann, aber auch nicht bereit ist, seinen Platz zu räumen. Beide Männchen teilen sich dann ein Revier, stimmen gemeinsam mit dem Weibchen den lautstarken Hochzeitsgesang an und paaren sich mit ihm.

Giraffen

Wie bei vielen Huftieren wird beim Vorspiel der Giraffen ausgiebig Pipi gemacht. Der → Urin des Weibchens signalisiert, daß es brünstig ist (→ Brunst), und wird vom Männchen genußvoll abgeschleckt. Die bis zu dreißig Minuten dauernde Paarung ist für Weibchen dann nicht nur ein Sexual-, sondern auch ein Kraftakt. Der Bulle auf ihrem Rücken wiegt zirka zwei Tonnen. Übrigens haben Giraffen nicht nur lange Hälse: Der → Penis mißt einen Meter.

Glühwürmchen

Der Name liegt ziemlich daneben: Sie sind weder Würmer (sondern Käfer), noch glühen sie (sondern erzeugen kalte Biolumineszenz).

Bei den romantischen Lichtsignalen dieser Insekten geht es natürlich um Sex. Die Geschlechter versuchen sich auf diese Weise im Dunkeln zu finden. Jede der weltweit etwa 2000 Arten von Leuchtkäfern kennt ein spezifisch männliches und ein passendes weibliches Signal. Als Unterscheidungsmerkmal zwischen den Geschlechtern (und zwischen unterschiedlichen

Arten) dienen den Glühwürmchen (und den Insektenkundlern) Anzahl und Rhythmus der Lichtblitze pro Sekunde.

Auf einer von Leuchtkäfern bevölkerten Wiese sind stets die Männchen in der Überzahl. Manchmal kommen auf 100 paarungswillige Freier nur zwei Weibchen. Während die Weibchen der meisten Arten flugunfähig sind, reisen die Männchen im Laufe eines Abend durchschnittlich einen Kilometer weit durch die Lüfte und senden dabei bis zu 500 Blitze aus. Die Kopulation kann 20 Stunden dauern. Vier oder fünf Tage später legt das Weibchen dann 500 bis 1000 Eier.

Die Weibchen einiger Arten haben perfide Lügenstrategien entwickelt. Sie suchen nicht Sex, sondern Futter. Deshalb imitieren sie die Signale artfremder Weibchen. Die Männchen der fremden Art flattern dann im Liebesrausch direkt vor die Mundwerkzeuge der Räuberinnen. Wenn die Opfer ihren Irrtum bemerken, werden sie bereits verspeist.

Goldammern

Wer bei den weiblichen Vertretern dieser Vogelart landen will, muß vor allem eines sein: gelb. Kräftige Gefiederfarbe signalisiert dem Weibchen ein gesundes Männchen, und je gelber, desto gesünder. Eine genetische Untersuchung in den Nestern zeigt, daß es die Weibchen mit der → Treue offenbar nicht so genau nehmen. Rund ein Drittel der Nachkommen sind das Ergebnis von Seitensprüngen. Einzige Bedingung ist, daß der temporäre Liebhaber um einiges gelber sein sollte als der Dauergatte.

Gorillas

In alten Abenteuergeschichten und Horrorfilmen (»King Kong«) werden Gorillas als frauenraubende Sexmonster dargestellt. Doch ein Gorilla-Pascha führt ein beschauliches Leben, das größtenteils aus Essen und Schlafen besteht, im Kreise seines → Harems. Anders als etwa → Schimpansen oder → Bonobos rafft er sich nur äußerst selten auf, eines seiner Weibchen zu besteigen. Mit jeder paart er sich im Abstand von mehreren Jahren. Immer erst dann, wenn sie ihr Jüngstes entwöhnt hat. Der Akt selbst ist ebenfalls nicht sonderlich beeindrukkend. Das Becken zuckt ein paarmal, und schon ist es vorbei. Das Weibchen spürt kaum etwas davon, denn ein Gorilla-Penis mißt im erigierten Zustand klägliche drei Zentimeter. Die Hoden des Riesenaffen sind mit 29,6 Gramm wesentlich leichter als die des Menschen. Doch da seine Weibchen kaum fremdgehen, muß er keine Spermienkonkurrenz fürchten (→ Treue). Er kann sich auch mit kleinem Gemächt und wenig → Samen seiner Vaterschaft sicher sein.

Gottesanbeterinnen

Gottesanbeterinnen haben Männchen zum Fressen gern. Bilder von den bizarren Insekten, bei denen das Weibchen noch während der Paarung dem Männchen den Kopf abfrißt, gehören zum Standardrepertoire des Naturfilmgenres.

Trifft ein paarungswilliges Männchen auf ein Weibchen, versucht er sie mit auffälligen Signalen davon abzuhalten, ihn gleich zu verspeisen. Die vorsichtige Annäherung kann bis zu zwei Stunden dauern. Hat er sich auf wenige Zentimeter herangeschlichen, springt er mit einem großen Satz auf ihren Rükken, um sich dann ein bis drei Stunden mit ihr zu paaren.

In den achtziger Jahren fanden englische Forscher an chinesischen Gottesanbeterinnen heraus, daß der grausige Kopulationskannibalismus gar kein fester Bestandteil des Sexuallebens dieser Insekten ist: Nur hungrige Gottesanbeterinnen fressen ihre Männchen. Obendrein entdeckten die Wissenschaftler, daß hungrige Männerfresserinnen die Männchen nur selten während des Aktes verspeisen, sondern meist schon vorher.

Weibchen, die ihren Partner als nahrhafte Mahlzeit nutzen, können jedoch mehr Eier legen als solche, die sich friedlich von ihm trennen.

Grapschen

Der Tatbestand sexueller Belästigung, im Volksmund gemeinhin »Grapschen« genannt, ist auch im Tierreich bekannt. Die amerikanische Anthropologin Barbara B. Smuts wies darauf hin, daß in Affenhorden die Gewalt gegen Weibchen eskaliert, wenn diese ihre fruchtbaren Tage haben (→ Vergewaltigung).

Eine Sandwespe wird belästigt, sobald sie aus ihrer Puppe schlüpft. Krabbelt sie aus ihrer Erdhöhle, wird sie von Dutzenden Männchen bestiegen und umklammert. Doch nur einer schafft es, seinen → Samen richtig zu plazieren. Ist das Weibchen besamt, wird es von allen losgelassen und kann wegfliegen. Die Männchen verfügen über ungeheure Samenmengen. Zu Hunderten ertasten sie die Bodenvibrationen und umlagern jedes Weibchen, das erstmals das Tageslicht erblickt.

Der Wissenschaftsjournalist Ulli Kulke stellte das Phänomen anhand von Untersuchungen über die Pelzbiene *Anthophora plumipes* dar. Durchschnittlich alle drei Sekunden werden die Nektarsammlerinnen betatscht, begrapscht und befummelt. Eigentlich signalisieren die Weibchen dieser einzeln lebenden Bienenart deutlich, wann sie Sex wollen. Doch die männlichen Pelzbienen respektieren das nicht und stellen ihnen dauernd nach. Zwar können die größeren Weibchen die kleinen Männchen mit einem geschickten Hinterleibsschwung abwerfen, dennoch leiden die Immen ernsthaft unter der Dauerbelästigung. Mit einem Versuch konnte der amerikanische Zoologe Graham Stone nachweisen, daß den Bienen durch männliche Rüpeleien die Hälfte des möglichen Nektarertrages entgeht. Der Forscher und seine Mitarbeiter fingen alle Männchen ein und ermöglichten es den weiblichen Pelzbienen, einen ganzen Tag lang ungestört Nektar trinken zu gehen. Die fleißigen Bienen benötigten nur noch halb so viel Zeit, um eine Blüte zu leeren, und ihr Tagwerk war doppelt so groß. Dank der Wissenschaft durften die *Anthophora*-Weibchen wenigstens einmal im Leben einen schönen Frühlingstag ohne lästige Grapscher erleben.

Weibchen einer afrikanischen Schmetterlingsart haben evolutionäre Konsequenzen aus der allgegenwärtigen männlichen Grobheit gezogen. In dieser Spezies gibt es zwei Typen von Weibchen: Die einen sehen traditionell weiblich aus, die anderen ähneln den Männchen. Untersuchungen ergaben, daß die Pseudomännchen weitaus weniger von den echten Männchen belästigt werden. Dennoch sind sie in der Fortpflanzung nicht benachteiligt. Wollen sie sich paaren, versprühen sie einen Signalduft (→ Geruchssinn), dem die männlichen → Schmetterlinge nicht widerstehen können.

Greifvögel

Ein Herz für kleine Männer: Anders als die meisten anderen Weibchen im Tierreich stehen weibliche Turmfalken nicht auf Muskelpakete, sondern finden eher filigrane Typen anziehend. Das hat weniger mit androgyner Ästhetik zu tun, vielmehr können kleine, schlanke Falken besser jagen.

Wissenschaftler fanden in Tests heraus, daß leichtere Turmfalken Beutetiere zumeist beim ersten Anflug erlegten. Schwerere Artgenossen brauchten dagegen bis zu vier Versuche. Darüber hinaus verbrauchen die leichteren Männchen wesentlich weniger Energie und sind so in der Lage, größere Territorien abzufliegen – in Zeiten lokaler Nahrungsknappheit ein unschätzbarer Überlebensvorteil.

Bei kaum einer Tiergruppe verläuft die Aufzucht der Jungen so grausam wie bei Adlern und anderen Greifvögeln. Obwohl in der Regel das Futter nur für einen Nestling reicht, setzen die Eltern stets zwei (bei manchen Arten sogar noch mehr) in die Welt. Doch nur wenn es in einer Saison außergewöhnlich viele Beutetiere geben sollte, hat das zweite Junge eine Chance. Normalerweise wird es vom ersten aus dem Nest geworfen oder zu Tode gehackt und verspeist. Biologen nennen diese bedauernswerten Wesen ebenso treffend wie unsentimental »Nährjunge«.

Dieses »Kain-und-Abel-Prinzip« läßt sich ebenfalls bei vielen Reiherarten (→ Reiher) beobachten.

Grillen

Das romantische Zirpen männlicher Grillen dient nicht nur als Lockruf für die Weibchen. Gleichzeitig signalisieren die Männchen ihre Kondition. So können sie auf Rivalenkämpfe verzichten. Die schrille Melodie wird erzeugt, indem die Insekten ihre Flügelränder gegeneinander reiben. Je wärmer es ist, desto schneller der Rhythmus. Diese Relation funktioniert bei manchen Arten so akkurat, daß man Grillen als Thermometer benutzen und aus der Zahl der Zirpenschläge pro Minute die Temperatur errechnen kann.

Weibliche Grillen springen zuweilen recht rauh mit ihren Paarungspartnern um. Das Weibchen der Art *Decticus albifrons* baut sich mit ihren langen Hinterläufen vor das auf dem Rücken liegende Männchen auf und umklammert es. Unter heftigen Anstrengungen bringt das Männchen aus seinem Geschlechtsapparat ein erstaunlich großes → Samenpaket hervor und versucht, es auf das Weibchen zu übertragen. Doch dieses überlegt es sich manchmal anders und frißt das proteinreiche Sperma einfach auf. Die ganze Tortur beginnt von vorne.

Grundeln

Wenn zwei weibliche Meeresgrundeln der Art *Gobiodon histrio* sich im Korallenriff begegnen, kommt es vor, daß sich eine in ein Männchen verwandelt und die beiden sich paaren (→ Transsexuelle). Bei Bedarf ist das Ex-Weibchen und Neu-Männchen sogar fähig, wieder sein altes Geschlecht anzunehmen. Allerdings scheint – anders als bei transsexuellen Menschen – die Verwandlung von weiblich in männlich leichter zu sein als umgekehrt. Bei sechs von sieben rein weiblichen Paaren, die japanische Forscher im Great Barrier Reef beobachteten, wechselte innerhalb eines Monats einer der Partner das Geschlecht. In sieben männlichen Paaren geschah das nur zweimal.

Grundeln der Art *Trimmia okinawe* leben in kleinen Gruppen aus einem Männchen und bis zu sechs Weibchen an der südlichen Küste Japans. Entfernt man das Männchen aus der Gemeinschaft, wechselt das größte Weibchen innerhalb von zehn Tagen ihr Geschlecht. Setzten Forscher jedoch ein noch größeres Männchen dazu, entwickelte sich das Neu-Männchen zurück zum Weibchen (wozu es zwei Tage länger brauchte).

Die Männchen der Sandkülinge *(Pomatoschistus minutus)*, einer Grundelnart, die an europäischen Küsten lebt, glänzen durch familiäre Qualitäten. Nicht Größe, Durchsetzungsfähigkeit oder schillernde Farben verführen die Weibchen, sondern → Treue, Zuverlässigkeit und Fürsorglichkeit. Verständlich, denn bei einer Lebensdauer von nur zwei Jahren bleibt für Experimente wenig Zeit.

Das Männchen sucht sich eine leere Muschelschale und baut darunter eine kleine Höhle für die → Eier. Hat das Weibchen sie gelegt, hält das Männchen Wache, bis die Jungen geschlüpft sind, fächelt frisches Wasser zu und vertreibt Räuber.

Einen nicht unerheblichen Makel allerdings haben auch diese Traumväter. Manchmal überkommt sie ein wahrer Heißhunger auf das eigene Gelege und sie verspeisen die eigenen Jungen. Je stärker ein Männchen den Appetit auf die eigene Nachkommenschaft zügeln kann, desto gefragter ist es bei den Weibchen. Untersuchungen ergaben, daß bei den begehrtesten Männchen immerhin über 95 Prozent der Nachkommenschaft überlebten.

Woher die Weibchen das allerdings im voraus wissen, ist weiterhin ungeklärt.

Grunions

Diese kalifornischen Ährenfische *(Leuresthes tenius)* paaren sich auf dem Land. Zwischen März und August lassen sie sich in Vollmondnächten, ein bis vier Tage nach der Springflut, an den Strand schwemmen. Die weiblichen Grunions graben sich bis zu den Brustflossen in den feuchten Sand ein und legen dort ihre → Eier. Ein oder mehrere Männchen legen sich mit gekrümmtem Körper über das zappelnde Weibchen und befruchten den Laich. Das Ganze geschieht innerhalb von 20 bis 30 Sekunden zwischen zwei Wellen. So schnell, daß kaum ein Mensch je den Laichvorgang gesehen hat, obwohl Fischer und Touristen die Strände belagern. Grunions machen diesen Landausflug nicht ohne Grund: Am Strand sind ihre Eier viel sicherer als im Meer. Schnell härtet die Sonne die oberste Sandschicht, doch fünf Zentimeter darunter, wo der Laich lagert, bleibt es feucht. Nach zwei Wochen spült die nächste Springtide die Jungfische ins Meer. Dann können sie bereits den meisten Feinden entfliehen.

Gruppensex

Eine Tendenz zur Paarbildung ist im Tierreich unverkennbar. Einige treffen sich nur zur Begattung und gehen danach eigene Wege. Manche leben zwar die meiste Zeit getrennt, teilen sich aber alljährlich das Brutgeschäft. Andere – besonders bei den Vögeln – bleiben sich ein Leben lang (ziemlich) treu.

Daß lüsterne Tiere im Rudel übereinander herfallen, kommt eher selten vor. Doch in der Natur gibt es kaum eine Regel ohne Ausnahme. Auffallend ist, daß ausgerechnet unsere nächsten Verwandten die lockersten Sitten haben. → Bonobos feiern Sexorgien in bunt gemischten Gruppen. Auch → Schimpansen ist die → Treue fremd.

Häufiger kommt es vor, daß viele Männchen sich um ein einziges Weibchen drängeln. Solche Ansammlungen sexhungriger Freier sind beispielsweise von Strumpfbandnattern (→ Schlangen), verschiedenen → Fröschen und Pantoffelschnecken (→ Schnecken) bekannt.

Guppys

Guppys sind Groupies. Wie Teenager, die scharenweise auf Popstars fliegen, lassen sich die Weibchen der beliebten Aquarienfische *(Poecilia reticulata)* vom sexuellen Geschmack anderer Weibchen anstecken. Forscher setzten einzelne Guppypaare in Laboraquarien. Zeigte das Weibchen kein Interesse an dem Guppymännchen, plazierten die Wissenschaftler eine Gruppe anderer Weibchen in die Nähe des Männchens. Dadurch erwachte die Begierde in den unterkühlten Weibchen, und sie begannen, den zuvor Verschmähten heftig zu umwerben.

Da die Guppyweibchen ihre befruchteten → Eier im Leib behalten und fertige Fischchen gebären, muß auch der → Samen – ungewöhnlich bei Fischen – in den Körper des Weibchens gelangen. Dazu dient ein Gonopodium, eine Art Begattungsröhre des Männchens, die aus der Afterflosse entstanden ist. Beim Geschlechtsakt schwimmen die Partner nebeneinander. Das Männchen überträgt dabei mit seinem Gonopodium ein ganzes → Samenpaket, das für die Befruchtung mehrerer Generationen reicht.

Gürteltiere

Die seltsamen Panzertiere aus Amerika pflanzen sich auf eine unter Säugetieren einmalige Weise fort. Weibchen der Gattungsgruppe Weichgürteltiere werfen stets eineiige Mehrlinge. In der Gattung *Dasypus* kommen pro Wurf acht bis zwölf genetisch gleiche Junge zur Welt. Zwar sind dies keine hundertprozentigen Klone (→ Klonen) – wie das Schaf Dolly, das aus einer Körperzelle erschaffen wurde –, denn sie entstehen aus der Verschmelzung von Ei und Samen. Doch alle stammen von derselben befruchteten Eizelle ab, die sich in einem frühen Stadium in getrennte Keimlinge aufspaltet.

H

Häher

Gibt es eine psychologische → Kastration? Diese Frage wollten US-Forscher anhand von Buschhähern beantworten. Wie bei anderen Vögeln und Säugetieren helfen jugendliche Buschhäher ihren Eltern bei der Aufzucht der Brut, ohne – was eigentlich zu erwarten wäre – selber Nachwuchs in die Welt zu setzen. Dieses Phänomen wurde damit erklärt, daß die Elternvögel ihren erwachsenen Nachwuchs »psychologisch kastrieren« würden.

Die Wissenschaftler aus Florida konnten in einem Experiment zeigen, daß die Jugendlichen nur so lange am elterlichen Nest helfen, bis ihnen ein attraktiver Sexualpartner begegnet. Die Forscher gaben weiblichen Buschhähern, die sich in der Nähe männlicher Nesthelfer aufhielten, eine Hormonpille, wodurch sie paarungsbereit wurden. Kaum hatten die halbstarken Häher das spitzgekriegt, ließen sie ihre kleinen Geschwister links liegen und flatterten zu den willigen Weibchen. Und das unter den Augen der strengen Eltern. Aufgrund der plötzlichen Chance stieg auch der Hormonpegel der Jungmännchen. Sie waren also nicht psychologisch kastriert.

Haie

Vor der Küste Floridas gelang es Forschern erstmals, den Koitus der Haie zu beobachten. Im flachen Wasser treiben es die ansonsten ziemlich drögen Ammenhaie. Dabei kooperieren die Männchen, weil es ziemlich schwer ist, allein ein Weibchen in die Paarungsstellung (Bauch nach oben) zu drehen. Sie versuchen es, indem sie mit ihren flachen Mahlzähnen eine Vorderflosse des Weibchens packen und sie daran in die Rückenlage wuchten. Je nachdem, auf welche Flanke das Haimännchen seine Partnerin drehen konnte, setzt es dann den rechten oder den linken seiner beiden → Penisse ein.

Unter Blauhaien ist eine extreme Form des frühkindlichen → Kannibalismus üblich. Die zirka fünfzig Jungfische, welche im Leib der Mutter schlüpfen, fangen sofort an, sich gegenseitig aufzufressen. Nur zwei von ihnen kommen zur Welt: 60 bis 70 Zentimeter lang und wohlgenährt an den eigenen Geschwistern.

Hamletfische

Alle Vertreter dieser Barschgattung, die vor der Ostküste Amerikas beheimatet ist, sind → Zwitter: Sie produzieren sowohl → Eier als auch → Samen. Treffen sich zwei Hamletfische zur Paarung, benehmen sie sich mißtrauisch wie bei einem riskanten Tauschhandel. Unsinnliche Pingeligkeit ist da offenbar kein Störfaktor. Erst gibt der eine Partner eine gewisse Menge Eier zur Befruchtung (durch den Partner) frei, danach ist der andere an der Reihe, die gleiche Menge herauszurücken. Auf diese Weise durchlaufen die vorsichtigen Eierhändler bis zu vier Ablaichrunden.

Hamster

Die Karriere des Goldhamsters als Haustier begann in den dreißiger Jahren des 20. Jahrhunderts. Damals gelang es dem Jerusalemer Zoologen Israel Aharoni, in der Wüste Syriens ein Hamsterweibchen samt seinen elf Jungen einzufangen. Acht von ihnen starben, doch die übrigen drei vermehrten sich in rasender Geschwindigkeit. Diese drei Geschwister sind die Stammeltern aller Goldhamster, die heute weltweit in zahllosen Kinderzimmern und Tierlabors ihr Leben fristen. Damit dürfte die genetische Gleichartigkeit der kleinen Nager nahezu an geklonte Tiere heranreichen (→ Klonen, → Inzest). Obwohl seit siebzig Jahren domestiziert, weigern sich die Hamster immer noch hartnäckig, zum Schmusetier zu werden. Sie blieben einzelgängerisch, nachtaktiv, verziehen sich am liebsten in dunkle Gänge und stehen nach wie vor nicht sonderlich auf menschliche Zärtlichkeit.

Harem

Die Vielweiberei ist nicht von reichen Orientalen erfunden worden (→ Treue). Bei den → Säugetieren ist sie ein verbreitetes Paarungssystem und kommt auch bei Vögeln und → Reptilien vor. Für viele Männer hört sich die Vorstellung, Pascha eines Harems zu sein, überaus verlockend an. Doch die Realität sieht anders aus. Wo Haremsstrukturen herrschen, bekommen die meisten Männchen nie ein Weibchen ab. Auch die Weibchen sind arm dran, denn der gestreßte Haremsbesitzer kann sie nur gelegentlich kurz besteigen und hat keine Zeit für Zärtlichkeit. Schließlich ist das Leben für die Paschas selbst nicht sehr lustig. Ständig müssen sie ihren Harem gegen Rivalen verteidigen und kommen vor lauter Kampf kaum dazu, ihr Sexleben zu genießen (→ Alpha-Tiere).

Grundsätzlich unterscheiden die Zoologen zwei Formen von Harems: Die dauerhaften, bei der ein Männchen und mehrere Weibchen eine feste Beziehung eingehen. Solche Zusammenschlüsse gibt es zum Beispiel bei verschiedenen Affen (→ Paviane) und Antilopen. Und die kurzfristigen, wo sich in der Paarungszeit viele Weibchen um ein Männchen scharen. Dies ist bei einigen Arten von → Hirschen und → Robben so üblich.

Hasen

Heute haben Hasen einen sauberen Ruf: Sie sind die braven Eierlieferanten des Osterfestes. Früher war das anders. Hasen galten als lüstern und geil. Schon Moses bezeichnete sie als unreine Tiere und der frühchristliche Lehrer Barnabas verkündete, daß Menschen, die Hasen essen, zu Kinderschändern würden. Seine seltsame und biologisch unhaltbare Begründung: Den Hasen wachse jedes Jahr ein neuer Anus. Der Schweizer Naturforscher Conrad Gesner (1516–1565) schrieb, daß es viele Hasen gäbe, die beide Geschlechter hätten. Auch würde die Häsin das Männchen besteigen und männliche Hasen Junge kriegen. Kinderlosen Frauen empfahl er eine Medizin aus dem in Wein gelösten Pulver gedörrter Hasen-Gebärmutter.

Am früheren Ruf des Langohrs ist durchaus etwas dran, denn in der Paarungszeit geht es in Hasenkreisen recht deftig zu. Schon im Winter versammeln sie sich zu Gruppen beiderlei Geschlechts und beginnen zu rammeln (so das offizielle Fachwort dafür). Im Monat März verlieren sie dann restlos ihren Verstand und werden vom »Märzkoller« befallen. »In seiner Liebestollheit«, schrieb der Hasenexperte Professor Eberhard Schneider, »kann dann sogar einer einem Hund nachrennen, den er aus der Ferne für einen Geschlechtspartner oder einen Nebenbuhler gehalten haben mag.«

Das wechselseitige Werbeverhalten kann sich über mehrere Tage hinziehen und endet in einer heftigen Rauferei zwischen Weibchen und Männchen, bei der die Fellfetzen durch die Luft fliegen. Bei diesem Paarungskampf versucht das Weibchen, so oft wie möglich seine Bauchseite am Männchen zu reiben, was möglicherweise den → Eisprung auslöst. Schließlich bleibt sie hocken und hebt ihr Hinterteil. Die Begattung selbst dauert dann kaum mehr als zehn Sekunden.

Haubentaucher

Als Höhepunkt des Vorspiels dem potentiellen Paarungspartner den Autoschlüssel vor die Nase zu halten, ist in besseren Kreisen schon fast wieder out. Haubentaucher-Pärchen dagegen finden es nach wie vor sehr erregend, auf dem Höhepunkt der → Balz dem Partner Nistmaterial entgegenzuhalten. Zuvor

Zur Balz der Haubentaucher gehört ein rituelles Wasserballett, bei dem sich die Vögel gegenseitig symbolisch Nistmaterial anbieten.

bringen sie sich Brust an Brust unter heftigem Schütteln der Köpfe in Stimmung. Diese Begegnung der Bäuche hielten die Menschen jahrhundertelang für den eigentlichen Paarungsvorgang. In Wirklichkeit dient das alles nur als Vorspiel. Der eigentliche Akt wird erst Stunden später vollzogen.

Haushühner

Hennen tun gut daran, krähenden Hähnen genau zuzuhören. Denn die Stimme des Gockels gibt zuverlässig Auskunft über seinen Gesundheitszustand. Bei den meisten Krankheiten leidet die Stimme bereits, wenn dem Vogel ansonsten noch nichts anzumerken ist.

Das Krähen, so fanden kanadische Forscher heraus, erfordert erstaunlich wenig Kraft. Ein Hahn, der täglich mehr als 200mal seinen Ruf ertönen läßt, benötigt nur 15 Prozent mehr Energie, als wenn er schweigend herumstehen würde. Dies entspricht dem Aufwand für die Gefiederpflege oder das Trinken. Rangniedere Hähne auf dem Hühnerhof sind also nicht deshalb still, weil sie Kraft sparen wollen, sondern weil der Boß sie eingeschüchtert hat.

Heckenbraunellen

Bei diesen spatzengroßen Singvögeln betören, im Gegensatz zu anderen Arten, nicht nur die Männchen mit Flötentönen. Auch die Weibchen bemühen sich laut zwitschernd um ihren

Partner. Weibliche Heckenbraunellen versuchen ständig, Rivalinnen energisch zu vertreiben und Männchen anzulocken. Besonders heftig erheben sie ihre Stimme, wenn ihr Partner sich einem anderen Weibchen zuwendet. Dann pfeifen sie ihn eifrig trillernd zurück.

Oftmals gehen die Heckenbraunellen aber auch Kompromisse ein. Funktioniert die traute Zweisamkeit nicht, führen sie Ehen zu dritt. Mitunter kommt es auch zu komplizierten Verbindungen zwischen fünf oder gar sechs Vögeln beiderlei Geschlechts (in den Beziehungsdramen der siebziger Jahre hätte man vielleicht bei den Heckenbraunellen lernen sollen). Männchen und Weibchen neigen gleichermaßen zur Polygamie und balzen fremde Artgenossen an, wenn sich eine Gelegenheit ergibt. Viele Männchen gehen dabei durchaus verantwortungsvoll mit ihrer Vaterschaft um und bringen Futter zu mehreren Nestern.

Heuschrecken

Heuschreckenmännchen, die nicht sattelfest sind, können in eine mißliche Lage geraten. Zeigt das Weibchen Paarungsbereitschaft, reitet das Männchen von hinten auf und verhakt sich in der Geschlechtsöffnung, um den Spermientransport zu sichern. Verliert es dabei das Gleichgewicht, kann es vorkommen, daß das Weibchen den hilflos zappelnden Partner am Geschlechtsapparat hinterherschleift.

Mormonenheuschrecken treffen sich jährlich zu einer großen Sexparty im Mormonenstaat Utah. Die Männchen rufen, und die Weibchen kommen angekrabbelt. Er hebt sie hoch und beurteilt so ihr Gewicht, das Auskunft über die Anzahl der → Eier in ihrem Körper gibt. Ist sie zu leicht, gibt er seinen → Samen nicht her. Findet das Heuschreckenmännchen eine attraktive, schwergewichtige Partnerin, schenkt er ihr außer seinem Sperma noch einen nahrhaften Schaum, den sie auffrißt.

Hirsche

In der Umgangssprache dient »Hirsch« als Bezeichnung für einen betrogenen Ehemann (jemandem Hörner oder ein Geweih aufsetzen).

Bis zu zwölf Kilo Knochensubstanz (30 Prozent seines Skelettgewichts) schiebt ein Rothirsch alle Jahre aus dem Stirnbein. Selbst Bernhard Grzimek, der sonst für alles Tierische Verständnis hatte, wunderte sich über diesen Auswuchs der Evolution: »Es muß nicht gerade bequem sein, dieses Gestell auf dem Kopf herumzutragen.« »Welches andere Tier«, fragte der Schweizer Zoologe Heini Hediger, »würde abgestorbene Knochen mit sich herumtragen?« Für Hirsche (und natürlich auch für viele Jäger) sind tote Knochen aber offensichtlich das Größte. Sie rangeln in der Brunftzeit damit herum, zerwühlen den Boden und machen überhaupt viel Aufhebens um das Kopfgewächs. Dies beeindruckt nicht nur Hirschkühe, sondern auch ihre Geschlechtsgenossen: Einem Rivalen genügt oft der bloße Anblick des größeren Geweihs, um sich wieder zu trollen.

Geweihtragen ist Männersache. Aber wie jede Regel hat auch diese Ausnahmen. Weibliche Rentiere tragen kleine Geweihe und manchmal bilden auch Ricken (→ Rehe) Knochenstangen am Kopf. Zoologen an der Universität Köln fanden heraus, daß die Fähigkeit zur Geweihbildung in allen Weibchen der Familie *Cervidae* schlummert. Hormonspritzen oder eine Reizung des Knochenhautgewebes lassen die Triebe sprießen.

Schon in der Urzeit waren Jäger vom Kopfschmuck der Hirsche begeistert. Ausgrabungen in niederrheinischen Braunkohlegebieten ergaben, daß sich bereits in der Frühsteinzeit Männer mit Geweihen schmückten. Im 18. Jahrhundert schossen perverse Geweihsammler Hirschen in die Hoden oder ins junge Bastgeweih, um modische Wachstumsabnormitäten zu provozieren. Mehr als 70 Fachausdrücke zum Geweih des Rothirsches kennt die heutige Jägersprache. Seit 1972 werden die Trophäen, die deutsche Jäger alljährlich auf ihren Hegeschauen präsentieren, nach der Prämiensatzung des Internationalen Jagdrates (Conseil International de la Chasse, CIC) beurteilt. Dabei zählen die Experten nicht einfach die Enden, sondern vermessen nach akribischen Vorschriften alle Ecken und Winkel.

Was treibt Männer dazu, Gegenstände kultisch zu verehren, die minder intelligente Tiere jedes Jahr wegwerfen? Wo immer mit großem Ernst komische Sachen betrieben werden, ist meistens Sex im Spiel. Psychoanalytiker interpretierten das Nachmessen der Sprossen als Potenzvergleich. Das Geweih entspricht der mythologischen Vorstellung vom Mehrfachphallus. Diese Sexsymbolik ist jedoch nur ein Teilaspekt. Beim Geweihkult geht es auch um magische Machtübertragung.

Für den Hirsch selbst hat das Geweih ebenfalls viel mit Sex zu tun. »Neubildung und Absterben«, schreibt Alfred Brehm, »stehen in innigem Zusammenhang mit der Geschlechtstätigkeit.« Tatsächlich ist der geweihtragende Hirsch der Monate Juni bis Januar ein ganz anderer Kerl als der geweihlose der Frühlingszeit. Der eine gibt sich als grölender Rabauke und Schürzenjäger, der andere versteckt sich scheu im tiefen Dikkicht, und jede Hirschkuh schlägt ihn in die Flucht. Grzimek vermutete, daß der Geweihverlust ein Schockerlebnis darstellt, welches ein Gefühl der Minderwertigkeit hinterläßt.

Der innige Zusammenhang von Sex und Geweih treibt nicht nur deutsche Jäger zum Knochenkult. Viele asiatische Männer schätzen Geweihpulver als Stärkungsmittel. Zehntausende von Geweihen werden jedes Jahr zu diesem Zweck aus Skandinavien, Rußland und Neuseeland nach China und Korea exportiert (→ Aphrodisiaka).

Hochzeit

Nichts bleibt Tieren erspart. 1997 meldete die Deutsche Presseagentur: »Spanische Agentur traut Hunde.« Darunter wurde berichtet, daß ein Institut in Gerona (Nordostspanien) Hochzeitsbankette für Hunde organisiert. Die ersten Kunden waren ein Dobermann-Paar. Die Rolle des Priesters übernahm ein

Schauspieler. Als Trauzeuge fungierte ein Hund aus der Nachbarschaft. Die Zeremonie, zu der auch ein großes Hundefutter-Buffet gehörte, kostete Herrchen umgerechnet 4700 Mark.

Hoden

→ Schimpansen haben die schwersten Hoden unter den Menschenaffen: zusammen wiegen sie 119 Gramm (0,27 Prozent des Körpergewichts). → Gorillas dagegen, die viel größer als Schimpansen sind, besitzen viel kleinere Hoden, und zwar nicht nur relativ, sondern auch absolut gerechnet (29,6 Gramm, 0,02 Prozent). Menschen liegen dazwischen: 40 Gramm (0,06 Prozent).

Wie kommt es, daß die Männchen nahe verwandter Säugetiere so extrem unterschiedlich große Hoden mit sich herumtragen? Die Antwort liegt bei den Weibchen: Je treuer sie sind, desto kleiner die Hoden ihrer Partner. Lassen sich die Weibchen während ihrer fruchtbaren Tage mit vielen Partnern ein, hat derjenige die besten Fortpflanzungschancen, der die größte Spermamenge injiziert. Wer jedoch sicher ist, der einzige Besamer zu sein, der benötigt nur eine kleine Menge.

Diesen Zusammenhang zwischen sexueller Sozialstruktur und Hodengröße konnten Wissenschaftler auch an anderen Tiergruppen nachweisen, etwa an Huftieren und Nagern. → Ratten, die promiskuitiv leben, haben große Hoden, die monogamen Hausmäuse (→ Mäuse) jedoch relativ kleine.

Erstaunlicherweise hat die Zahl der Weibchen, mit der ein männliches Tier kopuliert, keinen Einfluß auf die Hodengröße. Polygyne Primatenarten, also solche, bei denen die Männchen von einem → Harem umgeben sind (→ Gorillas), besitzen kleine Keimdrüsen. Denn der Pascha hat die mögliche Konkurrenz schon lange vor der Begattung ausgeschaltet und seine Weibchen für sich monopolisiert (→ Treue).

Für Menschen bedeutet der Hoden-Befund, daß sie von Natur aus weder eindeutig polygam noch hundertprozentig treu sind, was ja bestens mit der Realität übereinstimmt.

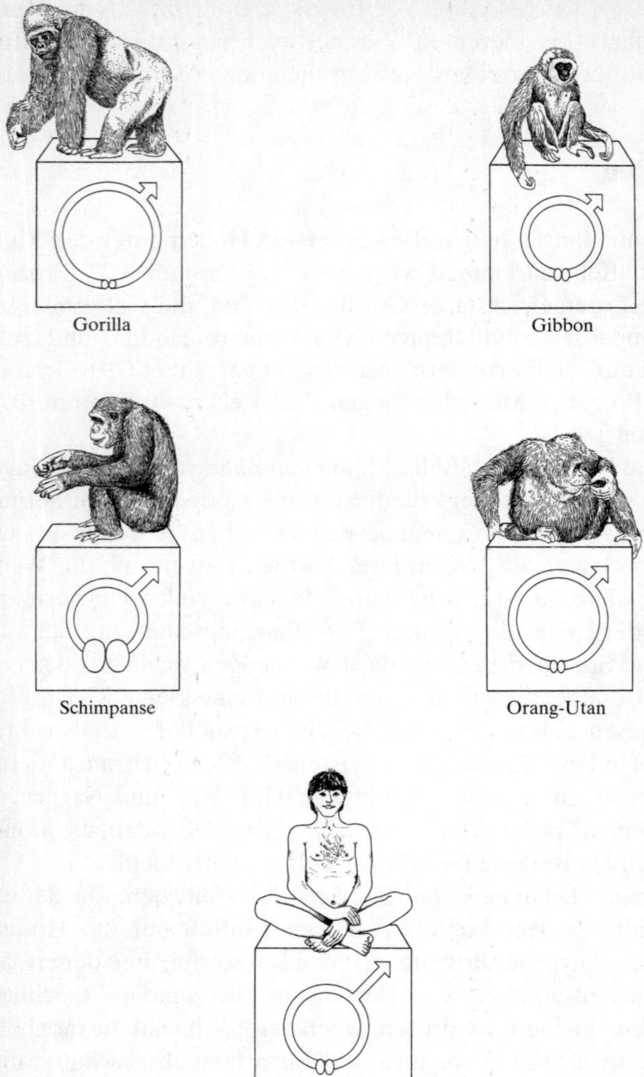

Schematische Darstellung der Hodengröße (Kugeln) und Penislänge (Pfeile) bei Mensch und Menschenaffen. Menschen haben den längsten Penis, Schimpansen die größten Hoden.

Im Gegensatz zu den weiblichen → Eierstöcken, die stets im Körperinneren liegen, baumeln die Hoden vieler Säugetiere im Hodensack zwischen den Beinen. Der Hodensack entwikkelte sich im Laufe der Evolution, um die Hoden zu kühlen. Denn die optimale Temperatur der kleinen Samenfabriken liegt unterhalb der Körperwärme. Durch die frische Luft läuft die Samenproduktion auf Hochtouren und der Prozentsatz krankhaft veränderter Spermien bleibt gering.

Hodengewicht absolut (in Gramm) und prozentual zum Körpergewicht bei einigen Tieren

Schimpanse	118,8 g	0,27 %
Gorilla	29,6 g	0,02 %
Orang-Utan	35,3 g	0,05 %
Rhesusaffe	46,2 g	0,50 %
Mantelpavian	27,1 g	0,13 %
Kaninchen	5,5 g	0,13 %
Goldhamster	0,3 g	0,30 %
Wanderratte	3,8 g	0,68 %
Wildschwein	720 g	0,41 %
Hausrind	384 g	0,45 %
Wildschaf	500 g	0,63 %
Pferd	340 g	0,71 %

Homosexualität

In den Zeiten, als noch religiöse Anstandstanten die öffentliche Sexualmoral festlegten, wurden bestimmte Vorlieben und Gelüste »widernatürlich« genannt. Besonders Homosexuelle standen unter dem Verdikt, nicht nur gegen Gottes Willen, sondern auch gegen die Gesetze der Natur zu verstoßen. Unvorstellbar schien der Gedanke, daß Tiere gleichgeschlechtlichen Verkehr praktizieren. Doch die moderne Verhaltensforschung fand heraus, daß auch Homosexualität – neben vielen anderen Fähigkeiten, die einmal als exklusiv menschlich galten – keine Erfindung des *Homo sapiens* ist.

»Es ist eindeutig belegt«, schreibt der Göttinger Anthropologe Volker Sommer, »daß sämtliche unter den Menschen praktizierten Varianten homosexuellen Verhaltens auch unter Tieren vorkommen.« Würmer und Wildschafe, → Möwen und → Meerschweinchen haben schwule Seiten und tun ganz ungeniert Dinge, für die in islamischen Gottesstaaten noch heute Menschen mit dem Tode bestraft werden.

Männchen des Wurms *Moniliformis dubius* kopulieren mit Geschlechtsgenossen und plombieren dabei die Öffnung ihrer Opfer mit einem speziellen Kitt, damit diese den Penis nicht mehr ausstülpen können: Ein hinterhältiger Trick, um Nebenbuhler auszuschalten.

Auch → Wanzen der Art *Xylocaris maculipennis* praktizieren eine perfide Form der homosexuellen → Vergewaltigung. Sie injizieren ihr Sperma in den Samenleiter ihrer Konkurrenten. Wenn diese sich dann mit einem Weibchen paaren, übertragen sie das Erbgut ihres Vergewaltigers.

Die Weibchen der Rüsselkäferart *Diaprepes abbreviatus* besteigen sich gegenseitig und bieten regelrechte Lesbenshows dar, beobachtete ein amerikanisch-israelisches Forscherteam. Angelockt vom erotischen Reiz dieser Darbietungen kommen Männchen angekrabbelt, die dann sofort zum Dreier-Käferstündchen verführt werden.

Bei fünf Arten von Seemöwen wurden lesbische Verbindungen beobachtet. Bei einer davon, die unter Männchenmangel leidet, bestehen 8 bis 14 Prozent der Paare aus zwei Weibchen. Sie umbalzen einander, brüten gemeinsam und ziehen zusammen die Jungen auf. Den → Samen zur Befruchtung der → Eier besorgen sie sich bei kurzen heterosexuellen Seitensprüngen.

Herrscht in einer Graugänseschar Weibchenmangel, tun sich auch Ganter zusammen. Die Forscher Robert Huber und Michael Martys konnten beobachten, daß keiner der beiden Partner dabei weibliche Verhaltensweisen annimmt. Beide behandeln dennoch den anderen, als ob er ein Weibchen sei.

Solche Verbindungen müssen durchaus keine Notlösung sein. Forscher zählten bei lesbischen Möwen und Kanadagänsen mehr Junge als bei heterosexuellen Paaren. Die Homosexualität erhöht in diesen Fällen also den Fortpflanzungserfolg. Die weiblichen Gänsepaare waren nicht etwa die Witwen eines toten Ganters, wie Verhaltensforscher zuvor angenommen hatten. Die Vögel wählen diese Lebensform wohl ganz gezielt, weil sie Vorteile bietet. Wenn sich beide Weibchen befruchten lassen, kann das Gelege doppelt so groß sein wie bei gemischtgeschlechtlichen Paaren. Gentests an jungen Kanadagänsen ergaben, daß die Nachkommen in einem Nest mit zwei Müttern von drei Vätern gezeugt worden waren. Die Gänse holen sich also Samen von mehreren Gantern.

Im Rotterdamer Zoo war ein männliches Flamingopaar dafür berüchtigt, den Flamingohennen Eier zu stehlen. Schließlich hatten die Wärter ein Einsehen und gaben den beiden ein befruchtetes Ei. Die beiden Hähne brüteten es aus und fütterten anschließend abwechselnd das geschlüpfte Küken. Im Zoo von Osnabrück hielt sich das Storchenduo Holger und Edgar 16 Jahre lang die Treue. Gemeinsam brüteten sie ein Pinguinei aus, das ihnen die Tierpfleger untergeschoben hatten. Die homosexuelle Ehe wurde durch einen Fuchs oder Marder beendet, der Holger eines Nachts tötete.

Sogar im Bibel-Zoo (ein Tierpark, der die in der Bibel erwähnten Geschöpfe zeigt) am Rande Jerusalems kam es zu gleichgeschlechtlichen Verbindungen. Die beiden männlichen Gänsegeier Jehuda und Daschik kopulierten miteinander und bauten sogar ein Nest. Als Zoologen ihnen ein Ei gaben, brüteten sie es aus und umsorgten ihr Küken wie ganz normale Geiereltern. Da Homosexualität in den Augen ultraorthodoxer Rabbiner eine schwere Sünde ist, erwägen die Gottesmänner, ihrer Gemeinde Zoobesuche zu verbieten. Ganz anders die Reaktion auf schwule Tiere im niederländischen Safaripark »Beekse Bergen«. Dort nahm die Direktion das Thema Homosexualität in das Programm für Besucherführungen auf.

Der Verhaltensforscher Norbert Sachser von der Universität Münster fand heraus, daß in gemischtgeschlechtlichen Meerschweinchengruppen etwa zehn Prozent der Männchen eindeutig homosexuelle Präferenzen entwickelten. Noch erstaunlicher war das Resultat eines Verhaltensexperiments von Sachser. Er bildete isolierte Gruppen aus jeweils vier Männchen. In diesen Männergemeinschaften ergab sich mit der Zeit ein ganz besonderes Sozialsystem. Ein Männchen dominierte die anderen, zwei füllten die übliche Rolle untergeordneter Männchen aus, aber einer verhielt sich wie ein Weibchen und wurde von den anderen auch als solches angesehen. Messungen der Streßhormone im Blut ergaben: Die → Transvestiten fühlten sich wohler als die Männchen, die in ihrer gewohnten Rolle verharrten. Als Sachser dann ein echtes Weibchen in die Gruppen

Weibliche Bonobos reiben oft und ausgiebig ihre Geschlechtsteile aneinander. Verhaltensforscher nennen dies »GG-rubbing«.

setzte, kam die nächste Überraschung: Innerhalb von Sekunden benahmen sich die Pseudoweibchen wieder männlich. In allen Versuchen konnten sie das Weibchen für sich gewinnen und gegen ihre drei Geschlechtsgenossen verteidigen.

Besonders viele schwule Aktivitäten wurden bei → Affen beobachtet. Bei den Grauen Languren in Indien sind es besonders die Weibchen, die gern bei ihresgleichen aufreiten. Das Team von Volker Sommer beobachtete eine Horde Languren über sechs Jahre und stellte in dieser Zeit fest, daß dies alle Weibchen tun. Ähnliches berichteten die Beobachter einer Kolonie von Bärenmakaken an der kalifornischen Stanford-Universität. Die Weibchen rieben ihre → Klitoris bis zum → Orgasmus auf dem Rücken ihrer Partnerinnen. Auf dem Höhepunkt formte sich ihr Mund zu einem »O«, wobei sie rhythmisch stöhnten. Auch in einem Forschungsgehege für Rhesusaffen auf Puerto Rico gehörten solche Szenen zum Alltag, wobei die Partnerinnen ihren Kitzler während des Aufreitens auch mit den Händen stimulierten. Eindeutig war der lesbische Verkehr kein Notbehelf, denn manchmal brachen die Affenweibchen ihre Kontakte zu Männchen ab, um sich einer Partnerin zuzuwenden. Das ranghöchste Männchen der Kolonie lebte ebenfalls mit einem männlichen Artgenossen zusammen. Trotz seiner vielen heterosexuellen Aktivitäten blieb er seinem Freund zärtlich verbunden und zog ihn offenbar allen andern Affen vor. Unter männlichen → Makaken registrierten die Wissenschaftler → Analverkehr, Stimulation mit den Händen sowie Saugen und Lecken am → Penis. Überaus verbreitet sind homosexuelle Kontakte auch bei den → Bonobos, die ohnehin für ihr ausschweifendes Sexleben berühmt sind.

Bei den Würmern und → Wanzen ist ziemlich klar, welche Strategie sie mit ihren gleichgeschlechtlichen Vergewaltigungen verfolgen: Es ist einfach ein klassischer Konkurrenzkampf mit sexuellen Mitteln. Bei den → Möwen mag der Männchenmangel als Erklärung ausreichen. Doch warum gibt es schwule Affen? Wie kann sich Homosexualität in der Evolution behauptet haben, wo sie doch keine Nachkommen hervorbringt, eine Art also langfristig aussterben müßte? Sommer vermutet, daß sich das Schwulsein in bestimmten Konstellationen eben doch genetisch auszahlt. Wenn manche Gruppenmitglieder auf die zeit- und energieaufwendige Aufzucht eigener Brut verzichten, können sie helfen, Geschwister, Nichten und Neffen durchzubringen. Da Kopien des eigenen Erbgutes nicht nur über die eigenen Kinder weitergegeben werden, sondern indirekt auch über Blutsverwandte, hat homosexuelles Verhalten durchaus eine Chance, sich zu vererben.

Hormone

Der Begriff kommt vom griechischen »horman«, was soviel wie »antreiben« oder »stimulieren« bedeutet. Tatsächlich lenken diese chemischen Botenstoffe das Tun und Treiben von

Mensch und Tier. So helfen die Streßhormone Adrenalin und Cortisol gegen Gefahren. Eine ganz besondere Macht haben die Sexualhormone.

Wie beim Menschen wird auch bei Tieren die Geschlechtsreife durch Hormone ausgelöst. Die Hirnanhangdrüse (Hypophyse) schüttet Fruchtbarkeitshormone aus, die die weiblichen → Eierstöcke zur Produktion von Östrogen und Progesteron anregen und so den weiblichen Zyklus steuern. Die männlichen → Hoden bilden jetzt vermehrt Testosteron: Ein Männlichkeitshormon, das (in geringerer Menge) auch im weiblichen Körper vorkommt.

Betrachtet man die Wirkung von Testosteron genauer, drängt sich einem der Eindruck auf, es sei eine ganz perfide Erfindung des weiblichen Geschlechts. Das Hormon treibt die Männchen dazu, sich in Rivalenkämpfe und ähnliche Gefahren zu stürzen. Zugleich schwächt ein hoher Testosteronspiegel das Immunsystem: Je maskuliner ein Männchen wirkt, desto höheren gesundheitlichen Risiken ist es ausgesetzt. Laboruntersuchungen beweisen: Bei → Säugetieren unterdrückt Testosteron das Immunsystem und macht anfällig für → Parasiten. Gina Schalk und Mark Forbes von der Universität Ottawa untersuchten 38 Säugetierarten: »Wir stellten fest, daß fast alle Männchen viel stärker mit Parasiten befallen waren als die Weibchen.«

Es scheint, als seien die Männchen dazu verdammt, der Damenwelt fortwährend zu beweisen, wie stark sie – und damit ihr Erbgut – sind. Darum läßt ihnen Testosteron nutzlose Geweihe sprießen, meterlange Schwanzfedern oder protzige Muskelpakete wachsen: Eine ungeheure Energieverschwendung für den äußeren Schein, die auf Kosten der Gesundheit geht (→ Damenwahl).

Auch die menschliche Männerwelt hat unter dem Fluch ihrer Hormone zu leiden. Testosteron sorgt zwar für Potenz und ein männliches Aussehen. Zugleich bewirkt es aber auch frühzeitige Glatzenbildung und eine labile Gesundheit: Doppelt so viele Männer wie Frauen sterben an Herzkrankheiten und erkranken weit häufiger an Schlaganfall oder Krebs. Dem nicht genug, beschleunigt Testosteron noch den Alterungsprozeß: Die Lebenserwartung von Männern liegt bei 72,5 Jahren, Frauen werden im Schnitt 79,3 Jahre alt (Deutschland 1996).

Während die Natur das männliche Geschlecht mit Hormonen zu strafen scheint, werden die Frauen regelrecht verwöhnt. → Geburt und Milchbildung werden von dem Wonnehormon Oxytocin ausgelöst, welches auch das Sexualverhalten steuert: Zuerst macht es begierig, danach sorgt es für ein friedliches Wohlgefühl.

Eine junge australische Mutter erlebte durch ein Oxytocin-Nasenspray, das die Milchbildung anregen sollte, den → Orgasmus ihres Lebens. Zwei Stunden nach der Einnahme spürte sie, wie ihre Vaginalflüssigkeit die Beine herunterfloß und sie von einer hemmungslosen Begierde erfaßt wurde. Sie zerrte ihren Mann ins Bett und erlebte einen mehrfachen, minutenlangen Orgasmus. (Der Fall ist übrigens keinesfalls zur Nachahmung empfohlen: Diese Extremwirkung des Oxytocin-Sprays hängt vermutlich damit zusammen, daß die Frau zur selben Zeit weitere Hormonpräparate einnahm. Möglicherweise handelt es sich auch um einen Einzelfall.)

Sicher ist aber: Auch bei Tieren wirkt sich Oxytocin auf das sexuelle Verlangen aus. Rattengreise, die das Interesse an Weibchen verloren haben, stürzen sich unter dem Einfluß von Oxytocin plötzlich wieder sexhungrig auf jedes Weibchen. Erhalten Weibchen während des → Eisprungs eine zusätzliche Oxytocingabe, erhöht sich ihre sexuelle Bereitschaft bis zu 80 Prozent und sie recken bereitwillig dem nächstbesten Männchen ihr Hinterteil entgegen.

Eine größere Rolle spielt Oxytocin aber als Zärtlichkeitshormon. Bekommen jungfräuliche Ratten Oxytocin verabreicht, beginnen sie, neugeborene Rattenbabys fürsorglich zu lecken. Auch männliche Tiere kümmern sich nach so einer Hormonspritze plötzlich hingebungsvoll um Jungtiere.

Oxytocin ist einer der potentesten Wirkstoffe und löst ein besonders starkes Gefühl aus: die Mutterliebe. In New York sorgte eine Katzenmutter für Schlagzeilen, die ihre Jungen aus einer brennenden Garage rettete. Wissenschaftler forschen daran, ob das Mutterschaftshormon auch die Geburt einleitet. Sicher ist, daß es bei der Geburt für Wehen und später für den Milchfluß sorgt.

Massiert man einem nicht-schwangeren Schaf die → Vagina, bemuttert es plötzlich ein fremdes Lamm, das es normalerweise verjagen würde. Denn bei genitaler Stimulation wird Oxytocin frei, ähnlich wie bei der Geburt. Eric Barry Keverne von der Universität Cambridge erforschte an Schafen, daß die → Prägung auf das eigene Junge meist während einer sensiblen Phase nach dem Geburtsvorgang stattfindet: Trennt man das Muttertier gleich nach der Entbindung von seinem Lamm, wird es sich später nicht darum kümmern. Denn neben dem Oxytocin braucht die Mutter den Körperkontakt und den Geruch des Neugeborenen, um sich auf ihr Junges zu prägen. Da auch Saugen an den → Zitzen eine Oxytocin-Ausschüttung auslöst, wird die Bindung beim Stillen verstärkt.

Wissenschaftler vermuten, daß das Kuschelhormon auch in der Mutter-Kind-Bindung des Menschen eine Rolle spielt. Doch zahllose Adoptiveltern beweisen: Mutterliebe läßt sich nicht auf ein Einmaleins der Hormone reduzieren.

»Der Geburtsprozeß und die Aufzucht der Nachkommen sind fundamentale Vorgänge in der Biologie«, erklärt Richard Ivell vom Hamburger Institut für Hormon- und Fortpflanzungsforschung. »Es existieren viele Sicherungsmechanismen, so daß alles selbst dann noch funktioniert, wenn ein System ausfällt.«

Hummer

Harte Schale, weicher Kern: Hinter dem Panzer des Hummers verbirgt sich ein sensibler Liebhaber. Die Initiative zum Sex geht auch bei den Hummern vom Weibchen aus. In der Paarungszeit wird es unruhig und wandert vor die Höhle des Auserwählten. Dort beginnt ein mehrtägiges Ritual, bei dem sich die schmackhaften Krebse vorsichtig näherkommen. Sie beschnuppern sich mit ihren Fühlern, denn bei Hummern muß vor allem die Chemie stimmen. Die Tiere besitzen hochsensible Chemorezeptoren, die tausendfach empfindlicher sind als der menschliche Geschmacks- oder Geruchssinn. Ihr wichtigstes Medium ist der → Urin, durch den sie ihre Stimmung kundtun.

Nach einigen Tagen der Annäherung entschließt sich das Weibchen zum nächsten Schritt und betritt die Höhle des Bräutigams. Nun knuffen sie sich gegenseitig mit den Scheren. In den kommenden Tage verbringen die beiden immer mehr Zeit gemeinsam in der Höhle.

Zum Auftakt der sexuellen Vereinigung stößt das Weibchen seinen harten Panzer ab, der ihre Geschlechtsöffnung versperrt. Sie ist nun völlig hilflos, ihr Körper weich und verletzlich. Wenn sie wieder so weit ausgehärtet ist, daß sie auf ihren Beinen stehen kann, kommt es zur Paarung, die Bauch an Bauch vollzogen wird. Nach einer Woche des Flirts dauert der Liebesakt selbst ganze fünf Sekunden. Er übergibt ihr ein → Samenpaket, das sie später aufknackt, um ihre Eier damit zu befruchten. Nach der Kopulation beherbergt und beschützt der Hummer sein Weibchen noch etwa eine Woche in seinem Versteck.

Viele Schalentiere müssen zur Paarung die Hüllen fallen lassen. Männliche Schwimmkrabben riechen, wenn sich in der Nähe ein Weibchen häutet. Er hilft ihr beim Abstreifen des Panzers und bewacht sie dabei gegen Konkurrenten. Das weiche Weibchen kriecht unter ihn. Sie paaren sich, bevor der neue Panzer wieder aushärtet. Erst beim nächsten Panzerwechsel kann sie sich wieder paaren.

Hunde

Einer der seltenen Fälle bei → Säugetieren, wo ein einziges Weibchen gemeinsam mit mehreren Männchen die Jungen aufzieht, ist der Afrikanische Wildhund. Die Rudel dieser kooperativen Hetzjäger umfassen bis zu zehn Rüden, die sich um die Übermutter scharen. Nur der Ranghöchste darf sich mit ihr paaren. Doch die Jungen werden von allen gemeinsam versorgt, indem von der Jagd zurückkehrende Tiere Futter hervorwürgen. Auf diese Weise können die Rüden entwöhnte Welpen ganz ohne weibliche Unterstützung durchbringen. Alle Männchen eines Rudels sind verwandt. Ihre Fürsorge gilt also Geschwistern oder Nichten und Neffen. Die Töchter der Supermutter verlassen mit der Geschlechtsreife die Familie und versuchen, einen eigenen Männerharem zu gründen. Das dominierende Weibchen verteidigt ihr Fortpflanzungsprivileg unerbittlich. Nur selten toleriert sie andere Weibchen in ihrem Rudel.

Neuere Forschungen haben ergeben, daß Afrikanische Wildhunde verwaiste Junge adoptieren (→ Adoption), auch wenn sie nicht verwandt sind. Die Wissenschaftler unterstellen ihnen dabei eigennützige Motive: Größere Rudel haben mehr Erfolg bei der Jagd.

Wie ihre Nachkommen, die Haushunde, hängen auch Wölfe zirka eine halbe Stunde nach der Paarung untrennbar zusammen, weil der geschwollene → Penis nicht aus der zusammengekrampften → Vagina gezogen werden kann. Das ist schmerzhaft für das Männchen, garantiert ihm aber die Vaterschaft, da seine Samen auf diese Weise einen kaum aufholbaren Vorsprung erhalten.

Hundertfüßer

Die Männchen mancher Hundertfüßerarten bilden nur wenige, dafür riesige Spermien. Im Vergleich zur Körpergröße des Krabbeltiers erreichen die rauhen, mit Widerhaken durchsetzten → Samen gewaltige Ausmaße. Sie verhaken sich im weiblichen Geschlechtsapparat, den sie voll ausfüllen und somit das Eindringen fremder Spermien verhindern.

Hüttensänger

Der Rotkehl-Hüttensänger ist ein hübscher amerikanischer Vogel, der zur Verwandtschaft der Drosseln zählt. Bei der Aufzucht der Jungen regiert bei diesen Vögeln knallharter Sexismus: → Väter diskriminieren Söhne und bevorzugen Töchter. Männlichen Küken wächst schon früh ein leuchtend blauer Federschmuck. Sobald die Farbe ihr Geschlecht verrät, werden sie vom Vater kaum noch gefüttert. Ornithologen vermuten hinter dieser Benachteiligung einen Versuch, frühzeitig Konkurrenz auszuschalten. Anders als die weiblichen Nachkommen bleiben die Männchen später im väterlichen Revier und werden so zu Rivalen im Kampf um Nahrung und Weibchen.

Hyänen

Fleckenhyänen, die erfolgreichste Art aus der Hyänenfamilie, könnten ein gutes Wappentier für Feministinnen abgeben. Sie leben in einem aggressiven → Matriarchat, wo die Männchen nichts zu melden haben. Der strenge Blick eines Weibchens genügt, um einen Rüden in die Flucht zu schlagen. Erwachsene Männchen müssen ihr mütterliches Rudel verlassen und bei einer neuen Frauengruppe unterschlüpfen. Dabei versuchen sie, die Zuneigung fremder Weibchen mit dezenter Zurückhaltung zu gewinnen, indem sie ihnen wochenlang wie ein Schatten folgen. Männchen, die ihre Angebetete möglichst ausdauernd und geduldig anhimmeln, haben die besten Karten.

Weibliche Fleckenhyänen sind dagegen überaus aggressiv

Weibliche Fleckenhyänen schnuppern gegenseitig an ihrer überaus großen Klitoris.

und rauflustig. Das fängt schon in der Kinderstube an, wo sie versuchen, ihre Geschwister totzubeißen. Fast täglich kommt es vor dem Gemeinschaftsbau, dem sozialen Zentrum der Hyänenclans, zu erbitterten Rangkämpfen zwischen den Weibchen. Hintergrund dieser verbissenen Konkurrenz ist der hohe Brutpflegeaufwand bei den Fleckenhyänen. Die Chefin kriegt von einem gemeinsam erlegten Beutetier immer den größten Batzen, den sie dann an ihre Jungen verfüttern kann. Rangniedere Weibchen haben dagegen große Probleme, genug Futter für ihren Nachwuchs herbeizuschaffen. Hyänenherrscherinnen geben das Zepter oft an ihre stärksten und aggressivsten Töchter weiter, so daß in den Clans oft über viele Jahre eine Familiendynastie regiert.

Wissenschaftler vermuten, daß das angriffslustige Verhalten der Hyänenweibchen durch das Hormon Androstendion gefördert wird, das die Tiere in ihren → Eierstöcken produzieren. Dies würde die Rolle des männlichen Hormons Testosteron relativieren, welches gemeinhin für verstärkte Aggressivität verantwortlich gemacht wird.

Der → Rollentausch bei den Fleckenhyänen betrifft sogar den Körperbau, deshalb wurden die Raubtiere lange Zeit für → Zwitter gehalten. Die weit nach außen gewölbten → Schamlippen wirken wie → Hoden. Die → Klitoris ist extrem lang und dick und kann zu Penisgröße erigieren.

Hyänen sind übrigens nicht die feigen Aasfresser, für die man sie früher hielt. Sie jagen aktiv und sind in manchen Savannengebieten Ostafrikas die wichtigsten Räuber. → Löwen dagegen erwerben ihr Essen weniger ehrenhaft. In einigen Gegenden klauen die »Könige der Tiere« 70 Prozent ihrer Nahrung von Hyänen.

Erdwölfe sind die kleinste Hyänenart. Sie gehören zu den fünf Prozent aller Säugetiere, die monogam leben. Aber – wie beim Menschen – wird auch bei Erdwölfen die Monogamie durch Seitensprünge relativiert. Kommt ein Weibchen in die → Brunst, setzen Nachbarmännchen Duftmarken in das Revier des Paares. Damit wollen sie das Weibchen verführen und den Hausherren einschüchtern. Nicht selten verschafft sich das

Erdwolfweibchen durch einen Seitensprung hochwertige → Gene starker Nachbarrüden. Das Männchen sieht sich derweil nach fremden Weibchen um. Auch wenn sie sich heimlich mit anderen trifft, paart sich das Erdwolfweibchen immer wieder mit ihrem Partner. So verhindert sie, daß er Verdacht schöpft und die → Brutpflege einstellt.

I, J

Igel

»Wie machen es die Igel?« lautet eine ziemlich angestaubte Scherzfrage. Antwort: »Gaanz, gaaanz vorsichtig.« Aristoteles glaubte, die Stacheltiere würden es Bauch an Bauch treiben, wobei das Weibchen auf dem Rücken liege. Diese irrige Meinung hielt sich über viele Jahrhunderte, bis ein skeptischer Forscher den Igelakt in Augenschein nahm. Ergebnis: Sie paaren sich wie die meisten Säugetiere, indem das Männchen von hinten bei seiner Partnerin aufreitet.

Im Bereich der Sexualorgane haben beide Geschlechter keine Stacheln. Das Paarungsvorspiel beginnt damit, daß das Männchen seine Partnerin laut schnaufend umkreist und sie gelegentlich mit seinem Kopf stubst. Sie wehrt sich, flieht, er folgt und versucht, sie weiter zu umkreisen. Schließlich kommen sie sich näher. Sie drückt sich an den Boden, legt ihre Stacheln an, streckt die Hinterbeine aus und hebt ihr Becken. Das Männchen kann mehrmals hintereinander kopulieren. Er gibt dabei nicht nur Sperma, sondern auch Sekrete ab, die einen festen Pfropf in der Scheide bilden (→ Begattungspfropfen).

Igelwürmer

Die walnußgroße Grüne Bonellia *(Bonellia viridis)* aus der Gattung der Igelwürmer lebt im Mittelmeer. Die Weibchen bestehen aus einem sackförmigen Körper und einem langen Rüssel (bis ein Meter), mit dem sie winzige Wassertiere einsaugen. Unter anderem verschlingen sie auch die geschlechtslosen Larven ihrer eigenen Art. Landen diese Larven im Körper eines erwachsenen Weibchens, wandern sie in die Eileiter. Dort entwickeln sie sich zu zwei bis drei Millimeter kleinen, wurmförmigen Männchen, die den Rest ihres Lebens wie ein Parasit im weiblichen Körper verbringen und die dort produzierten Eier besamen. Bonellia-Larven, die nicht von einer Artgenossin eingesaugt werden, entwickeln sich zu Weibchen, wachsen und setzen sich in Felsspalten fest.

Inzest

In der Regel vermeiden Tiere die Paarung mit nahen Verwandten. Damit es in sozialen Verbänden nicht allzu häufig zum Inzest kommt, wandern die geschlechtsreifen Männchen (z. B. → Elefanten) oder auch die jungen Weibchen (z. B. → Schimpansen) aus und suchen sich eine andere Gemeinschaft. In Populationen, die → Harems bilden (z. B. Mantelpaviane), werden die Jungweibchen von fremden Männchen entführt. So ist Sex mit dem Vater fast ausgeschlossen. Bei Vögeln konnten Biologen beobachten, daß Schwester und Bruder es selbst dann nicht miteinander treiben, wenn das Geschwisterpaar längere Zeit allein in einer Voliere lebt.

Die teilweise angeborene Scheu vor dem Inzest, soll vermutlich die negativen Folgen der Inzucht vermeiden. Finnische Wissenschaftler konnten den genetischen Verfall durch Verwandtschaftspaarung in Felduntersuchungen nachweisen. Dazu beobachteten sie 42 Völker von Scheckenfaltern, die auf skandinavischen Trockenrasenflächen leben. Einige dieser Populationen waren völlig isoliert und bestanden nur aus den Nachkommen eines einzigen Paares. Durch genetische Untersuchungen ermittelten die Forscher den Grad der Inzucht. Ergebnis: Schmetterlingsvölker, bei denen alle eng miteinander verwandt waren, brachten weniger Larven hervor. Außerdem wuchsen die Raupen langsamer und die Weibchen starben früher. Sieben der 42 Falterpopulationen starben durch Inzucht aus.

Je kleiner eine Tiergemeinschaft, desto größer die Gefahr der genetischen Verarmung. Deshalb betreiben zoologische

Gärten eine aufwendige → Partnervermittlung und führen Zuchtbücher, um der Inzucht-Falle zu entgehen. Doch einige Tierarten, die in der Wildnis erloschen waren und nur in winzigen Zoo-Beständen überlebten, existieren bis heute und sind wieder auf Hunderte oder Tausende von Individuen angewachsen. Darunter so bekannte Großtiere wie das Przewalskipferd, der Davidshirsch oder der → Wisent.

Europäische Feldsperlinge wurden in einigen Regionen Nordamerikas zur Landplage. Obwohl sie alle von nur 20 Urahnen abstammen (die ein deutscher Vogelhändler einst importiert hatte), erwiesen sie sich als vital und robust. Daher zweifeln manche Biologen daran, ob die Inzucht wirklich eine tödliche Sackgasse für alle Tierarten ist. Es gibt neben dem Feldsperling noch viele andere Beispiele von Gemeinschaften mit nahezu gleichem Erbgut. Dazu gehören die Nördlichen See-Elefanten, die einst bis auf wenige Tiere ausgerottet waren. Heute bevölkern die riesigen → Robben wieder die Strände Kaliforniens. Trotz genetischer Verarmung erholten sie sich prächtig.

Andere Tiere betreiben von Natur aus Inzucht. Manche männliche → Milben paaren sich ausschließlich mit ihren Schwestern, und auch die Mitglieder von Nacktmullkolonien sind genetisch gesehen fast identisch, da kein Austausch mit anderen Nacktmullvölkern stattfindet (→ Nacktmulle).

Während Zoos Inzucht vermeiden wollen, führen Viehzüchter sie gezielt herbei. Bei der sogenannten Hybridzüchtung kreuzen sie eng verwandte Hühner oder → Schweine, um danach eine andere Rasse einzukreuzen. Die so erzeugten Tiere besitzen die gewünschten Eigenschaften (z. B. schnelles Wachstum) in besonders hohem Maße. Solche Hybriden müssen aber immer wieder neu geschaffen werden.

Jungfernhäutchen

Diese dünne, sichel- oder ringförmige Schleimhautfalte (Fachbegriff: Hymen) umschließt den Scheideneingang der Frau bis auf eine kleine Öffnung. Dies bietet einen gewissen Schutz vor Verschmutzung der Scheide. Das Jungfernhäutchen reißt beim ersten Geschlechtsverkehr ein und wird bei der ersten Geburt weitgehend zerstört. Im Tierreich besitzen die jugendlichen Weibchen höherer Affen, Raubtiere und Huftiere ein Hymen.

Jungfernzeugung

Männer sind Luxusgeschöpfe. Im Grunde werden sie nicht gebraucht. Das beweisen Rädertierchen, Fadenwürmer, → Muschelkrebse, Wasserflöhe, Asseln, → Blattläuse, → Bienen, Stabheuschrecken, → Gespenstschrecken, Blatt-, Gall- und Schlupfwespen, → Schmetterlinge, Kärpflingfischchen, → Salamander und Rennechsen. Vertreter dieser und weiterer Tiergruppen sind in der Lage, sich durch verschiedene Techniken der Jungfernzeugung (Parthenogenese) zu vermehren. Einige Arten bringen gelegentlich ein paar Männchen hervor, um von Zeit zu Zeit eine Runde Sex einzulegen. Andere bleiben dauerhaft rein weiblich. Ihre → Eier teilen sich ohne Befruchtung durch einen → Samen. Die so hervorgebrachten Töchter sind hundertprozentige Klone ihrer Mütter (→ Klonen).

Interessanterweise verzichten nicht alle Arten, die sich rein weiblich fortpflanzen, auf eine Paarung. Mangels eigener Männer schnappen sich die Weibchen parthenogenetischer Salamander und Fische Männchen nahe verwandter Arten und lassen sich von diesen begatten. Dennoch sind ihre Nachkommen stets Klone. Denn die artfremden Samenzellen regen zwar die Entwicklung der Eier an, es kommt dabei aber zu keiner Verschmelzung der Zellkerne. Diese extravagante Fortpflanzungsweise wird Pseudogamie genannt und gilt als Sonderform der Jungfernzeugung.

Bestimmte Rennechsen (→ Echsen) baggern zwar keine artfremden Männchen an, treiben es aber trotzdem. Die Weibchen balzen untereinander und paaren sich auch. Dieser homosexuelle Akt (→ Homosexualität) löst bei einer der beiden (derjenigen, die bei der Pseudobegattung die weibliche Rolle einnimmt) den → Eisprung aus.

Neben der Jungfernzeugung gibt es noch weitere Methoden, wie sich Tiere ohne Sex vermehren. Eine davon ist die Teilung, die bei vielen Hohltieren üblich ist. Andere, wie der Süßwasserpolyp (der sich aber auch sexuell vermehren kann), bevorzugen die Knospung, bei der ein Körperauswuchs abgeschnürt wird und zum eigenständigen Nachkommen heranwächst. Manche Meeresringelwürmer (z. B. *Autolytos varians*) praktizieren Schwanzknospung. Sie trennen Teile ihres Hinterendes ab, die als eigene Lebewesen davonkrabbeln.

K

Kabeljau

Wenn Kaviar vom Kabeljau stammte, wäre er spottbillig. Bis zu sieben Millionen → Eier stößt das Weibchen jährlich ab. Die Männchen wollen da natürlich in nichts nachstehen und überdecken das Gelege mit gewaltigen Spermienwolken.

Von den Unmengen potentieller Kabeljau-Babys wird aber nur ein verschwindender Teil erwachsen (unter 0,1 Prozent). Die meisten werden bereits als Eier von gierigen Krebsen, → Quallen und Würmern verspeist. Die Kabeljau-Eltern verlassen die Eier sofort nach der Befruchtung.

Käfer

Ausdruck für ein junges, attraktives Mädchen, der in der ersten Hälfte des 20. Jahrhunderts in Mode war. Oft in Kombination: kesser, süßer oder flotter Käfer.

Etwas tolpatschig sehen manche gutgemeinten Begattungsversuche bei den Maikäfern aus. Ist das Männchen auf den Rükken des Weibchens aufgestiegen, wird der glatte Chitinpanzer zur Rutschbahn, auf der selbst die sonst so klettersicheren Krabbler jäh herabstürzen. Besonders unangenehm gerät die unfreiwillige Rutschpartie, wenn das männliche Geschlechtsorgan bereits in dem des Weibchens steckt. Das Käferweibchen schleift ihren Partner dann auf dem Rücken liegend mit. Auch wenn er dabei ohne Frage keine besonders glückliche Figur abgibt, einen Trost bietet auch dieses Mißgeschick – eine Begattung durch einen Rivalen ist in dieser Position ausgeschlossen.

Herkuleskäfer leben auf dem Waldboden in Trinidad. Während die großen, starken Männchen kämpfen, bis einer auf dem Rücken liegt, nutzen schwächliche, hinterlistige Männchen die Situation aus und paaren sich mit dem wartenden Weibchen.

Klein geratene Schwarzkäfer *(Parastizopus armaticeps)* kriegen keine Weibchen ab. Aber auch ihre großgewachsenen Rivalen haben ein mühseliges Los. Zwar werden sie von den Weibchen zur Befruchtung auserkoren (→ Damenwahl), doch dann beginnt für sie ein arbeitsreiches Leben.

Um die Eier vor der Gluthitze der Kalahari-Wüste zu schützen, muß das Männchen ein möglichst tiefes Loch graben und ständig dafür sorgen, daß es auch ausreichend befeuchtet ist. Bei Temperaturen von 50 Grad und mehr – nicht unbedingt ein leichtes Unterfangen.

Doch, als ob dies nicht schon Anstrengung genug wäre, wartet draußen schon der artverwandte *Eremostibes opacus* nur darauf, die Höhle bequem mitbenutzen zu können. Natürlich verteidigt das *Parastizopus*-Männchen seine Wohnung gegen den Eindringling, dieser versucht aber dennoch, sich Zugang zu verschaffen. Ähnlich wie die → Schildkröten ziehen sie ihre Gliedmaßen in den Panzer zurück und warten auf die nächstbeste Gelegenheit, in die Höhle zu schlüpfen. Haben sie ihr Ziel erst einmal erreicht, ist es für den *Parastizopus* zu spät. Der ungewollte Mitbewohner versprüht nämlich einen trügerischen Duftstoff und bleibt dadurch unerkannt (→ Geruchssinn). In aller Ruhe schmarotzt er von den angelegten Vorräten und quartiert seine eigenen Larven ein, die sich dann ebenfalls ungeniert bedienen (→ Parasiten).

Überzeugend widerlegen die Männchen der Langkopfkäferart *Brenthus anchorago* das hartnäckige Vorurteil, männliche Wesen würden über alles herfallen, was sich nicht rechtzeitig auf die Bäume retten kann.

Zwar zeigen die Käfermännchen reges Interesse an ausgedehnten und häufigen Schäferstündchen. Die Nächstbeste kommt ihnen aber nicht zwischen die Fühler. Großgewachsene Damen sind bei dieser Herrenwahl eindeutig die Favoriten. Wissenschaftler fanden heraus, daß mit zunehmender weiblicher Körpergröße auch die Resistenz gegen bestimmte Parasiten zunimmt. Kleinwüchsige Weibchen werden von den Männchen gnadenlos verjagt.

Kamele

Männliche Großkamele (Dromedar und Trampeltier) traktieren das Weibchen mit Tritten, bis es → Urin läßt, den das Männchen begierig trinkt. Es zieht dabei seine Lippen zurück (Flehmen) und beurteilt an Geschmack und Geruch den sexuellen Zustand des Weibchens.

Erregte Kamelhengste blasen eine sackartige Erweiterung des weichen Gaumens zu einem roten Ballon auf, der bis zu 36 Zentimeter lang werden kann und seitlich aus dem Mundwinkel hängt. Dabei produzieren sie große Mengen schäumenden Speichel und stoßen gurgelnde Laute aus.

Rivalenkämpfe zwischen Kamelhengsten verlaufen überaus brutal und manchmal sogar tödlich. Sie beißen nach den Beinen und dem Hals des Gegners und versuchen, ihn zu Boden zu drücken.

Kampfläufer

In der Balzzeit treffen sich die mit einer Halskrause aus Federn mächtig aufgeplusterten Männchen dieser Schnepfenvögel zu regelrechten Ritterturnieren. Diese hoch ritualisierten Kämpfe sind ein eindrucksvolles Spektakel. Doch auch bei dieser Tierart gibt es Männchen, die keine Lust auf den Mackerwettkampf haben. Während die starken Hähne in Kämpfe verstrickt sind, nutzen schwächere Männchen die Situation aus und schleichen sich zu den Weibchen, die sich weit entfernt vom Kampfplatz aufhalten. Warum Kampfläufer so ein Aufhebens um sexuelle Vorrechte machen, leuchtet nicht ganz ein, denn es gibt bei ihnen alle Formen zwischengeschlechtlicher Bindung: Einehe, Vielehe, Vielweiberei und Vielmännerei.

Oft stehen die Weibchen für die Liebesdienste eines bestimmten Männchens Schlange und ignorieren alle anderen, denen nichts anderes übrigbleibt, als auf dem Kampfplatz ihrer Enttäuschung Luft zu machen.

Kanarienvögel

Der Volksmund sagt, daß sexuell sehr aktive Männer oft nicht viel im Kopf haben. Im Tierreich scheint es umgekehrt zu sein. Der amerikanische Verhaltensforscher Fernando Nottebohm fand heraus, daß männliche Kanarienvögel in der → Brunst neue Hirnzellen bilden. Jedes Jahr im Frühling schwillt das kleine Vogelhirn an. Nach der Paarungszeit schmilzt die Hirnmasse wieder zusammen. Die Forscher erklären das Phänomen damit, daß das Kanarienhähnchen sich für seinen Balzgesang viele schöne Melodien ausdenken muß. Doch auch bei nicht singenden Tieren (→ Frettchen, → Buntbarsche) wächst der Grips in der Brunst.

Kannibalismus

Die postkoitale Einladung »bleib doch noch zum Essen« ist für die Männchen der Schwarzen Witwe und anderer Spinnenarten lebensgefährlich. Denn das Essen sind sie selbst. Auch → Gottesanbeterinnen stärken sich nach der Paarung und oftmals schon währenddessen am Vater ihrer zukünftigen Jungen.

Doch nicht nur weibliche Tiere neigen gelegentlich zu sexuellem Kannibalismus. Der vielborstige Ringelwurm *Neanthes caudata* hat den Spieß umgedreht. Er frißt sein Weibchen nach der Eiablage. Sobald er seine zukünftigen Jungen zu Halbwaisen gemacht hat, kümmert er sich um die → Eier und bewacht sie. Die Weibchen scheinen solch mörderische Väter hinreißend zu finden. Sie fechten heftige Kämpfe mit ihren Rivalinnen aus, um einen Gatten abzukriegen.

Konrad Lorenz hielt Kannibalismus noch für eine sozialpathologische Abnormität im Tierreich: »Tiere bringen keine Artgenossen um, das wäre der Arterhaltung abträglich.« Doch in den siebziger Jahren trugen Biologen immer mehr Forschungsergebnisse zusammen, die die Sicht des Nobelpreisträgers erschütterten. Heute gilt allgemein als gesichert: In der Natur herrscht das Prinzip Eigennutz. Jedes einzelne Tier versucht seine → Gene möglichst erfolgreich zu vermehren. Die Arterhaltung spielt dabei keine Rolle. Sie ist nur ein Nebenprodukt des genetischen Egoismus. Also kann es durchaus sinnvoll sein, sich der eigenen Gattin als Nachtisch hinzugeben. Schließlich ist das Ziel – die Fortpflanzung – erreicht, und für eine zweite Paarung reichen vielleicht die Kräfte nicht mehr.

Der Kannibalismus nach der Begattung ist jedoch nur eine Variante natürlicher Grausamkeit. Junge Röhrenspinnen saugen ihre altersschwache Mutter aus. → Löwen töten, wenn sie ein Weibchenrudel erobern, den Nachwuchs ihres Vorgängers. Adlerjunge picken ihre Brüder und Schwestern im Nest zu Tode. Gefleckte Schnirkelschnecken ernähren sich in den ersten 16 Tagen ihres Lebens von ihren Geschwistern – dann werden sie Vegetarier. Die Schimpansenforscherin Jane Goodall konnte beobachten, daß auch unsere nächsten Verwandten ihre Artgenossen töten und verspeisen. So brachte ein Mutter-Tochter-Paar im Forschungsrevier der Biologin innerhalb von vier Jahren drei Schimpansenkinder um und fraß sie auf.

Doch die grausamste Form des Egoismus bringt den Killern nicht nur Vorteile. Der amerikanische Forscher David Pfennig konnte im Laborversuch beweisen: Kannibalismus ist ungesund. Pfennig fütterte kannibalistische Salamanderlarven mit kleineren Artgenossen. Die Experimente ergaben, daß Kannibalen sich häufiger Krankheiten zuziehen (weil sie infizierte Artgenossen fressen), langsamer wachsen und früher sterben.

Kastration

Im Gegensatz zur Sterilisation werden bei diesem chirurgischen Eingriff nicht nur die Samen- oder Eileiter durchtrennt, sondern die ganzen Keimdrüsen, also → Hoden oder → Eierstöcke, entfernt. Bei Haustieren wird auf diese Weise erreicht, daß sie nicht mehr die typischen Merkmale der → Brunst zeigen. Kastrierte → Hunde und → Katzen interessieren sich weniger für das andere Geschlecht und verhalten sich ruhiger.

Damit Haushunde ihre Kastration psychisch besser verkraften können, hat die Firma CTI Corporation of Buckner Missouri ein Produkt namens »Neuticles« entwickelt: Künstliche Hoden für Hunde. Firmenchef Gregg Miller beteuert: »Mit unserem Ersatz sieht der Hund nachher genauso aus wie vorher. Er fühlt sich genauso. Er weiß nicht mal, daß er überhaupt kastriert wurde.« Als Werbemaßnahme druckt die Firma Aufkleber mit dem Slogan »I love Neuticles« für die Autos stolzer Hundebesitzer.

Landwirte lassen ihre Nutztiere kastrieren, um sie zum Beispiel von der Zucht auszuschließen. Wallache, also kastrierte Hengste, haben weniger Temperament und eignen sich somit besser als Reit- und Zugtiere. Kapaune und Poularden, also kastrierte Hähne, ergeben besonders viel und saftiges Fleisch. Ochsen lagern mehr Fett in die Muskulatur ein, was posthum zu wohlschmeckendem Rindfleisch führt. Genießer schätzen dies besonders bei Tafelspitz oder gekochter Ochsenbrust mit Grüner Soße. Die Muskelpakete der Ochsen wachsen jedoch langsamer als bei Bullen. Deshalb – und weil der Ochse als Arbeitstier ausgedient hat – werden heute meistens Bullen gemästet.

Weil Schnitzel von geschlechtsreifen Ebern ziemlich degoutant schmecken können, kastrieren Bauern ihre männlichen Ferkel im Alter von zwei bis drei Wochen. Vorher sind die Tiere zu jung, um diesen Schock auszuhalten. Wartet man zu lange, darf nur ein Tierarzt den Eingriff vornehmen. Ohne Betäubung öffnet der Bauer den Hodensack des Ferkels jeweils mit einem Längsschnitt, um die Hoden mit einer Spezialzange, »Emaskulator« genannt, abzuknipsen (arrrghhhh, M.M.). Danach wird die Wunde mit Desinfektionsmittel bepudert. Bei Kälbern und Lämmern dürfen bis zum Alter von zwei Monaten die Samenstränge mit Hilfe einer sogenannten Burdizzozange – ebenfalls ohne Betäubung – abgequetscht werden.

Katzen

Wie schwer es ist, den Geschlechtstrieb eines Tieres zu unterdrücken, weiß jeder, der schon mal versucht hat, eine rollige Katze in der Wohnung zu halten. Die vielen Katzen-Suchanzeigen in den Großstädten zeigen, wie geschickt die Tiere sich der Reglementierung ihres Sexuallebens entziehen. Wenn es einer Katze nicht gelingt zu fliehen, wälzt sie sich auf dem Teppich und streckt erbärmlich jammernd ihr Hinterteil in die Höhe. Acht bis zehn Tage verzehrt sich das Weibchen nach einem Kater, dann beruhigt es sich wieder.

Hauskatzen, die ins Freie dürfen, haben es besser, sind jedoch eine Plage für ruhebedürftige Menschen. Bevorzugt auf Hausdächern und in Gärten schreien die Weibchen nach Sex, und die Kater stimmen ihr jaulendes Konzert an, das an das verzweifelte Heulen von Säuglingen erinnert.

Es gibt einen sicheren Weg, der verhindert, daß brünstige Katzen streunen und überfahren werden. Gleichzeitig hilft er, den Überschuß an herrenlosen Katzen abzubauen, und verschafft den Nachbarn obendrein ruhigen Schlaf: Die → Kastration. Kleiner Trost für kastrierte Katzen: Sie leben länger als ihre sexuell aktiven Artgenossen (→ Hormone).

Kiwis

Die neuseeländischen Laufvögel legen im Verhältnis zum Körpergewicht die größten → Eier in der gesamten Vogelklasse. Je nach Art produzieren Kiwis ein bis zwei langgestreckte Eier, die etwa 450 Gramm wiegen, etwa ein Viertel des Körpergewichts des Weibchens.

Klitoris

Dieses auch Kitzler genannte Körperteil gehört zu den äußeren Geschlechtsorganen aller Säugetierweibchen. In der Embryonalentwicklung entsteht die Klitoris aus dem Genitalhöcker, der sich bei Männchen zum → Penis formt. Die Klitoris liegt am Vorderrand des Scheidenvorhofes und besteht – wie der Penis – aus Schwellkörpern, Eichel und Vorhaut. Beim Menschen ist die Klitoris reichlich mit Nerven durchzogen. Sie spielt daher eine wichtige Rolle im Lustempfinden der Frauen. Das ist vermutlich auch bei vielen → Affen (und anderen Tieren) der Fall. Zahlreiche wissenschaftliche Beobachtungen belegen, daß → Makaken und Menschenaffen ausgiebig an ihrer Klitoris reiben.

Bei fast allen Tieren ist die Klitoris deutlich kleiner als der Penis des Männchens. Es gibt jedoch Ausnahmen, z. B. → Maulwürfe, Klammeraffen und Fleckenhyänen. Letztere besitzen die im Verhältnis zum Körper wohl größte Klitoris, weshalb man → Hyänen früher für → Zwitter hielt. Im erigierten Zustand steht das Organ deutlich zwischen den Hinterbeinen hervor. Die Jungen werden durch die Vorhaut der Klitoris geboren, die dabei schlaff und weich wird.

Bei den Weibchen mancher Säugetierarten ist ein Klitorisknochen in die Schwellkörper eingebettet, ähnlich dem Penisknochen der Männchen. Dieser *os clitoridis* kommt bei verschiedenen Nagetieren, Primaten, → Bären, Mardern, → Mungos, Großkatzen, → Robben und anderen Gruppen vor. Hauskatzen haben in ihrer Klitoris zwar keinen Knochen, aber einen Knorpel.

1998 überraschte die australische Chirurgin Helen O'Connell die Fachwelt mit neuen anatomischen Erkenntnissen. Anhand von 3-D-Fotos sezierter weiblicher Genitalien konnte sie belegen: Die menschliche Klitoris ist ein wesentlich größeres Organ, als zuvor angenommen. Der von außen sichtbare Teil geht auf der Innenseite in Schwellkörpergewebe über, welches in die Tiefe des Körpers ragt. Der ganze innere Klitoriskomplex ist zirka neun Zentimeter lang! Dazu gehören zwei zwiebelförmige Schwellkörper, die sich an die → Vagina anschmiegen. »Der Schwellkörperanteil«, sagt O'Connell, »ist sogar größer als beim Mann.« Für eventuellen Penisneid gibt es nun ein für allemal keinen Grund mehr.

Kloake

Bei den meisten Geschöpfen sind die Harnröhre, der Darmausgang und die → Vagina nicht so fein säuberlich getrennt wie bei den höheren Säugetieren. Sie besitzen nur ein gemeinsames Loch für alle Funktionen, die Kloake. Da viele Männchen außerhalb der Säugetierklasse obendrein über keinen Penis verfügen, wird die Paarung oft zum akrobatischen Kunststück. Denn die beiden Kloaken müssen paßgenau aneinandergedrückt werden. Die größten Probleme haben dabei Vögel. Die Männchen rutschen vom Rücken ihrer Weibchen ab, hängen mit den Beinen in der Luft und können sich mit ihren Flügeln nicht festklammern. So flattern sie verzweifelt gegen die Schwerkraft an.

Klonen

Klonen ist das Gegenteil von Sex. Lebewesen, die sich klonen, brauchen keinen Partner dafür (→ Jungfernzeugung). Sie schaffen ihren Nachwuchs aus sich selbst. Bevor die Natur den Sex erfand, klonten sich alle. Die meisten einzelligen Lebewesen vermehren sich, indem sie sich ganz einfach in der Mitte teilen: Aus eins mach zwei. Auch im Pflanzenreich ist das Klonen keine Seltenheit. Zahlreiche Gewächse tun es durch Brutzwiebeln (Knoblauch), Ausläufer (Erdbeere), Sproßknollen (Kartoffel) und einige andere Methoden. Die gelbgrünen Löwenzahnwiesen des Frühjahrs sind Versammlungen von Klonen.

Auch ein Teil der Tiere verschmäht die Sexualität. Meeresringelwürmer stoßen Knospen ab. Manche Hohltiere teilen sich in der Mitte. Aber auch hoch entwickelte Wirbeltiere können sich asexuell vermehren. So sind einige Arten von Fischen und → Echsen rein weiblich. Aus den unbefruchteten → Eiern der Muttertiere schlüpfen genetisch identische Töchter.

1997 erblickte erstmals ein geklontes Säugetier das Licht der Welt: das schottische Schaf Dolly. Es stammte aus einer Körperzelle, die mit Hilfe elektrischer Impulse mit einer entkernten (also erbgutfreien) Eizelle verschmolzen worden war. Dolly hat also genau die gleichen → Gene wie das Schaf, dem die Körperzelle entnommen wurde: ein echter Klon.

Kolibris

Hat der männliche Weißohr-Kolibri dem Weibchen mit einem spektakulären Schauflug erst einmal genügend imponiert, läßt sich die Umworbene zu einem gemeinsamen Balzflug überreden. Bei bis zu 80 Flügelschlägen pro Sekunde fliegt das Paar kurvenreiche Bahnen, bleibt manchmal unvermittelt in der Luft stehen und schwirrt sogar rückwärts. Bleibt dann noch genügend Kraft für die Liebe, steht dem Nachwuchs eigentlich nichts mehr im Wege.

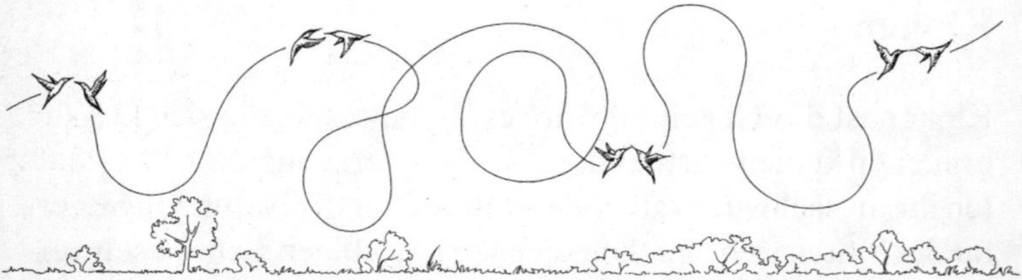

Beim gemeinsamen Balzflug zeigen die Weißohr-Kolibris kunstvolle Luftakrobatik.

Korallen

In einer einzigen Vollmondnacht des Jahres stoßen sämtliche Korallen eines Riffs in wenigen Minuten Milliarden von Keimzellen aus. Die vielen Eier und Spermien trüben das Meer. Nur der massenhafte Ausstoß schafft eine Chance, daß weibliche und männliche Geschlechtszellen sich treffen und vereinigen können. Denn die festgewachsenen Korallen haben keine Möglichkeit, ihr Erbgut selbst zu dirigieren.

Kosmetik

Begehrliche Blicke bei Kerzenlicht, verführerisch locken rote Lippen zum Kuß – und Tiere sind hautnah dabei. Nicht nur Sodomiten treiben es mit Tieren. Wenn Mann und Frau sich lieben, sind oft Hunde, Katzen, Rinder und Schweine beteiligt: in Form von Lippenstift, Hautcreme oder Seife.

Haustiere, die das Zeitliche segnen, landen zumeist in der Tierkörper-Verwertungsanstalt. Zusammen mit Überresten aus der Fleischproduktion werden dort alleine in Deutschland jährlich rund 1,3 Millionen Tonnen Kadaver zerhäckselt und zu Brei verkocht. Endprodukte dieser Prozedur sind Tiermehl, das wiederum → Schweinen und Hühnern verfüttert wird, und Tierkörperfett, welches in Lacken und Leim, aber auch bei der Herstellung von Waschmitteln, billigen Kerzen und Kosmetikprodukten Verwendung findet.

Kraniche

Der Balztanz dieser grauen Großvögel ist ein ganz besonderes Spektakel (→ Balz). Männchen und Weibchen des europäischen Kranichs verneigen sich überaus formvollendet. Dann umkreisen sie einander und vollführen ausgelassene Luftsprünge. Ein gemeinsames Triumphgeschrei besiegelt die Verbindung bevor es zur Vereinigung kommt. Kranichpaare bleiben sich oft ein Leben lang treu (→ Treue), was nicht zuletzt mit der geringen Siedlungsdichte der Vögel zusammenhängt (kaum Gelegenheiten!).

Kratzer

Moniliformis dubis ist ein Parasit, der zu den Kratzern gehört, einer Klasse aus dem Stamm der Schlauchwürmer. Ein Männchen wurde im Labor dabei beobachtet, wie es 17 Weibchen befruchtete. In der Nähe ihrer Samendrüsen besitzen männliche Kratzer Kitt-Drüsen, mit denen sie nach erfolgter Begattung die Geschlechtsöffnung des Weibchens verschließen. Ihre Spermien leben sehr lange, weshalb das Weibchen noch nach dem Tod des Samengebers von ihm befruchtete → Eier legen kann.

Kratzer-Männchen nutzen den Genitalkitt aber auch, um Rivalen homosexuell zu vergewaltigen (→ Vergewaltigung). Dabei verschließen sie deren Genitalien mit einer Kittkappe. Der unterlegene Konkurrent kann dann eine Zeitlang kein Sperma mehr abgeben.

Krokodile

Im Gegensatz zu manchen Echsenarten, die zwei männliche Begattungsorgane besitzen, begnügen sich Krokodile mit einem Exemplar, das menschlichen Vorstellungen von einem → Penis schon recht nahe kommt.

Das Vorspiel erscheint auf den ersten Blick bedrohlich. Die Männchen geben ein furchterregendes Gebrüll von sich und folgen dem Weibchen mit wilden Schwanzschlägen. Um sie in Stimmung zu bringen, sondern Drüsen an Kopf und im Geschlechtsbereich des Männchens spezielle Geruchsstoffe ab. Hat das → Pheromon seine Wirkung getan, signalisiert das Weibchen durch leichtes Heben des Schwanzes Paarungsbereitschaft.

Bei den Mississippi-Alligatoren bestimmt die Sonne das Geschlecht. Da diese Panzerechsen keine geschlechtsspezifischen Chromosomen besitzen, entscheidet allein die jeweilige Bruttemperatur, ob aus den Eiern Männchen oder Weibchen schlüpfen. Steigt die Temperatur, erhöht sich die Wahrscheinlichkeit, daß mehr männliche Wesen zur Welt kommen. Untersuchungen ergaben, daß bei 33 Grad ausschließlich Männchen entstehen.

Nachdem Alligatorenmütter eine Art Komposthaufen aus Pflanzenmaterial zusammengetragen haben, legen sie ihre Eier dort hinein. Sie bewachen dieses Nest drei Monate lang und achten darauf, daß es wohl temperiert ist, damit sich möglichst weibliche *und* männliche Jungtiere entwickeln.

Wissenschaftler fanden heraus, daß weibliche Jungalligatoren, die bei niedrigeren Graden ausgebrütet wurden, auch als Erwachsene niedrigere Körpertemperaturen bevorzugen. Das bedingt wiederum einen reduzierten Stoffwechsel und ermöglicht so einen geringeren Futterbedarf. In Zeiten von Nahrungsknappheit ein erheblicher Vorteil.

Krokodilwächter

Der kleine Vogel, von dem Aristoteles annahm, er würde → Krokodilen die Zähne putzen, vergräbt seine → Eier auf Sandbänken, beschattet sie dort in der Mittagshitze und befeuchtet den Nistplatz mit Wasser. Nachdem das Weibchen zwei Eier gelegt hat, vergehen genau zwei Tage, ehe es noch einmal zwei Eier ablegt.

Wenn der Krokodilwächter das Beschatten unterbrechen muß, um Futter zu suchen, buddelt er die Eier tiefer in den Sand, um sie vor Überhitzung zu schützen. Auch die geschlüpften Küken werden dieser – erdrückend wirkenden – Schutzmaßnahme unterzogen. Dank ihres lockeren Gefieders können sie jedoch genug Atemraum schaffen und so bis zu 30 Minuten eingegraben verbringen.

Kropfmilch

Ein Futtersekret, das manche Vögel, wie beispielsweise Flamingos und → Tauben, für ihre Jungen produzieren. Die Kropfmilch wird von beiden Geschlechtern im Kropf gebildet. Sie besteht aus 25 bis 30 Prozent Fett und 10 bis 15 Prozent Eiweiß.

Kuckucke

Der lautmalerische Name dieses schönen Vogels dient als Jargonbegriff für Voyeure. Doch der beliebte Frühlingsbote kann gar nichts dafür. Er wird verunglimpft, weil sich Kuckuck wie »Guck! Guck!« anhört.

Nur eine Minderheit der Kuckucksvögel legt ihre → Eier in fremde → Nester, dennoch haben diese Brutparasiten den Ruf der gesamten Familie ruiniert (→ Parasiten). Sie legen sich auf die faule Haut und lassen ihren Nachwuchs von anderen großziehen. Das gemeine dabei: Die anderen wissen gar nichts davon. Das Weibchen des Europäischen Kuckucks verfolgt seine moralisch fragwürdige Strategie überaus planvoll und geschickt. Tagelang spioniert sie das Nest ihres Opfers aus. Wenn der ahnungslose Wirtsvogel – etwa ein Wiesenpieper – sein Heim einmal kurz verläßt, schafft sie es innerhalb von nur fünf Sekunden, ein Ei herauszuwerfen und ihr eigenes an dessen Stelle zu legen. Dabei haben sich im Laufe der Evolution verschiedene Entwicklungslinien des Europäischen Kuckucks gebildet, die die Farbe ihrer Eier jeweils an das Gelege ihrer Opfer angepaßt haben.

Nichtsahnend brütet der kleine Singvogel ein ewig hungriges Riesenküken aus. »Es ist«, schrieb Alfred Brehm, »als säße eine große Kröte im Nest.« Englische Forscher fanden heraus, warum die getäuschten Vögel einem Kuckucksküken wesentlich mehr Futter bringen als einem eigenen Jungen. Es liegt am Ruf des Kükens, der ähnlich gut angepaßt ist wie die Eifarbe. Es imitiert das Hungergeschrei einer ganzen Brut seiner jeweiligen Wirtsart. Zum Dank für Kost und Logis schmeißt das Kuckucksjunge alle Eier seiner Pflegeeltern über den Nestrand.

Doch wehe, wenn sich die Betrogenen wehren. Ein Team um den spanischen Zoologen Manuel Soler stellte bei Feldstudien in Andalusien fest, daß die dort beheimateten Häherkuckucke regelrechte Rachefeldzüge führen. Versuchsweise entfernten die Forscher Kuckuckseier aus Elstern-Nestern. Kurze Zeit später bot sich ihnen ein Bild der Verwüstung. Offenbar unternahmen die Kuckucke Kontrollflüge, um nach ihrem Ei zu schauen. Fanden sie es nicht wieder, zerstörten sie wütend das gesamte Nest, zerhackten alle Elsterneier und töteten bereits geschlüpfte Küken. Der dänische Biologe Anders Møller, der an der Untersuchung beteiligt war, sprach entsetzt von »Mafiamethoden«. Die Vögel gingen nach der Methode von Schutzgelderpressern vor, die einem zahlungsunwilligen Gastwirt das Lokal zertrümmern.

Der Riefenschnabel-Ani ist ein schwarzer Kuckucksvogel aus Südamerika, der in Gruppen von vier bis sechs Paaren lebt. Die Weibchen legen ihre Eier in Gemeinschaftsnester, verhalten sich dabei aber ziemlich asozial. Sie werfen (typisch Kuckuck) die Eier der anderen raus. Dominante Weibchen zerstören so rigoros den potentiellen Nachwuchs ihrer Genossinnen. Wer es schafft, die eigenen Eier zu beschützen und die meisten fremden aus dem Nest zu entfernen, hat gewonnen.

Kuckucksei

Umgangssprachlich für ein Kind, das bei einem Seitensprung gezeugt wurde. Der unwissende Ehemann hält sich – gleich dem Wirtsvogel des Kuckucks – für den Vater.

Künstliche Besamung

Züchtungstechnische Maßnahme, bei der einem Vatertier (meist auf einem → Phantom) Sperma abgezapft wird, um dieses per Pipette in den Muttermund eines Weibchens zu übertragen. Die Technik wurde in den frühen dreißiger Jahren des 20. Jahrhunderts für die Nutztierzucht entwickelt. Auch einige Zoos wenden bei seltenen Tierarten heute künstliche Besamung an. Das Ziel: Möglichst schnell viele Nachkommen zu züchten, um die Tierart wieder vermehrt in der freien Natur anzusiedeln. Tiergärtner stehen jedoch vor dem Problem, daß ihre Schützlinge längst nicht so zahm sind wie Haustiere. Daher müssen sie die männlichen Tiere in der Regel in Vollnarkose legen und dann durch elektrische Reizung eine Ejakulation herbeiführen.

Weit häufiger wird die Methode aber von Bauern benützt. In Deutschland werden etwa 90 Prozent der Kühe und 10 bis 30 Prozent der Sauen künstlich besamt. Aus Sicht der Züchter hat die künstliche Besamung gegenüber dem natürlichen Deckakt klare Vorteile: Die Bullen stecken sich nicht mit verlustbringenden Geschlechtskrankheiten an. Mit nur einem Ejakulat kann ein besonders wertvoller Bulle Tausende von Kühen befruchten (wofür normalerweise auch der stärkste Stier nicht genügend Kraft hätte). So bringt er es im Jahr auf bis zu 20000 Nachkommen. Darüber hinaus läßt sich das Sperma einfrieren und aufbewahren. So zeugt der Bulle sogar über seinen Tod hinaus noch Kälber. Der erfolgreichste Zuchtbulle der Welt hieß »Sunny Boy« und lebte in Holland. Er produzierte zwei Millionen Einheiten Sperma für die Firma Holland Genetics – ohne jemals eine Kuh bestiegen zu haben. Armer »Sunny Boy«.

Neben diesen ökonomischen Pluspunkten für den Landwirt bringt diese Methode immerhin auch einen tröstlichen Vorteil für die Tiere: Nicht mehr die lebenden Eber und Stiere müssen zu den Weibchen transportiert werden, sondern nur noch der Tiefkühlsamen. Ob das den Lustverlust aufwiegt?

Heutzutage werden sogar → Bienen künstlich besamt. Um zu

verhindern, daß sich die Königinnen durch Drohnen unbekannter Herkunft unerwünschte Erbeigenschaften zuziehen, injiziert man ihnen unter dem Mikroskop Samen in die Eileiter.

Küssen

Die Kunst des Küssens ist keine menschliche Spezialität. Die Forscherin Jane Goodall konnte beobachten, daß ein Begrüßungskuß auf Körper oder Mund auch bei → Schimpansen beliebt ist. Manchmal gehört der Lippenkontakt auch zum Vorspiel einer Paarung. Darüber hinaus küssen rangniedere Mitglieder eines Clans die Ranghohen als Zeichen ihrer Unterwerfung. Die sexversessenen → Bonobos praktizieren sogar den Zungenkuß. Das mag daran liegen, daß sie es häufig von Angesicht zu Angesicht treiben. Die Weibchen der übrigen Affenarten haben es da nicht so bequem. Sie müßten sich während der Paarung nach hinten umdrehen, um ihre Männchen zu küssen.

Bei den meisten anderen Säugetieren ist es nicht üblich, daß sich die Münder beim Liebesspiel berühren. Es gibt jedoch Ausnahmen. So bringt das Hausmaus-Männchen sein Weibchen in Stimmung, indem es dessen Schnauze beleckt. Bei den südostasiatischen Spitzhörnchen kommt der erste Kuß einem Eheversprechen gleich: Haben sie sich einmal beleckt, bleiben sie für längere Zeit zusammen. Seelöwen werben, indem sie Hälse und Mäuler aneinanderreiben. Sehr symbolisch signalisieren sich → Elefanten ihre Absichten: Vor der Begattung stecken sie sich die Rüssel ins Maul.

Auch das Schnäbeln verliebter Vögel kommt einem Kuß gleich und läßt besonders anschaulich auf den Ursprung dieser zärtlichen Geste schließen: die Mund-zu-Mund-Fütterung. Ist das Junge noch klein, würgen Elterntiere viele Arten vorgekaute Nahrung hervor. Bei manchen Vögeln gehört es zum Balzritual, daß Männchen und Weibchen sich rituell füttern. Nach Ansicht des Verhaltensforschers Irenäus Eibl-Eibesfeldt wurden auch bei den Urmenschen erste Küsse nicht unter Liebespartnern, sondern zwischen Mutter und Kind ausgetauscht. In grauer Vorzeit, also lange vor Erfindung der Gläschenkost, fütterten auch Menschenmütter ihre Kleinen von Mund zu Mund mit zerkauter Nahrung. Bei einigen Naturvölkern werden die Babys auch heute noch durch Kußfüttern ernährt.

Küssende Guramis

Dieser bis zu 30 Zentimeter lange barschartige Fisch aus Südostasien macht seinem Namen alle Ehre. Vor der Paarung versucht das Männchen, den Mund des Weibchens zu erreichen. Ist dieses einverstanden, drückt es ebenfalls seine Lippen auf den Mund des Partners. Beim dann folgenden Liebesspiel pressen die beiden Küssenden Guramis *(Helostoma temmincki)* ihre Lippen fest gegeneinander und schieben und zerren sich dabei hin und her. Bis zu zehn Minuten dauert das Geknutsche.

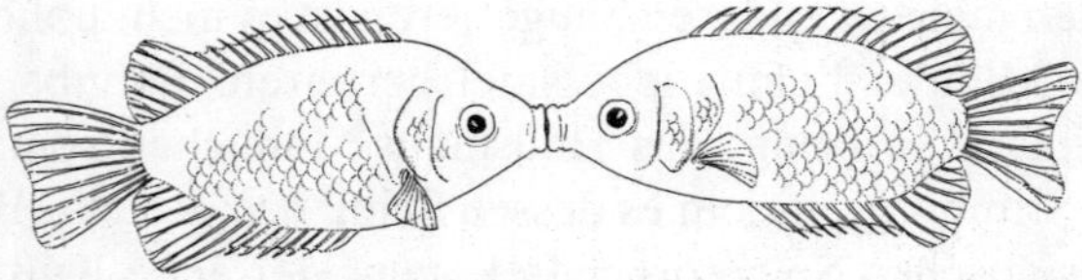

Vor der Paarung drücken die Küssenden Guramis minutenlang ihre Lippen aufeinander.

L

Lachse

Einmal, aber dann richtig, heißt die Losung der Lachse. Erst nach einer Wanderung über viele tausend Kilometer ins Meer und zurück in ihren Heimatfluß gönnen sich die Lachse Sex. Je nach Art und Gewicht legt das Weibchen bis zu 30000 → Eier und deckt sie nach der Besamung in einer schützenden Laichgrube mit Kies zu. Für die meisten pazifischen Lachse ist das erste Mal gleichzeitig das letzte Mal: Sie kehren nur einmal im Leben in ihr Laichgewässer zurück und sterben völlig entkräftet wenige Tage nach der Eiablage und der Befruchtung. Andere – etwa die atlantischen Lachse – nehmen den weiten Weg mehrmals in Kauf.

Laubenvögel

Der Nestor der Laubenvogelforschung, Thomas Gillard, bezeichnete die in Indonesien und Australien beheimatete Vogelgruppe (die 18 Arten umfaßt) als »die bizarrsten Kreaturen der Welt nach dem Menschen«. Und das will ja schließlich etwas heißen. Nicht prächtiges Gefieder und pubertäres Potenzgeprotze turnt das Laubenvogelweibchen an, sondern die originellste Liebeslaube.

Besichtigungstermin ist jedes Jahr in den Monaten von Oktober bis Januar. Dann fliegen die Weibchen ein und begutachten die architektonischen Fähigkeiten ihrer potentiellen Liebhaber. Diese schuften oft monatelang an den Bauwerken, die die skurrilsten Formen annehmen können. Ringt sich ein Weibchen dann endlich dazu durch, eine Kralle in die Tür zu setzen, ist aber noch längst nicht alles entschieden. Wie beim

Menschen muß natürlich auch die Inneneinrichtung stimmen. Der Kreativität sind hier keine Grenzen gesetzt: Ob Innenanstrich aus Spucke und Beeren, Art deco aus Pilzen und Schnekkenhäusern, Müll oder Papier. Aus bis zu 100 Einzelteilen kann eine solche Einrichtung schon mal bestehen. Der Seidenlaubenvogel bevorzugt dabei die Farbe Blau, für die er auch Plastikteile und Textilfetzen aus menschlichen Siedlungen stibitzt. Je blauer die Hütte, desto williger das Weibchen.

Verständlich, daß solche Ansprüche nur mit sehr viel Erfahrung zu befriedigen sind, so daß jüngere Laubenvogelmännchen kaum zum Zug kommen. Sie tun sich in Übungsgruppen zusammen und hoffen darauf, daß sich einmal ein alter Hase dazu herabläßt, ihnen ein paar Tricks zu verraten.

Doch selbst für erfahrene Liebhaber geht nur jede vierte Begegnung wie erhofft aus. Signalisiert das Weibchen durch eine tiefe Verbeugung Paarungsbereitschaft, pirscht das Männchen um das Weibchen herum und versucht, es von hinten zu begatten. Diese Zeit kann das Weibchen zur Flucht nutzen, genauso wie es jederzeit den Flirt abbrechen kann. Der amerikanische Zoologe Gerald Borgia, der seit 15 Jahren die Vögel erforscht, sieht genau hierin den eigentlichen Sinn des Rituals. Durch die Laube entsteht eine Art Schutzwall zwischen Weibchen und Männchen, so daß eine → Vergewaltigung nicht zu befürchten ist. Die Weibchen honorieren dies mit häufigen und regelmäßigen Besuchen.

Laufhühnchen

Diese Vogelfamilie umfaßt 17 Arten, die alle Vielmännerei betreiben. Die nur zehn bis zwanzig Zentimeter kleinen Vögel sind ausgesprochen streitbar, weshalb sie auch Kampfwachteln genannt werden. Es sind die Weibchen, die sich äußerst hartnäckig bekämpfen. Sie sind 50 Prozent schwerer als ihre Männchen und haben die gängige Rollenverteilung völlig umgedreht. Die Hennen balzen um die Hähne, die ohne Mithilfe ihrer Weibchen die Eier ausbrüten.

Lemuren

Kattas sind sozial lebende Lemuren (eine Teilordnung der Halbaffen), die ihre Heimat auf Madagaskar haben. Wenn junge Weibchen geschlechtsreif werden, lernen sie, sich gegenüber den Männchen durchzusetzen. Zwar verfügen die Katta-Männchen mit ihren größeren Eckzähnen über die besseren Waffen, beeindrucken lassen sich die Weibchen dadurch nicht. Unbeirrt schnappen sie so lange nach jedem aufmüpfigen Männchen, kreischen und springen es an, bis dieses aufgibt und sich unterordnet. Nachdem das Weibchen die Führung über eine Gruppe aus durchschnittlich dreizehn Tieren übernommen hat, geht es darum, sich das richtige Männchen zu suchen und den Erwählten geschickt an sich zu binden. Die Natur kommt dem Weibchen dabei zu Hilfe. Da es nur an einem Tag im Jahr fruchtbar ist, bleibt dem Männchen gar nichts anderes übrig, als ständig beim Weibchen zu bleiben und es zu beschützen. Auch Fremdgehen kann sich das Männchen nicht leisten, denn schließlich könnte er dabei gerade den fruchtbaren Tag seiner Partnerin verpassen.

Lerchen

Schlechte Sänger haben bei Feldlerchen keine Chance. Gefragt sind vielmehr ausgiebige Gesangsvariationen. Bis zu einer Viertelstunde lang können männliche Feldlerchen ohne Unterbrechung singen. Doch das ist noch nicht alles. Während der Gesangsdarbietung vollführen sie obendrein einen kräftezehrenden Steigflug. Die Vorliebe der Lerchenweibchen für solch ausgedehnte Werbeveranstaltungen führte dazu, daß sich Schwanz und Flügel der Männchen im Laufe der Evolution erheblich vergrößerten.

Libellen

Vertreter dieser Insektenordnung (an die 5000 Arten) haben es nicht leicht. Ihr Sexualakt verlang hohe akrobatische Fähigkeiten. Zunächst dockt die männliche Libelle mittels ihrer am Schwanz gelegenen Zange hinter dem Kopf des Weibchens an. Dann muß das Männchen Sperma, das aus dem Hinterleib austritt, in seinem Begattungsorgan deponieren, welches weiter vorne am Körper liegt. Ist das erledigt, krümmt das Weibchen sein Hinterteil nach vorn, um sich mit seiner Geschlechtsöffnung den Samen dort abzuholen. Manchen Arten ist dies immer noch nicht kompliziert genug. Sie absolvieren das bizarre Paarturnen nicht auf einem Blatt sondern im Fluge. Durch die dafür notwendige Verrenkung kommt es zu herz- oder kreisförmigen Formationen, die bereits die alten Römer mit Interesse verfolgten.

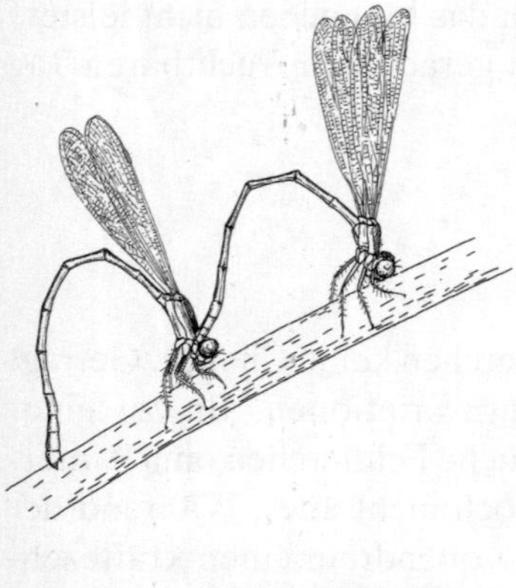

Das Männchen der Libellenart Gemeine Binsenjungfer greift mit seiner am Schwanz gelegenen Zange hinter den Kopf des Weibchens.

Bei einigen Schlanklibellen können Männchen mit ihrem widerhakenbesetzten Begattungsorgan das → Samenpaket ihres Vorgängers entfernen und durch eigenen Samen ersetzen. Wer zuletzt kommt, hat bei diesem Spiel die größte Chance sich fortzupflanzen. Die Männchen der Libellenart Schlankjungfer krallen sich deshalb auch nach der Paarung an ihren Weibchen fest. Sobald sie den Halt verlieren, kommt ein Konkurrent und entfernt ihren Samen. Befruchtete Weibchen fliegen zu Tümpeln und tauchen ins Wasser, wo sie mit Hilfe von Luftblasen am Körper atmen können. Dort legen sie ihre → Eier an Wasserpflanzen ab.

Lippfische

Zur Unterordnung der Barschfische gehört die Art *Thalassoma duperrey*, die in den Gewässern um Hawaii lebt. Bei diesen Lippfischen spielen Umweltfaktoren eine wichtige Rolle für das zahlenmäßige Verhältnis der Geschlechter und können sogar zu Geschlechtsumwandlungen führen (→ Transsexuelle).

Auf kleinen Riffen schaffen es nur große Männchen, die Laichplätze der Weibchen zu kontrollieren. Dort kommen lediglich 20 Prozent aller Jungfische als Männchen zur Welt. Die anderen beginnen ihr Leben als Weibchen und entschließen sich erst dann zur Geschlechtswandlung, wenn sie aufgrund ihrer Körpergröße mit den stattlichen Männchen konkurrenzfähig sind.

Auf größeren Riffen, wo auch kleine Männchen Chancen haben, ein Territorium zu besetzen, ist das Geburtenverhältnis ausgeglichen: Die Hälfte wird als Männchen geboren.

Löwen

Plinius der Ältere wußte es bereits: Löwinnen sind »in der Brunst sehr geil«. Und auch der Schweizer Renaissancegelehrte Conrad Gesner vermerkte: »Die Löwin ist ein geil Thier.« Die ganze Wahrheit kam aber erst durch einen geduldigen Mitarbeiter des Dresdner Zoos an den Tag. Er blieb die ganze Hitzephase einer Löwin im Raubtierhaus. Innerhalb von acht Tagen vollzog sie mit ihrem Partner 360 Paarungen. Nach so einem Sex-Marathon schlafen die Großkatzen manchmal 20 Stunden am Stück.

Löwen können sich also über vierzigmal am Tag paaren und tun dies auch in freier Natur über mehrere Tage hinweg. Allerdings dauert jeder einzelne Akt nur wenige Sekunden, und der Pascha erinnert dabei mehr an einen Kaninchenbock als an den König der Tiere. Nebenbei: Den bei → Katzen üblichen → Nackenbiß deutet der Liebhaber nur an. Beißt er tatsächlich zu, bekommt er eine Ohrfeige. Wird die Löwin nicht trächtig, kommt sie in Abständen von ein bis drei Monaten erneut in die Hitze, und der Dauerverkehr beginnt von vorn.

Diese Fortpflanzungsfreude setzte der Gründer des Leipziger Zoos, Ernst Pinkert, einst in klingende Münze um. Wurde eine seiner Löwinnen brünstig, inserierte er diskret in der Lokalzeitung: »Heute Löwen!« Die Leipziger wußten dann, welches Schauspiel sie im Tierpark erwarten durften. Bis heute wird in der Sachsenmetropole die Anekdote erzählt, ein Scherzbold habe zur Hochzeit des Zoodirektors »Heute Pinkert!« in die Zeitung setzen lassen. Wie dem auch sei, der Leipziger Zoo war zu Pinkerts Zeit eine Löwenfabrik. Allein zwischen 1878 und 1900 wurden dort 200 Löwenjunge geboren und aufgezogen. Weil der König der Tiere so furchtbar fruchtbar ist, bekommen die Weibchen heute in den meisten Zoos die → Antibabypille.

Bevor in freier Natur Löwe und Löwin zueinanderfinden, muß das leidige Wer-mit-wem geklärt werden. Löwenmänner kämpfen dabei nicht nach Ritterbrauch um eine einzelne Angebetete, sondern um ein ganzes Damenrudel. Forschungen in der Serengeti ergaben, daß solche Weibchenverbände oft ein Leben lang zusammenbleiben und dabei alle paar Jahre den Pascha wechseln. Um kleinere Damenkränzchen finden meist Zweikämpfe statt, um größere Rudel schlagen sich ganze Kampfgemeinschaften. Nach dem Sieg bleibt das erfolgreiche Team zusammen und bietet den Löwinnen gemeinsam seine Schutz- und Liebesdienste an. Schutz heißt dabei in erster Linie Schutz vor anderen Männchen, die auf Haremssuche sind. Das nimmt die Kerle derart in Anspruch, daß sie sich nicht einmal um die eigene Ernährung kümmern können. In Löwenkreisen jagen nur Junggesellen. Die anderen lassen sich von ihren Frauen versorgen, die ihnen den berühmten »Löwenanteil« abgeben.

Es gibt jedoch auch bei Löwen, wie bei vielen Tierarten, listige Männchen (→ Maskerade), die sich das ganze Gewese um Macht und Herrschaft egal sein lassen. Sie schweifen allein durch die Steppe und schaffen es, ohne lästigen Kampf ums ganze Rudel mit der einen oder anderen Haremsdame mal kurz hinter den Busch zu verschwinden.

Obwohl die sexuelle Ausdauer der Löwen schon im Altertum bekannt war, irrte sich der Römer Plinius ebenso wie sein Vorgänger der Grieche Aristoteles (von dem er vermutlich abgeschrieben hat) über die Stellung, die die Raubkatzen beim Sex einnehmen. Aristoteles glaubte, daß Löwen es mit gegeneinandergepreßtem Hinterteil trieben, Po an Po sozusagen. Vermutlich kam er deshalb zu dieser Ansicht, weil Löwenmännchen nach hinten harnen. Also schloß der große Naturforscher messerscharf, auch die zweite Funktion des Geschlechtsteils würde in dieselbe Richtung ausgeführt. Erst im 18. Jahrhundert korrigierte der große französische Gelehrte Graf von Buffon, daß bei den Löwen »dieses auf eben die Art wie bey andern vierfüßigen Thieren geschiehet«.

Im Mittelalter hatte die heilige Hildegard von Bingen der aristotelischen Falschmeldung noch eins draufgesetzt und den ungehobelten Steppenrabauken zum braven Schmusekätzchen umgedichtet. Der Löwe, so die fromme Hildegard, »paart sich mit der Löwin gar artig«. Jeder heutige Zoobesucher weiß mehr über die wahre Natur des Zottelkopfs, wenn er am Käfig das unvermeidliche Schild liest: »Vorsicht! Männliche Tiere spritzen ins Publikum.«

Lustmolch

Umgangssprachliche Bezeichnung für einen Mann, der nur an sein sexuelles Vergnügen denkt. »Schwanzlurch« ist dagegen ein Begriff aus der Biologie und bezeichnet einen Teil der Amphibien. → Molche und → Salamander sind im Gegensatz zu den (schwanzlosen) → Fröschen Schwanzlurche.

M

Makaken

Diese formenreiche Gattung innerhalb der → Affen umfaßt 16 Arten. Am bekanntesten sind die Rhesusaffen, die für die medizinische Forschung sehr bedeutsam sind (Rhesusfaktor).

In freier Natur sind manche Makaken überaus lustbetont und lassen selten eine Gelegenheit zum Sex aus. Rhesusaffen-Weibchen treffen sich zur Paarung heimlich hinter Büschen mit rangniederen Männchen und hintergehen so das Sexprivileg des Alpha-Männchens (→ Alpha-Tiere). Der Clanchef verprügelt sie, wenn er sie erwischt (was nicht oft vorkommt).

In einer Forschungsstation der Stanford-Universität beobachteten Biologen das Sexualverhalten von Bärenmakaken. Sowohl weibliche als auch männliche → Homosexualität und → Onanie sind unter diesen Primaten weit verbreitet. An den Weibchen konnten die Forscher alle Anzeichen des → Orgasmus beobachten. Ein ganz ähnliches Sexualverhalten zeigten Rhesusaffen in einem Forschungsgehege auf Puerto Rico.

Bei den Berberaffen, einer nordafrikanischen Makakenart, fiel Wissenschaftlern die ungewöhnliche Kinderfreundlichkeit der Männchen auf (→ Ammen). Im Gegensatz zu den Männchen der meisten Primatenarten kümmern sich männliche Berberaffen mit großer Hingabe um den Nachwuchs. Doch sie sind nicht ohne Hintergedanken kinderfreundlich. Zoologen war aufgefallen, daß die Männchen dieser Affen etwas im Tierreich überaus Ungewöhnliches tun. Sie leihen sich fremde Junge aus, tragen und umsorgen sie. Doch nach einiger Zeit entdeckten die Wissenschaftler den Beweggrund für die auffällige Kinderliebe. Männchen nutzen die Affenbabys als psychologische Schutzschilde für ihre Rangrivalitäten. Wer ein hilfloses Junges auf dem Arm hat, macht sich unangreifbar. Er kann sich gefahrlos stärkeren Rivalen nähern und mit ihnen Bündnisse gegen mißliebige Konkurrenten schmieden. Ganz wie im richtigen Leben. Den Berberaffenbabys ist das jedoch egal. Sie genießen die Zuwendung und freuen sich darüber, umhergetragen zu werden.

Männchengruppen

Solche Tiergemeinschaften haben mit den modernen Männergruppen zur Pflege angeknackster Egos nichts gemein. Sie ähneln eher den frauenlosen Bünden jüngerer Fußballfans und frustrierter Kneipenhocker. Es sind Junggesellenverbände aus Männchen, die bei harembildenden Arten kein Weibchen abgekriegt haben und oft lebenslang von der Fortpflanzung ausgeschlossen sind (→ Harem).

Bei → Hirschen und einigen anderen Arten bilden sich solche Männchenrudel auch turnusmäßig nach Ende der Paarungszeit. In der → Brunst trennen sie sich wieder und versuchen jeder für sich Anschluß an die Weibchen zu finden.

Maskerade

Konkurrenzkampf ist nicht jedermanns Sache (→ Duell). Warum soll man seine Gesundheit riskieren, nur um ein bißchen Spaß mit den Mädels zu haben? So empfinden es auch viele Männchen im Tierreich und setzen deshalb bei der Partnersuche lieber auf List statt auf Gewalt. Zoologen nennen sie Satellitenmännchen. Sie sind meist kleiner und unauffälliger als die aufgeblasenen Machos, die sich blindwütig befeinden. Oft gleichen sie – bis auf den kleinen Unterschied – eher den Weibchen. Durch diese Maskerade schaffen sie es, sich ganz unauffällig an die Damenwelt heranzuschleichen.

Wenn ein stattlicher Ochsenfrosch laut rufend am Ufer sitzt, um Weibchen anzulocken, hockt oft ein kleiner Kerl in der Nähe, schont seine Stimme und versucht mit den herannahen-

1)

2)

1) Kleine Sonnenbarsch-Männchen belauern ein großes bei der Balz. 2) Während der Paarung schlüpfen sie blitzschnell zwischen das große Männchen und sein Weibchen und befruchten die Eier mit ihrem Samen.

den Froschweibchen zu kopulieren, noch bevor sie bei dem Schreihals angekommen sind.

Nicht alle männlichen → Kampfläufer versammeln sich in der Balzarena, um sich aufzuplustern und zu kämpfen. Die Klügeren verweilen am Rande und bespringen die Weibchen just dann, wenn die Gockel sich wie wild in den Federn haben.

Die Maskerade mancher Echsenmännchen (→ Echsen) erinnert an → Transvestiten. Sie gleichen in Farbe und Größe den Weibchen, so daß sie sich unbemerkt im Revier der großen Männchen herumtreiben können.

Auch bei vielen Fischen kommen kleinwüchsige Männchen vor, die sich, wie etwa bei den → Sonnenbarschen, im richtigen Moment zwischen einen stattlichen Revierbesitzer und sein Weibchen zwängen und blitzschnell deren Laich besamen. Beim Pfauenaugen-Lippfisch, der im Mittelmeer verbreitet ist, bauen die großen Männchen ein Nest aus Algen. Doch das Eigenheim nützt ihnen nicht viel, denn es wird von kleinen, unscheinbaren Männchen umlagert, die überaus flink zur Stelle sind, wenn ein Weibchen sich nähert. Interessanterweise verteidigen sie sogar das Nest ihres unfreiwilligen Gastgebers gegen noch kleinere Sexpiraten.

Offenbar ist die Vermeidung offener Rivalenkämpfe eine überaus erfolgreiche Fortpflanzungsstrategie. Versuche ergaben, daß die dominanten Männchen einer Guppyfischart *(Limia perugiae)* nie zu einer erfolgreichen Begattung kommen, da sie ständig ihren Rang verteidigen müssen. Sobald sie einmal Zeit zum Sex finden, hat bereits ein Rangniederer die → Eier besamt (→ Alpha-Tiere).

Matriarchat

Welches ist das starke Geschlecht? Wie im menschlichen Leben, so trügt im Tierreich oft der Schein. Der wilde Widder mit dem prachtvoll gedrehten Gehörn führt bei den Mufflons (europäischen Wildschafen) eine Randexistenz. Rudel werden von einem erfahrenen Muttertier angeführt, der Widder nur zur Paarung benötigt. Ebenso hat der kräftige Keiler bei den Sauen nichts zu melden. Er ist vom Gemeinschaftsleben der Wildschweine ausgeschlossen, ein Samenspender auf Abruf. Auch in Elefantenherden herrschen alte Kühe, die Bullen müssen allein durch die Savanne trotten und werden nur gerufen, wenn eine brünstig wird.

So kolossal die Männchen vieler Tierarten auch wirken, in Wirklichkeit ist ihre soziale Rolle oft recht bescheiden. Zwar gibt es echte Patriarchen, etwa bei den → Gorillas oder den Mantelpavianen (→ Paviane), doch das Tierreich kennt Matriarchinnen, vor denen jedes Männchen kuscht. Weibliche Flekkenhyänen wiegen im Durchschnitt ein Fünftel mehr als ihre Rüden. Die Vorherrschaft des weiblichen Geschlechts durchzieht bei diesen Raubtieren alle Lebensbereiche. Wehe dem Hyänenmännchen, das mit dem Fressen nicht wartet, bis alle Weibchen satt sind (→ Hyänen).

Völliger → Rollentausch ist bei Drosseluferläufern, → Blatthühnchen und einigen anderen Vogelarten die Regel. Dort kämpfen die Weibchen offen und aggressiv um die Männchen, balzen die Eroberten an und legen sich männliche → Harems zu. Die Umkehr der gewohnten Geschlechterrolle führt dazu, daß die → Väter sich um den Nachwuchs kümmern und die Weibchen nach dem Eierlegen abhauen, um sich den nächsten Liebhaber zu schnappen.

Eine Extremform weiblicher Vorherrschaft hat sich bei den → Anglerfischen herausgebildet. Diese Tiefseematronen erniedrigen ihre Männchen zu hilflosen Zwergen, die ihnen am Körper festwachsen. Die Männchen des Igelwurms Grüne Bonellia (→ Igelwürmer) verbringen ihr Leben als degenerierte Samenspender im Eileiter des zigfach größeren Weibchens.

Den Männchen etlicher → Spinnen und → Gottesanbeterinnen würde das Leben als → Anglerfisch oder Bonellia-Wurm wohl komfortabel erscheinen. Sie werden nach der Paarung als Nachtisch gefuttert (→ Kannibalismus).

Die britischen Zoologen Clutton-Brock und Vincent untersuchten anhand von 29 Tierarten, woran es liegt, wenn Weibchen das balzende Geschlecht sind. Sie kamen dabei auf die geschlechtsspezifische »potentielle Reproduktionsrate«. Das ist die maximale Anzahl selbständigen Nachwuchses, den ein Elternteil erzeugen kann. Ergebnis: Das Geschlecht, das mehr Nachwuchs produzieren kann (meistens sind dies die Männchen) balzt um das Geschlecht, dessen Potential begrenzt ist (zumeist die Weibchen). Wo es umgekehrt ist, werden die Weibchen größer und prächtiger und werben aggressiv um die Gunst ihrer männlichen Artgenossen. So liegt der Grund für das Matriarchat bei manchen Vögeln darin, daß die Weibchen sehr viele → Eier legen können, die Männchen jedoch nur eine begrenzte Zahl ausbrüten. Somit sind die Männchen der Fortpflanzungs-Engpaß, also ein begehrtes Gut. Bei den → Säugetieren werden in der Regel die Weibchen umworben, denn sie tragen den Nachwuchs aus und säugen ihn: Sie leisten damit die weitaus größere Investition. Männchen tun nichts weiter als begatten, sind also eine billige Ware.

Die Theorie der »potentiellen Reproduktionsrate«, die das sexuelle Rollenverhalten bestimmt, traf bei 27 der 29 untersuchten Arten zu.

Maulbrüter

Etwa die Hälfte der → Buntbarsche sind Maulbrüter. Sie lesen ihre Eier nach dem Laichen mit den Lippen auf und bewahren sie in der Mundhöhle. Sogar die bereits geschlüpften Jungfische flüchten bei Gefahr in das Maul eines Elterntieres.

Diese Methode der Aufbewahrung hat dazu geführt, daß die Männchen versuchen, ihren → Samen in das Maul des Weibchens zu plazieren. Manche benutzen dafür einen raffinierten Trick. Ihrer Hinterflosse ist so gemustert, daß sie aussieht wie → Eier. Das Weibchen fällt darauf herein und will nach den vermeintlich verlorenen Eiern schnappen. Diesen Moment nutzt das Männchen, um sein Sperma abzugeben. Die Befruchtung kann somit im Maul stattfinden, ohne daß tückische Strömungen den Samen davonspülen.

Maultiere

Die Kreuzung aus Pferdestute und Eselhengst (umgekehrt spricht man von Maulesel) ist das klassische Beispiel, mit dem früher im Biologieunterricht die → Artgrenze erklärt wurde. Maultiere müssen immer wieder neu aus → Pferd und → Esel gemixt werden, da sie selbst nicht fortpflanzungsfähig sind. Ergo: Wird die Artgrenze überschritten, können sich die so entstandenen Nachkommen nicht mehr vermehren.

Heute ist bekannt, daß die Grenzen zwischen Arten fließend und viele artübergreifende Mischlinge durchaus fruchtbar sind. Wie nach dieser Erkenntnis »Art« überhaupt noch scharf definiert werden kann, wird unter Biologen diskutiert. Züchter kreuzen übrigens bis heute Esel und Pferde, um Maultiere zu erhalten. Die genügsamen Huftiere können nämlich mehr Last tragen als Esel und sind – besonders im Gebirge – trittsicherer als Pferde.

Maulwürfe

Weibliche Maulwürfe zählen zu den Säugetieren mit der größten → Klitoris. Sie ist fast gleich lang wie der → Penis in Ruhestellung. Den männlichen Tieren schwellen in der Paarungszeit die Cowperschen Drüsen auf ein Zehntel des Körpergewichts. Dort produzieren sie ein klebriges Sekret, das sie nach der Beendigung des Geschlechtsakts in die Scheide des Weibchens füllen, wo es sich zu einer gummiartigen Masse verfestigt (→ Begattungspfropfen). So ist das Weibchen nicht nur vor Krankheitserregern geschützt, auch andere Männchen haben gegen den stabilen Verschluß keine Chance.

Mäuse

Weibliche Hausmäuse brechen ihre Schwangerschaft ab, sobald ein neues Männchen das Revier ihres vorherigen Partners übernimmt (→ Abtreibung).

Mäuse zählen zu den fruchtbarsten Säugetieren. Besonders Feldmäuse (die eigentlich keine echten Mäuse sind, sondern zu den → Wühlmäusen gehören) können sich unglaublich schnell vermehren, weshalb es – ähnlich wie bei den Lemmingen – immer wieder Mäusejahre gibt, in denen es vor Feldmäusen nur so wimmelt. Bevor die Agrarchemie ihnen die Lebensgrundlage entzog, sah man auch in Deutschland alle paar Jahre auf spätsommerlichen Spaziergängen Hunderte von Feldmäusen über die Äcker huschen. Heute tummelt sich die fruchtbare Schar nur noch auf Industriebrachen, Autobahnrändern und ähnlichen von der Landwirtschaft verschonten Flecken.

Kein Säugetier wird so schnell geschlechtsreif wie die Feldmaus. 13 Tage nach ihrer Geburt paart sie sich bereits. Im Alter von 32 Tagen kann ein Weibchen schon zum ersten Mal gebären. In ihrem maximal dreijährigen Leben bringt sie es bis auf über 30 Würfe mit vier bis zwölf Jungen.

Meeresasseln

Bei einer Art dieser Krebstiere leben die Männchen in Höhlen, aus denen sie Schlamm blasen, der einen Lockstoff enthält. Dieser Duft ist für Weibchen unwiderstehlich. Die weiblichen Meeresasseln verbringen ihr jungfräuliches Leben als → Parasiten auf Fischen. Dort saugen sie ihren Darm voll Blut. Ab dem Moment, wo sie dem Geruchssignal eines Männchens folgen, nehmen sie nie wieder Nahrung auf. In seiner schlauchförmigen Höhle reiht das Männchen im Laufe von etwa drei Monaten zwei Dutzend Weibchen hintereinander auf. Ständig überprüft er, ob sich eine davon häutet. Denn nur wenn sie kurz nach der Häutung noch weich sind, kann er sie befruchten. Immerhin hilft der Polygamist bei der → Brutpflege.

Meerschweinchen

Die putzigen Spielgefährten aus Südamerika haben es in sich. Wüßten Eltern vom Triebleben der Meerschweinchen, würden sie diese Tiere ihren Kindern kaum noch als Haustier kaufen. Zehn Prozent der männlichen Meerschweinchen sind homosexuell (→ Homosexualität). Dies und viele andere erstaunliche Eigenschaften entdeckte der Verhaltensforscher Norbert Sachser in jahrelangen Beobachtungen. Dabei stellte sich heraus, daß die vermeintlich einfachen Kleinsäuger ein überaus komplexes Sozialleben führen und in sexueller Hinsicht sehr phantasievoll sind.

In seinem Institut an der Universität Münster richtete Sachser zu Versuchszwecken reine → Männchengruppen ein. In diesen Verbänden trat ein überraschendes Verhalten auf. Einige Tiere verhielten sich wie Weibchen und nahmen nicht an den Konkurrenzkämpfen der übrigen Männchen teil. Die anderen umwarben diese → Transvestiten. Hormonmessungen ergaben, daß die femininen Männchen wesentlich weniger gestreßt waren als die »normalen«. Setzte Sachser nun ein echtes Weibchen in solch eine Männergruppe, geschah wieder etwas Erstaunliches. Innerhalb von Sekunden nahm das Pseudoweibchen seine alte Männerrolle wieder an. Meistens gelang es dem Ex-Transvestiten – und nicht dem ranghöchsten Männchen – das Weibchen für sich zu gewinnen.

Sexuelle → Treue kennen die Meerschweinchen nicht. Doch Sachser konnte feststellen, daß es lange stabile Bindungen zwischen Männchen und Weibchen gibt. Beide paaren sich auch mit anderen, aber bleiben beste Freunde. Solche Beziehungen können ein Leben lang halten. Ohne eine feste Partnerin, die ihnen Rückhalt gibt, können Männchen nicht in der Rangordnung aufsteigen. Zerbricht so eine Bindung, werden sie unsicher und verlieren bald ihre Position.

Anhand von Wieselmeerschweinchen, nahen Verwandten der Hausmeerschweinchen, konnte das Team um Sachser nachweisen, daß weibliche Promiskuität einen Fortpflanzungsvorteil bringt. Zuvor hatten Biologen angenommen, daß sich häufiger Partnerwechsel nur für Männchen auszahlt, Weibchen jedoch besser auf die genetische Qualität ihres Gatten achten, anstatt es allzu bunt zu treiben. Die Wieselmeerschweinchen in Sachsers Labor bewiesen das Gegenteil. Weibchen, die im Versuch Sex mit vier Freiern hatten, brachten es auf mehr überlebende Junge als solche, die nur mit einem Partner gehalten wurden.

Meisen

Männliche Kohlmeisen, die sich ihrer Vaterschaft nicht sicher sind, verteidigen ihre Brut weniger tapfer. Das fanden Verhaltensforscher der Universität Bochum mit einem trickreichen Test heraus. Sie präsentierten den Versuchsmeisen während der Paarungszeit immer wieder einen (vermeintlichen) Konkurrenten am Nest: eine Meisenmännchenattrappe, deren Balzgesang vom Tonband lief.

Eine Vergleichsgruppe bekam den künstlichen Nebenbuhler erst zu sehen, nachdem das Weibchen alle Eier gelegt hatte.

Der nächste Versuchsschritt fand statt, als die Jungen geschlüpft waren. Die Wissenschaftler stellten den Meisenpaaren einen ausgestopften Waldkauz in die Voliere. Waldkäuze sind bei Meisen überaus verhaßt, da sie gerne → Nester plündern. Und siehe da: Während die überzeugten → Väter den Kauz tollkühn attackierten, waren die skeptischen Meisenmännchen deutlich weniger risikobereit.

Blaumeisen senden unsichtbare Sexsignale aus. Schon immer hatten sich Ornithologen gefragt, woran die hübschen kleinen Gartenvögel eigentlich das Geschlecht ihres Gegenübers erkennen. Denn Männchen und Weibchen erscheinen identisch. Erst 1998 entdeckten britische und schwedische Wissenschaftler ihr heimliches Geschlechtsmerkmal. Das blaue Käppchen weist heftige Farbunterschiede im ultravioletten Spektralbereich auf, für den die Menschen blind sind. Doch für die Vögel ist die sexuelle Zweifarbigkeit offenbar ganz deutlich.

Weibliche Weidenmeisen sind nur solange monogam, bis sich etwas Besseres ergibt. Wenn eine gute Partie in Aussicht steht, ist es mit der → Treue ganz schnell vorbei. Ehe sich der Partner versieht, fliegt sie mit einem ranghöheren oder älteren Männchen davon. Finnische Biologen fanden heraus, daß die Trennung fast immer vom Weibchen ausgeht. Allerdings ist die Scheidungsrate der Weidenmeisen mit zehn Prozent recht moderat.

Mendelsche Gesetze

Ironie der Wissenschaft, daß ausgerechnet ein Mönch das größte Geheimnis der Fortpflanzung lüftete. Der spätere Prior des Augustinerklosters im mährischen Brünn beschäftigte sich zeitlebens mit Sex – allerdings mit dem Sex der Pflanzen. Bei seinen Kreuzungsversuchen an Erbsen und Bohnen entdeckte er Mitte des 19. Jahrhunderts die heute nach ihm benannten Vererbungsgesetze. Doch jahrzehntelang nahm niemand Notiz davon. Erst 1900 (Gregor Mendel war bereits gestorben) wurden sie von Naturwissenschaftlern wiederentdeckt und bekanntgemacht.

Mendels Regeln in Kurzfassung:
1. Die Uniformitätsregel
Bei der Kreuzung reinerbiger Merkmale mit einer Differenz bei nur einem Merkmal (z. B. rote und weiße Blüten) ist die erste Folgegeneration mischerbig (rosa Blüten). Ist ein Merkmal dominant, wird das Aussehen der Nachkommen von ihm bestimmt. Rezessive Merkmale treten zunächst nicht in Erscheinung.
2. Die Spaltungsregel
Kreuzt man die erste Folgegeneration untereinander weiter, so ist die zweite Folgegeneration nicht gleichartig (es kommen sowohl rote als auch weiße und rosa Blüten dabei heraus). Die Hälfte ist mischerbig (rosa), die restlichen beiden Viertel reinerbig (rot bzw. weiß). Dominante Merkmale setzen sich in der zweiten Folgegeneration nur noch bei 75 Prozent der Nachkommen durch.
3. Die Unabhängigkeitsregel
Verschiedene Merkmale werden unabhängig voneinander vererbt. Dies gilt heute nur noch eingeschränkt. Denn Mendels Erben fanden heraus, daß → Gene, die auf dem gleichen Chromosom liegen (aber ganz unterschiedliche Merkmale bestimmen können), gemeinsam als sogenannte Kopplungsgruppen vererbt werden.

Milben

In der Milbengattung *Adactylium* tut sich nach menschlicher Moral ein wahrhaftiger Abgrund auf: Schmarotzertum kombiniert mit → Inzest, ödipalem Mord und → Kannibalismus. *Adactylium*-Milben leben in Arabien und parasitieren dort Insekten aus der Ordnung der → Blasenfüße, die auf Zierfeigen leben. Findet eine trächtige *Adactylium*-Milbe ein Blasenfuß-Ei, nistet sie sich ein und saugt es aus. Währenddessen wachsen die Jungen in ihrem Körper heran und fressen ihre Mutter von innen auf. Die Männchen begatten ihre Schwestern noch im Leib der Mutter und sterben dann, ohne das Licht der

Welt zu erblicken. Ihre Schwestern fressen sich aus der toten Mutter heraus und machen sich auf die Suche nach einem anderen Blasenfuß-Ei.

Eine brachiale Form der Geburtshilfe mit inzestuösem Nachspiel hat sich bei den Mottenmilben *(Pyemotes herfsi)* herausgebildet. Männchen wie Weibchen werden geschlechtsreif geboren, wobei die männlichen Milben als erste zur Welt kommen. Kaum haben sie das Licht der Welt erblickt, scharen sie sich um die Mutter, stechen sie an und ernähren sich von deren Säften.

Frisch gestärkt können sie es kaum erwarten, bis ihre erste Schwester zur Welt kommt. Bahnt sich das freudige Ereignis an, ziehen sie sie mit ihren langen Zangen aus dem Geburtsgang heraus und begatten sie umgehend.

Männliche Federspulmilben verbringen ihr Leben in einem traumhaften Liebesnest: Von Federn weich gepolstert und umgeben von willigen Weibchen. Doch die Freude währt nur kurz. Weibchen der Federspulmilbe *Syringophilus minor* fressen sich in die winzigen Hohlräume einer Spatzenfeder und legen dort rund ein Dutzend Eier ab. Lediglich aus dem ersten schlüpft ein Männchen, das fortan die alleinige Aufgabe hat, seine Schwestern zu begatten. Ist der → Inzest vollzogen, kann das Spiel von neuem beginnen. Das Männchen hat ausgedient und stirbt.

Milch

Dieser Saft verbindet uns Menschen mit → Walen, → Fledermäusen und sogar mit dem eierlegenden Schnabeltier: Denn alle → Säugetiere brauchen als Babys Milch, die sie aus den mütterlichen Milchdrüsen saugen (→ Zitzen).

Obwohl die Klasse der Säugetiere dem Milchtrinken ihren Namen verdankt, gibt es auch hier Ausnahmen. So ernähren manche Vögel, zum Beispiel → Tauben, ihre Jungen mit der sogenannten → Kropfmilch, die sie hervorwürgen und mit dem Schnabel an die Jungen verfüttern. Sogar manche → Fliegen versorgen ihren Nachwuchs mit einer Form von Milch. Ihre Larven werden im Inneren des mütterlichen Körpers von speziellen Drüsen versorgt, die im Bereich der Geschlechtswege sitzen und eine nahrhafte, milchähnliche Flüssigkeit absondern.

Säugetiere kommen erst nach ihrer Geburt in diesen Genuß. Ausgelöst durch → Hormone bildet sich in den mütterlichen Milchdrüsen zuerst das Kolostrum, auch Biestmilch genannt. Erst wenn der Säugling diese besonders nahrhafte Vormilch getrunken hat, wird die eigentliche, dünnflüssige Milch produziert.

Milch besteht aus Wasser, Fett, Eiweiß, Zucker, Vitaminen und Mineralien in – je nach Art – unterschiedlicher Zusammensetzung. So gedeiht ein Kälbchen am besten mit Kuh- und ein Menschenbaby am besten mit Frauenmilch. Zusätzlich enthält der gesunde Cocktail – je nach Tierart – unterschiedliche Immunstoffe, mit der eine Mutter ihr Junges paßgenau vor Krankheiten schützt.

Nicht nur Mütter, auch neugeborene Mädchen und sogar Jungen haben manchmal Milch: Im Mutterleib gehen die mütterlichen Hormone auf das Ungeborene über und können bewirken, daß dessen Brustwarzen einige Tropfen sogenannter Hexenmilch absondern. Danach versiegt diese Funktion bei männlichen Neugeborenen für immer. Lediglich die Männchen der malaiischen Fledermausart *Dyacopterus spadiceus* bilden auch als → Väter Milch. Ziegenböcke, denen man über längere Zeit die Zitzen massiert, wächst ein (bis zu fußballgroßes) Euter. Die Böcke geben Milch, behalten jedoch uneingeschränkt ihre männliche Fortpflanzungsfähigkeit. Bei Weibchen kommt die Milchbildung nach einer Schwangerschaft durch Hormone in Gang und versiegt, wenn das Junge nicht mehr gesäugt wird.

Diese Säugezeit dauert je nach Tierart unterschiedlich lang. So säugen Schimpansinnen (→ Schimpansen) ihre Jungen drei Jahre, während neugeborene Klappmützenrobben (→ Robben) schon nach vier Tagen entwöhnt werden. Ihre Milch enthält 60 Prozent Fett und läßt die Robbenbabys täglich fünf Kilo zunehmen.

Daß wir Europäer Tieren (Kuh, Ziege, Schaf) die Euter leerpumpen, um ihren Jungen die Milch wegzutrinken, empfindet man in anderen Kulturkreisen (etwa in Asien) als ekelhaft. Das ist durchaus verständlich: Bei Licht betrachtet ist Milch ein animalisches Drüsensekret. Obendrein lassen wir es von Bakterien verdauen (und sogar von Schimmel zerfressen), um es als Käse zu genießen.

Säugezeiten

Klappmützenrobbe	4	Tage
Sattelrobbe	14	Tage
Feldspitzmaus	21	Tage
Gemeiner Seehund	28	bis 42 Tage
Maulwurf	35	Tage
Reh	60	bis 90 Tage
Braunbär	120	Tage
Löwe	180	Tage
Spitzmaulnashorn	1	Jahr
Gorilla	über	1 Jahr
Schimpanse	3	Jahre
Afrikanischer Elefant	2	bis 6 Jahre

Fettgehalt der Milch in Prozent

Kurzschwanzkänguruh	0,9 %
Totenkopfäffchen	1,0 %
Hauspferd	1,9 %
Hausrind	3,7 %
Schimpanse	3,7 %
Mensch	3,8 %
Ziege	4,5 %
Bergkänguruh	6,5 %
Schwein	6,8 %
Hausschaf	7,4 %
Wasserspitzmaus	20,0 %
Schwarzbär	42,5 %
Blauwal	57,1 %
Klappmützenrobbe	60,0 %

Molche

Wenigstens zur Paarungszeit will sich der Ophrytische Bandmolch mal so richtig rausputzen. Bis zu acht verschiedene Farben leuchten dann auf dem Körper des Männchens. Den Weibchen gefällt es. Je bunter, desto begehrter.

Andere Molcharten wiederum legen sich für die besten Wochen des Jahres riesige Rückenkämme zu. Sie sind zwar für die Beweglichkeit äußerst hinderlich, andererseits schinden sie bei den Weibchen mächtig Eindruck. Obendrein verschafft das Handicap noch einen zweiten Vorteil. Die vergrößerte Körperoberfläche erlaubt es den Molchmännchen, mehr Sauerstoff zu tanken, den sie über die Haut aufnehmen. So können sie länger unter Wasser bleiben und haben mehr Zeit für die → Balz.

Möpse

Diese plattschnauzigen, schweratmigen Hunde werden häufig als Synonym für → Busen benutzt. Wer das bizarre Aussehen der bedauernswerten Qualzüchtungen kennt, muß dies als eine Beleidigung des weiblichen Körpers empfinden. Vermutlich war es die pralle Rundlichkeit dieser Hunde, die irgendeinen geschmacklosen Sprachschöpfer einst Bezüge zu den sekundären Geschlechtsmerkmalen der Frau herstellen ließ. Wilhelm Busch hat in seinem »Naturgeschichtlichen Alphabet« den Mops als »alter Damen Freude« charakterisiert, was möglicherweise eine Anspielung auf → Sodomie ist.

Möwen

Die Weibchen mancher Möwenarten bleiben lieber unter sich. Bei der in Südkalifornien lebenden Art *Larus occidentalis* balzt sich ein Teil der Weibchen lieber gegenseitig an, baut zusammen ein Nest und verteidigt gemeinsam das Revier. Bei manchen dieser rein weiblichen Paaren übernimmt die eine

Partnerin die männliche Rolle, balzt wie ein Männchen und steigt auf ihre Freundin auf (→ Homosexualität).

Männchen sind nur als Samenspender gefragt. Um die männliche Schwäche wohl wissend, entführt die eine Partnerin des Weibchenduos ein gebundenes Männchen zu einem Seitensprung. Einziger Zweck: Die → Eier befruchten zu lassen. Gemeinsam kümmern sich die Freundinnen dann um die Brut.

Mücken

Aedes-Mücken haben einen mächtigen Einfluß auf das Sexualverhalten des Menschen. Denn wo sie häufig auftreten, ist Liebe im Freien unmöglich. Aedes-Mücken sind eine Gattung, die viele überaus lästige Plagegeister aus der Familie der Stechmücken umfaßt, zum Beispiel die berüchtigte Rheinschnake *(Aedes vexans)*. Nach der Paarung sichern die Männchen ihren Paarungserfolg mit einem ganz besonderen Trick: Sie sorgen dafür, daß ihr Weibchen fortan verhütet. Bei der Begattung produziert der Bräutigam einen »Matron« genannten Geruchsstoff. Dieser senkt die Empfängnisbereitschaft des Weibchens ab, so daß eine erneute Paarung mit einem anderen Mückenmännchen in der Regel folgenlos bleibt.

Haarmücken (Familie: *Bibionidae*) leben für die (körperliche) Liebe. Ihr Lebensmotto heißt: Sex, Sex, Sex! Warum soll man sich auch groß mit etwas anderem beschäftigen, wenn man ohnehin nur ein paar Tage auf dem Planeten verweilt. Bis zu 56 Stunden Dauerkopulation sind bei Haarmücken schon beobachtet worden. Nicht umsonst nennt man sie in Nordamerika »love bugs« (Liebeskäfer).

Gnitzen sind winzige Mücken (viele Arten sind kürzer als ein Millimeter). Die Weibchen dieser Stechinsekten holen sich Sex nach dem Ex-und-hopp-Prinzip. Gnitzenmännchen tun sich zur Paarungszeit zu Schwärmen zusammen und geben so für die Weibchen einen untrüglichen Wegweiser ab. Diese lassen sich auch nicht lange bitten und fallen, an Größe und Kraft den Männchen weit überlegen, munter in den Schwarm ein.

Hat sich ein Weibchen kurzerhand ein Männchen gekrallt, läßt es sich auf ihm nieder und stößt ihm, Facettenauge in Facettenauge, den Rüssel in die Stirn. Durch den einfließenden Speichel, der Verdauungsenzyme enthält, zersetzt sich das Männchen von innen. Doch bevor es ganz in einem klebrigen Nahrungsbrei endet, verankert es noch seine Geschlechtsorgane am Weibchen und begattet dieses. Ist der Akt vollzogen und das Männchen gänzlich ausgeschlürft, fällt es als leblose Hülle zu Boden.

Pilzmücken *(Mycophil speyeri)* sind auf kurzlebige Pilze angewiesen und entwickelten daher eine besonders schnelle (ungeschlechtliche) Fortpflanzungsstrategie. Wie in einer russischen Puppe wächst in einer Made mit zunehmender Nahrungsaufnahme eine weitere heran. Sobald in ihr wiederum eine Made entsteht, platzt sie aus dem Bauch der Mutter heraus. Der Vorgang setzt sich so lange fort, bis der ganze Pilz von Maden durchsetzt ist.

Mungos

Die Unterfamilie der Mungos oder Mangusten umfaßt 30 Arten innerhalb der Schleichkatzen, die wiederum zur Verwandtschaft der → Hyänen gehören. Die meisten Mungos sind Einzelgänger, die sich nur in der Paarungszeit einen Partner suchen. Einige leben jedoch in Sozialverbänden.

Zwei soziale Mungo-Arten, die Zwergmungos und die Fuchsmungos, wurden von der Verhaltensforscherin Anne E. Rasa über viele Jahre hinweg untersucht. Beide leben in Familienverbänden. Bei den Fuchsmungos hat ein dominantes Elternpaar das Sagen, die Zwergmungos werden von einer Matriarchin regiert. In beiden Sozialordnungen helfen die erwachsenen Geschwister, die Jungen des Alpha-Weibchens aufzuziehen (→ Alpha-Tiere).

Bei den Zwergmungos geht die Härte der Herrscherin so weit, daß kein anderes Weibchen sich fortpflanzen darf. Dennoch verschwinden die Untergebenen mit Männchen hinter den Büschen, um sich zu paaren. Doch wenn sie werfen, werden die Jungen sofort totgebissen. Da ist das Alpha-Weibchen bei den Fuchsmungos wesentlich netter. Sie behütet sogar die Nachkommen anderer Weibchen, wenn diese Futter beschaffen gehen.

Während des Östrus (→ Brunst) suchen weibliche Fuchsmungos Sex mit allen Männchen, jedoch fein abgestimmt. Die fruchtbarsten Tage gehören dem Alpha-Kater. Davor und danach kommen auch die Rangniederen auf ihre Kosten. Zum Dank bringen alle Männchen den Jungen Futter an den Bau (denn alle könnten ja der Vater sein).

Muschelkrebse

Diese kaum bekannte Unterklasse der Krebstiere umfaßt zirka 12000 Arten. Die meisten von ihnen werden nicht größer als ein Kirschkern. Doch sie besitzen gigantische → Samen. Die Spermien sind bis zu zehnmal so lang wie der ganze Krebs, was natürlich auf Kosten ihrer Zahl geht. Ein besonderes, pumpenartiges Organ dient dazu, die riesigen Keimzellen herauszubefördern. Doch so richtig gebraucht werden die Megasamen nicht, denn weibliche Muschelkrebse beherrschen die Kunst der → Jungfernzeugung.

N

Nackenbiß

Manche Vogel- und Raubtiermännchen beißen ihre Weibchen während der Paarung in den Nacken. Der Autor Wolfgang von Buddenbrock hat den Nackenbiß bei Großkatzen genauer beobachtet und hält ihn für eine Schutzmaßnahme, um zu verhindern, daß das Weibchen zuschnappt. Zumeist umfassen die Männchen den Nacken der Partnerin lediglich mit geöffnetem Maul. Andere Sachkenner berichten, daß sie durchaus fest zubeißen und ernsthafte Wunden hinterlassen. Sobald der Koitus beendet ist, revanchieren sich die Katzenweibchen für den Nackenbiß mit einer Ohrfeige. Deshalb bringen sich Tigerkater nach der Begattung zuweilen mit einem gewaltigen Sprung in Sicherheit (→ Tiger).

Nacktmulle

Böse Zungen behaupten, Nacktmulle sähen aus wie Penisse auf Beinen. Doch der Schriftsteller Max Goldt nahm einst in einem wichtigen Grundsatzartikel den menschlichen Penis gegen den männerfeindlichen Vorwurf der Nacktmullhaftigkeit in Schutz. Er stellte klar, daß die haarlosen, mausgroßen Nager in ihrer blaßrosigen Verschrumpeltheit nicht dem menschlichen Penis, sondern vertrockneten Würstchen gleichen.

Nacktmulle leben in unterirdischen Inzestgemeinschaften, die – einmalig unter den Säugetieren – wie Insektenstaaten organisiert sind. Das Volk ist in Kasten von Soldaten und Arbeitern aufgeteilt. Durch die dauernde → Inzucht sind sich Nacktmullkolonien genetisch ähnlicher als irgendeine andere bisher untersuchte Population wildlebender Säugetiere. Nur seit vielen Generationen auf Gengleichheit selektierte Labormäuse übertreffen die Nacktmulle in der Homogenität ihres Erbgutes.

Jedes Nacktmullvolk wird von einer despotischen Königin regiert. Sex und Nachwuchs bleiben allein ihr und ihren zwei bis drei Liebhabern vorbehalten. Jedes Jahr bringt sie rund 60 Junge zur Welt. Wie es der Königin gelingt, ihre bis zu 300 Untertanen so zu unterdrücken, daß sie unfruchtbar werden, ist ein bisher ungelöstes Rätsel. Wenn Wissenschaftler zwei Tiere aus einer Kolonie befreiten, erwachten sie aus ihrem sexuellen Koma und begannen, sich zu paaren.

Einige Biologen glauben, die Matrone sende Pheromone (Duftbefehle) aus, die wie eine Psychopille den Trieb der Untergebenen blockieren. Chris Faulkes, Nacktmullforscher am Institut für Zoologie in London, glaubt nicht daran. Er nimmt an, daß die ständigen Schikanen der Despotin die rangtieferen Tiere derart unter Druck setzen, daß ihnen die Lust vergeht.

Im Sommer 2000 erschütterte der Biologe Stanton Brode in der Fachzeitschrift »Behavioural Ecology« die Welt der Nacktmullforscher. Er hatte frei lebende Mulle beobachtet, die nachts kilometerweit zu anderen Kolonien wanderten. Demnach wird die totale Inzucht durch sporadischen Genaustausch verhindert.

Nashörner

Wenn schon, denn schon: Je Brunstzeit paaren sich Nashornkühe nur einmal. Der Akt dauert allerdings bis zu anderthalb Stunden, wobei der → Penis die ganze Zeit in der → Vagina bleibt. Der Bulle ejakuliert dabei in Abständen von ein bis zwei Minuten. Dies läßt seine Braut jedoch ziemlich kalt. Die Tiermedizinerin Sabine Hilsberg filmte Nashornsex im Berliner Zoo mit einer Infrarotkamera. Die Auswertung ergab: Die Haut des Männchens war auf 35 Grad Celsius erhitzt. Die des Weibchens blieb bei vergleichsweise kühlen 28 Grad.

Die enorme sexuelle Leistungskraft von Nashornbullen hat schon immer den Neid lendenlahmer Männer hervorgerufen.

Dies wurde den armen Tieren zum Verhängnis. In China rottete der Mensch die Rhinozerosse bereits vor vielen Hundert Jahren aus. Heute sind vier der fünf Nashornarten Asiens und Afrikas höchst bedroht. Denn seit der Wohlstand in Asien steigt, können sich immer mehr Männer das obskure Potenzmittel Nashornpulver (→ Aphrodisiaka) leisten. Obendrein gilt Rhino-Horn in der traditionellen chinesischen Medizin als beste Arznei gegen Fiebererkrankungen und andere Leiden. Kranke zahlen für ein Gramm geschabtes Hornpulver zirka 150 Mark. Dabei könnten sie auch einfach Nägel kauen oder ihre eigenen Haare essen, denn der Nasenschmuck der Tiere besteht aus der gleichen Substanz.

Zusätzlich zum asiatischen Medizinmarkt besteht eine große Nachfrage im Jemen, die die Wilderer und Schmuggler anspornt. Dolchgriffe aus Rhino-Horn besitzen in dem arabischen Land den Statuswert einer Luxuslimousine.

Nashornvögel

Diese auffällige Vogelfamilie (55 Arten) ist in Afrika, Indien und Südostasien verbreitet. Sie zeichnet sich durch gewaltige, krumme Schnäbel und ein eigenartiges Brutgebaren aus: Die Männchen mauern ihre Weibchen ein. In der Brutzeit suchen Nashornvogelpaare eine Baumhöhle und verschließen sie mit einer Wand aus Erde. Das Weibchen verbringt darin die folgenden Wochen. Als Fenster zur Welt bleibt ihr lediglich ein kleines Loch, durch das das Männchen Futter anreicht.

Das Weibchen selbst mischt beim Einsperren kräftig mit, denn in ihrem Gefängnis ist sie vor Nesträubern sicher. Sobald die Höhlenwand fertig ist, nutzt sie die Klausur für eine schnelle Mauser. In kurzer Zeit verliert sie so viele Federn, daß sie nicht mehr fliegen kann. Sobald die Nachkommen geschlüpft sind, hackt die Mutter ihren Kerker auf und hilft dem Männchen bei der Futtersuche (ihr Federkleid ist während der Brut nachgewachsen). Sofort mörteln die Jungen das Zuhause selbst wieder zu und bleiben darin, bis sie flügge sind.

Nekrophilie

Natur – das belegt dieses Lexikon in vielfacher Weise – kennt keine Moral. Und so nimmt es nicht Wunder, daß auch eine extrem abseitige Perversion im Tierreich vorkommt: Sex mit Toten. Katja Lange-Müller, Kolumnistin der Hamburger Wochenzeitschrift »Die Zeit«, beschrieb eine scheußliche Beobachtung, die sie bei einem Sonntagsspaziergang an der Alster machte. Sechs Stockenten-Erpel hatten eine junge Ente zu Tode vergewaltigt (→ Vergewaltigung). Der letzte aus der Gruppe versuchte, sich an dem toten Körper zu vergehen, den er immer wieder an die Wasseroberfläche zerrte.

Samenspendende Bullen und andere Nutztiere in Zuchtanstalten werden von Menschen zur Nekrophilie gezwungen. Die → Phantom genannten Puppen, die die Männchen bespringen müssen, damit sie von den Besamungstechnikern angezapft werden können, sind oftmals mit Leder oder Fell überzogen: Überreste ihrer toten Artgenossen.

Einen ähnlichen Akt – jedoch auf freiwilliger Basis – meldeten Zeitungen 1994 aus einem mexikanischen Safaripark. Dort versuchte ein Alligator, mit dem Krokodil-Lederstiefel einer Besucherin zu kopulieren. Das verliebte Reptil konnte nur mit Hilfe des kalten Wasserstrahls aus einem Feuerwehrschlauch davon abgebracht werden.

Nerze

Die seidigen Pelztiere aus der Familie der Marder sind in Kanada sprichwörtlich. »Es wie ein Nerz treiben« bedeutet dort, ein sexuell betriebsames Leben zu führen. Auf Nerzfarmen beobachtete man, daß die Tiere oft den ganzen Tag kopulieren, nur unterbrochen durch gelegentliche Ruhepausen. Bei jeder Paarung ejakuliert das Männchen mehrmals. Die sexuelle Leistungsfreude dieser Marder folgt nicht allein dem Lustprinzip, sondern hat einen biologischen Hintergrund: Erst durch eine längere Begattung kommt es beim Weibchen zum → Eisprung.

Nester

Nur wenige Tiere bauen sich Liebesnester. Zu diesen Ausnahmen zählen die → Laubenvögel, die sich in einer schmucken Blätterhütte paaren, die das Männchen eigens zu diesem Zweck errichtet. Die meisten anderen treiben es außerhalb ihrer Nester. Ihnen dient das Nest lediglich als Wohn- oder Brutstätte, die je nach Art sehr verschieden aussieht. Bienenstaaten konstruieren in Baumhöhlen aus Wachs komplizierte Wabenbaue, in denen sie zugleich wohnen, ihre Nahrung lagern und die Brut aufziehen. Zum selben Zweck schichten Ameisenvölker unzählige Tannennadeln, Blätterreste und Holzfasern zu imposanten Ameisenhügeln aufeinander. Kaninchen, → Wühlmäuse und → Maulwürfe buddeln unterirdische Nestkammern und polstern sie mit trockenen Gräsern, Moos, Fell und Federn kuschelig aus. Die behaglichen Baue dienen als Versteck vor Feinden, als Wohnung und als Kinderstube für den Nachwuchs.

Eines der raffiniertesten Nester baut das → Eichhörnchen.

Männliche Laubenvögel bauen kunstvolle Liebesnester, die Weibchen zur Paarung anlocken.

Das Geflecht aus Ästen, Halmen und Blättern ist derart stabil, daß den Jungen selbst dann kein Schaden zustößt, wenn ein Sturm sie mitsamt ihrem Heim vom Baumwipfel bläst. Außen hat die kugelrunde Bettstatt ein Einschlupfloch, das wie eine richtige Tür funktioniert. Das Eichhörnchen öffnet sie mit den Krallen und schließt sie dann von innen wieder zu.

Statt Zweige und Halme aneinanderzufügen, bauen verschiedene Fische und → Frösche Luftschlösser. Aus Luftblasen (die bei manchen Arten durch Körpersekrete verdichtet werden) konstruieren sie für ihre → Eier komfortable Schaumnester, die an der Wasseroberfläche schweben.

Unbestrittene Baumeister sind aber die Vögel. Kaum zu glauben, daß ihre mollig warmen Nester nur als Kinderzimmer dienen. Ist der Nachwuchs flügge geworden, schlafen die Alten auf einem windigen Ast, anstatt sich in ihrem Nest aneinanderzukuscheln.

Indische Schneidervögel beherrschen ihr Handwerk besonders gut. Mit Pflanzenfasern nähen sie Blätter zu einer Tasche zusammen und polstern diese mit Nistmaterial aus.

Das eleganteste Nest bauen die → Webervögel. Mit sieben verschiedenen Knottechniken (darunter auch der Seemannsknoten) flechten sie Halme und Gräser zu einem rundlichen Bau zusammen. Während viele Vogelpärchen ihr Nest in Teamarbeit errichten, gehört der Nestbau beim Webervogel zum Balzritual: Nur wer eine perfekte Kinderstube vorweisen kann, hat Aussichten auf eine Braut. Ist die Auserwählte mit dem Nest nicht hundertprozentig zufrieden, kann es dem fleißigen Bauherrn passieren, daß sie sein Werk mit ein paar Schnabelhieben wütend zunichte macht. Auch der Zaunkönig muß bis zu sieben Eigenheime bauen, bis sein Weibchen sich endlich zur Paarung durchringt. Hat sie sich schließlich dazu entschieden, richtet sie das schönste Nest mit weichem Laub und Federn ein.

Ganz anders hingegen die → Haubentaucher. Sie erheben den Nestbau zum bezaubernden Liebesritual, bei dem sie sich gegenseitig Nistmaterial anbieten. Nach der Paarung tauchen die Frischvermählten dann gemeinsam nach Schilf und verrotteten Wasserpflanzen, die sie zu einem floßartigen Schwimmnest aufschichten.

→ Bienenfresser und Eisvögel hingegen graben Brutröhren in steile Uferwände. → Meisen und Eulen suchen sich schützende Baumhöhlen, während der → Specht sich die Mühe macht, diese eigens zu zimmern. Doch so unterschiedlich die Standorte und die Vogelnester sind, die Technik ist immer dieselbe: Zuerst stopfen die Vögel das Nistmaterial an die richtige Stelle. Dann hockt sich ein Partner in die Mitte und dreht sich im Kreis, bis eine Mulde entsteht. Napfförmige Nester, wie das der Amsel, werden gerne mit Lehm verstärkt und mit Moos und Federn gepolstert. Nur Singdrosseln brüten direkt auf Ton.

Alles, was Vögel zu tragen vermögen, kann in ihren Nestern landen. → Tauben brüten manchmal buchstäblich auf Nagelbetten. Mauersegler, die niemals am Boden landen, erhaschen im Flug umherschwebende Fasern und Federn. In Städten lebende Amseln flechten häufig Plastikteile in ihr Nest, während ihre Verwandten auf dem Lande Stroh und Tierhaare verwenden.

Wer im Herbst ein verlassenes Vogelnest im Garten findet, sollte es am besten stehenlassen. Zwar kehren flügge gewordene Junge nie wieder in ihre Kinderstube zurück. Aber im nächsten Frühling signalisieren verlassene Nester vorüberfliegenden Vögeln, wo ein guter Standort zur Jungenaufzucht ist. Das alte Nest vom Vorjahr wird dann »recycelt« und zu einer neuen Brutstatt verwoben.

Einige Vögel verzichten ganz auf den Nestbau. So legen Flußregenpfeifer und andere Watvögel ihre Eier unauffällig in eine Kiesmulde am Ufer. Manche Kuckucksarten drücken sich nicht nur vor dem Nestbau, sondern sogar vor dem Brüten (→ Kuckucke). Die Männchen der Kaiserpinguine brüten ihr einziges Ei in einer Hautfalte unter ihrem Bauch aus. Ist das Junge geschlüpft, übernimmt die Mutter das Brutgeschäft und birgt das Küken zwischen ihren Füßen.

Rekorde im Nestbau

Das größte Baumnest
Weißkopfseeadler
Durchmesser bis 2,9 m, Höhe bis zu 6 m

Der größte Nisthügel
Großfußhuhn
Höhe bis 5 m, Breite 11 m

Die größte Nestgemeinschaft
Siedelweber
Bis zu 300 Nestkammern

Das größte überdachte Nest
Hammerkopf
Bis zu 2 m breit und tief

Das größte Nest eines Kleinvogels
Weißkehlcacholote
Durchmesser 1,5 m (der Vogel ist 21 cm lang)

Die längste Niströhre
Nashornalk
Bis zu 8 m lang

Die kleinsten Nester
Zwergelfe
Halb so groß wie eine Walnußschale
Bienenelfe
Etwa so klein wie ein Fingerhut

Nixen

Unten Fisch, oben Frau: Die koketten Wassergeister aus der germanischen Mythologie versuchen, verliebte Männer zu sich ins Wasser zu ziehen. Nixen sind zumeist jung, hübsch, langhaarig und barbusig. Was offenbar ausreicht, damit Männer den schuppigen Fischschwanz und die bösen Absichten vergessen.

O

Onanie

Alberto Moravia irrte, als er behauptete: »Die Selbstbefriedigung stellt den einzigen Sexualakt dar, der etwas mit Kultur zu tun hat, weil er ganz aus der Phantasie kommt.« Und auch Mark Twain unterschätzte die sexuelle Verspieltheit vieler Tiere, als er schrieb: »Der Affe ist das einzige Tier, ausgenommen der Mensch, das diese Wissenschaft praktiziert – daher ist er unser Bruder.« Jeder Hundebesitzer hätte ihn eines Besseren belehren können.

Lange hüllten sich die Biologen in Schweigen über das, was sie in Wäldern und Savannen beobachten konnten. Sex, so lautete die Lehrmeinung, sei nur dann natürlich, wenn er der Fortpflanzung diene. Was tun, wenn die Natur sich unnatürlich verhält? Am besten nicht darüber reden.

Selbst in Büchern über Sex im Tierreich kam die Selbstlust lange Zeit nicht vor. Der französische Essayist Rémy de Gourmont schrieb in seinem 1918 erschienen Werk »Physik der Liebe« nur wenige Sätze über Hündinnen, die »ihre Vulva am Erdboden wetzen«, und → Hirsche, die ihre »Rute an den Baumstämmen reiben«. Das Werk »Die Liebeswelt der Tiere«, 1927 in Deutschland erschienen, spart die Onanie völlig aus. Obwohl darin sogar ein Hund beschrieben wird, der sich Hühner »auf sehr geschickte Weise zu seinen Gattinnen machte«. Und auch das »Liebesleben der Tiere« (Deutschland 1953) erwähnt das Thema Selbstbefriedigung nicht. Doch zwei Jahre zuvor hatten in den Vereinigten Staaten die Anthropologen Clellan S. Ford und Frank A. Beach das Tabu gebrochen. In »Patterns of sexual behavior« schildern sie anschauliche Beispiele der Onanie im Tierreich.

1968 veröffentlichte Lothar Dittrich, der damalige Zoodirektor von Hannover, eine Sammlung von Onanie-Beobachtungen. Sie beginnt mit dem Satz: »Neben normalen heterosexuellen Geschlechtsbeziehungen kann man im Zoo homosexuelles und gelegentlich auch anderes abnormes sexuelles Verhalten, am häufigsten Masturbation, beobachten.« Als ob die Strafe für solche »Abnormitäten« auf den Fuß folgt, nehmen viele der von Dittrich beschriebenen Tiere ein schlimmes Ende. Ein Affenweibchen machte »einen gestörten, fast kranken Eindruck«, ein anderer Affe »magerte sehr stark ab und starb schließlich«, ein halbwüchsiger Kudu-Antilopenbulle ist »bald danach tödlich verunglückt«, ein Tapir »starb später an generalisierter Tuberkulose«, ein onanistischer Ameisenbär »starb schließlich an Entkräftung« und die Hoden eines sündigen Elefanten waren »völlig degeneriert«. Bei einem geilen, aber schmächtigen Flußpferdbullen fragt sich Dittrich, ob damit vielleicht die »ausgiebige sexuelle Betätigung« und die schwache Konstitution in Zusammenhang stünden.

Erst eine neue Generation von Wissenschaftlern nähert sich dem Thema unbefangener. Der Anthropologe und Verhaltensforscher Volker Sommer, der 1990 ein Werk über Homosexualität und Evolution verfaßte, vermutet, daß sich die gesamte höhere Fauna gelegentlich dem eigenen Genital zuwendet. Sex an und für sich ist bei Känguruhs, → Walen, → Giraffen, → Tauben, Wellensittichen und Hunderten weiterer Arten beobachtet worden.

Die Methoden, die die Tiere dabei anwenden, stehen an Einfallsreichtum den menschlichen Praktiken in nichts nach. Zoodirektor Dittrich beschreibt zwei junge Orang-Utan-Weibchen (→ Orang-Utans), die »ihre Genitale gegen die aus dem Gitterwerk vorstehenden Schweißkuppen rieben. Sie waren während des Onanierens nicht so leicht abzulenken wie sonst«. In »Grzimeks Enzyklopädie« wird von wilden Nubischen Steinböcken berichtet, die sich die eigene Penisspitze in den Mund stecken. Den gleichen Trick beherrschen weibliche Fleckenhyänen (→ Hyänen) mit ihrer riesigen → Klitoris. Ein Nashornbulle wurde dabei beobachtet, wie er sich sein Glied klatschend gegen den eigenen Bauch schlug, bis er ejakulierte.

Elefantenbullen besaugen ihr Genital mit dem Rüssel. Die Weibchen dagegen suckeln an ihren zwischen den Vorderbeinen gelegenen → Zitzen und schlagen sich gleichzeitig mit dem Schwanz auf die → Vulva. Von den → Delphinen, die die US-Navy zum Bergen von Torpedos einsetzt, wird berichtet, daß sie ihr Geschlechtsteil an den Unterwasserwaffen rieben. Die ausgefeilteste Technik besitzen natürlich unsere engsten Verwandten: Schimpansinnen können sich Holzstückchen paßgenau zurechtbeißen, um sie in die Scheide einzuführen (→ Schimpansen). Prinzipiell scheint die Regel zu gelten: Jeder nach seinen Bedürfnissen, jeder nach seinen Möglichkeiten.

Dabei sind die Übergänge zu anderen Formen der Sexualität fließend. Was ist von einem Kudu zu halten, der sich an einer liegenden Giraffe reibt? Ist das noch Onanie oder schon Sex über Artgrenzen hinweg? Begehrt er die Giraffe – oder benutzt er sie? Haustiere tun es auch mit Menschen. Von → Hunden beiderlei Geschlechts ist bekannt, daß sie sich gern an menschlichen Schienbeinen reiben. Männliche Wellensittiche bespringen die Finger ihrer Besitzer. Und ein im Gehege aufgewachsener → Auerhahn flatterte seinem Pfleger auf den Kopf und trieb es mit dessen Tirolerhut. Eine Stute aus dem Leipziger Zoo unterbrach sogar das Fressen, wenn ein heimlicher Sodomit (→ Sodomie) abends an die Koppel trat. Bereitwillig trottete sie auf ihn zu, preßte ihr Hinterteil an den Zaun, spreizte die Beine und lüftete den Schweif: Menschenliebe oder Onanie mit technischer Hilfe eines Menschen? Vielleicht war ihr der seltsame Tierfreund völlig egal und sie dachte dabei an den Hengst ihrer Träume.

Zumindest bei Primaten deutet einiges darauf hin, daß sie sich bei der Selbstbefriedigung Phantasien machen können. Im Laborversuch wurde einem Affen beigebracht, immer wenn er einen Videofilm sah, auf eine Stange zu treten. Im Schlaf trat das Tier in gleicher Weise auf die Stange, während sich seine Augen unter den geschlossenen Lidern heftig bewegten. Der Affe sah also auch im Schlaf Filme: Er träumte, schlossen die Forscher. Zwischen Traum und willentlichen Sexphantasien liegt nur ein kleiner Schritt.

Die meisten zoologischen Masturbationsbeobachtungen stammen von Säugern oder Vögeln. Das Verhalten dieser hoch entwickelten Tierklassen ähnelt in vielen Facetten dem menschlichen, es ist leichter zu analogisieren. Bei → Affen beiderlei Geschlechts konnte sogar nachgewiesen werden, daß sie zum → Orgasmus kommen. Schwieriger wird die Sache, wenn es um → Käfer oder Kraken geht. Bekannt ist, daß einige Tierformen → Zwitter sind und sich selbst befruchten, → Schnecken zum Beispiel. Ob es ihnen auch Spaß macht, bleibt fraglich. Es gibt jedoch einen Hinweis darauf, daß selbst bei kaltblütigen Tieren Sex mehr ist als eine Fortpflanzungsmethode. Bei einigen Arten von Rennechsen (→ Echsen) sind alle Tiere weiblich. Die Jungen entwickeln sich aus den unbefruchteten Eiern ihrer Mutter. Dennoch praktizieren diese Echsen eine Paarung, bei der die Partnerinnen ihre Körperöffnungen aneinanderpressen, wie bei einer Samenübertragung. Dieser gleichgeschlechtliche Akt löst den → Eisprung aus.

Obwohl die meisten Berichte aus Zoos und Labors stammen, ist eines sicher: Selbstbefriedigung ist keine Knastneurose. Biologen gehen heute davon aus, daß alle Verhaltensweisen, die in Gefangenschaft registriert werden, auch in freier Wildbahn vorkommen. Nur die Häufigkeit der Masturbation mag durch das Zooleben, wo die Tiere sich nicht mehr ums Fressen kümmern müssen, gefördert werden.

Glaubt man den gesammelten Daten, so machen es Weibchen seltener als Männchen. Dabei muß jedoch einkalkuliert werden, daß auch ein wissenschaftlich geschulter Beobachter auffälliges Verhalten eher registriert als unauffälliges. Männliche Geilheit ist durch den erigierten → Penis gekennzeichnet, der sich kaum verbergen läßt. Die Ejakulation zeigt den Höhepunkt an. Ein weibliches Tier kann sich stilles Glück verschaffen, indem es auf dem Boden herumrutscht oder das Hinterteil an einen Baumstamm reibt. Beides ist für den Betrachter nicht unbedingt als sexuelle Handlung kenntlich.

Überhaupt ist Selbstbefriedigung keine Praxis, die genau eingegrenzt werden könnte. Der eine rubbelt alleine, weil er keine Partnerin findet, die andere streichelt sich, weil sie gerade keinen Partner will. Affenpaschas wurden gesehen, die umgeben von ihrem sexwilligen → Harem genüßlich onanierten. Paare gleichen oder unterschiedlichen Geschlechts masturbieren voreinander oder helfen sich gegenseitig dabei. All dies kann als Selbstbefriedigung betrachtet werden. Volker Sommer sagt: »Es ist ein Komplex in einem Kontinuum von allen möglichen sexuellen Äußerungen, von denen 99,9 Prozent nicht zu einer Befruchtung führen.«

Die Soziobiologie lehrt jedoch, daß nur solches Verhalten sich in der Evolution durchsetzt, das den Individuen einen Fortpflanzungserfolg verschafft. Verhalten also, welches im Endeffekt dazu führt, mehr Nachkommen zu haben als die Konkurrenz. Es ist schwer vorstellbar, wie Onanie bei der Fortpflanzung dienlich sein könnte. Sie ist es dennoch, wie Wissenschaftler herausgefunden haben. Wenn ein Männchen masturbiert, ist der → Samen beim nächsten Geschlechtsverkehr frischer. Jüngere Spermien sind erfolgreicher, wenn im Körper eines Weibchens Samen von mehreren Partnern in Konkurrenz treten. Der Onanist verschafft seinen Spermien also einen Startvorteil beim Zielschwimmen auf das Ei, behaupten die britischen Biologen Robin Baker und Mark Bellis.

Der Verhaltensforscher Martin Wikelski hat ein besonders trickreiches Verhalten bei den Meeresleguanen auf den Galápagosinseln beobachtet. Sie verschaffen sich durch Onanie einen Schnelligkeitsvorteil. Echsenmännchen, die bei den Territoriumskämpfen vertrieben worden sind, versuchen als Wegelagerer Weibchen zu begatten. Wenn ein Revierinhaber dies bemerkt, vertreibt er den Konkurrenten sofort. Die Sache muß also schnell gehen. Deshalb produzieren diese Sexpiraten einen Vorrat an Sperma. Sie liegen in Kopulationsstellung auf Steinen herum und ejakulieren. Der Samen sammelt sich in Hauttaschen, welche die zwei Penisse der Leguane umhüllen. Ergibt sich eine Gelegenheit, muß der Samen nur noch ruckzuck übertragen werden: Der Revierbesitzer kommt zu spät.

Auch weiblichen Wesen verschafft die Selbstbefriedigung gesteigerte Vermehrungschancen: Sie halten ihre Scheidenmuskeln fit und ihre Vaginalsekrete frisch. Das ist sehr nützlich, denn der weibliche Körper bestimmt, welcher Samen das Ei befruchten darf. Die Vorstellung von Spermien, die ein Ei erobern, ist eine männliche Wunschphantasie. In Wahrheit ziehen die Eizellen Spermien an, um sie förmlich einzusaugen. Außer dem Trainingsaspekt kann die Masturbation dem weiblichen Wesen noch einen weiteren Vorteil verschaffen. Baker und Bellis fanden heraus, daß Frauen, die im Abstand von einigen Tagen mit zwei Partnern verkehren, durch Onanie beeinflussen können, welcher Samen sie befruchtet. Trägt die Frau beispielsweise Spermien vom Montag in sich, masturbiert am Mittwoch und hat am Freitag einen neuen Liebhaber, dann bewirkt die mittwöchliche Übung, daß die Samen vom Montag reaktiviert werden und der freitägliche Bettpartner kaum eine Chance zur Befruchtung hat.

Doch jenseits der soziobiologischen Theorie und des Darwinschen Konkurrenzdenkens kann den Tieren Masturbation einfach Spaß machen – auch wenn dies keine wissenschaftlich ausreichende Erklärung ist. Lothar Dittrich berichtet von einer Äffin aus der Art Graue Languren, die ungezählte Male am Tag Hand an sich legte und beim Höhepunkt »fast anfallartige, krampfartige Erschütterungen des ganzen Körpers anzeigte«. Der Zoodirektor schließt die Beschreibung des sexbesessenen Tieres mit einem Vergleich, der jedem Onanie-Genießer aus dem Herzen spricht: »Einen Orgasmus solcher Intensität erleben bei der normalen Paarung weder die Languren noch andere Affenarten.«

Oralsex

Die Stimulation der Geschlechtsteile mit Mund und Zunge ist unter → Säugetieren weit verbreitet. Bei vielen gehört es zum Vorspiel, daß das Männchen nicht nur am → Urin des Weibchens schnuppert und ihn trinkt, sondern auch die → Vulva abschleckt. Ausdauernder Cunnilingus bis zum Orgasmus ist allerdings bisher noch nicht wissenschaftlich dokumentiert worden. Allerdings gelingt es Sodomitinnen (→ Sodomie), → Hunde so zu erziehen, daß sie diesen Dienst erweisen.

Fellatio in ihrer homosexuellen Variante wiesen Forscher bei → Makaken in einem Beobachtungsgehege der Stanford-Universität nach.

Manche Tiere beherrschen obendrein eine Variante oraler Lustbereitung, die den meisten Menschen (außer besonders biegsamen Turnern) versagt bleibt: die Selbststimulation. Forscher sahen, wie beispielsweise Fleckenhyänen (→ Hyänen) ihre extrem große, erigierte → Klitoris ins Maul nahmen. Entsprechendes wird von männlichen Braunbären und Steinböcken berichtet.

Orang-Utans

Die Männchen besitzen zwar gewaltige Kräfte in den Armen, sind aber zwischen den Beinen ähnlich kümmerlich ausgestattet wie → Gorillas. Ihr erigierter → Penis mißt vier Zentimeter, die Hoden sind klein geraten. Obwohl sie auf den ersten Blick so ruhig und freundlich wirken, sind Orang-Utan-Männchen die schlimmsten Vergewaltiger unter den → Affen. Die Hälfte der alten Männchen und alle jüngeren zwingen Weibchen zum Sex. Wissenschaftler erklären die ungewöhnlich hohe Rate an → Vergewaltigungen mit der einsamen Lebensweise der rothaarigen Menschenaffen. Sie streifen allein durch die Baumkronen der Regenwälder Malaysias und Indonesiens. Begegnen sich zwei Fremde, gibt es keinerlei soziale Kontrolle, der sich der stärkere anpassen müßte. Will sich das viel größere Männchen paaren, erzwingt es den Geschlechtsverkehr. Bei anderen Affenarten würden Mitglieder der Gemeinschaft dem Weibchen zur Hilfe eilen. Doch der Hilferuf eines Orang-Weibchens verhallt im Urwald. Zum Glück sind die Orang-Utans unsere entferntesten Verwandten unter den Menschenaffen. → Bonobos und → Schimpansen stehen uns wesentlich näher.

Orgasmus

Vermutlich – so der Stand der Zoologie – erleben viele Arten von Säugetiermännchen einen Orgasmus. Sexuelle Hochgefühle bei Weibchen wurden bisher nur an → Affen beobachtet. Genaues weiß man nicht. Denn Tiere können über ihre Lust nicht sprechen und der Orgasmus ist eine subjektive Empfindung, die nur begrenzt meßbar ist. Forschern bleibt daher nichts anderes übrig, als von körperlichen Reaktionen, die den menschlichen ähneln, auf analoge Empfindungen beim Tier zu schließen.

Beim Menschen wird die Explosion der Ekstase im limbischen System ausgelöst, dem Lust- und Schmerzzentrum des Gehirns. Die Schließmuskeln von Darm und Harnröhre, bei Frauen auch von Scheide und Gebärmutter, kontrahieren in Intervallen von 0,8 Sekunden. Dabei wird im Körper vermehrt Oxytocin ausgeschüttet, ein Wonnehormon, das bei Mensch und Tier Bindungsfreude und Kuschelbedürfnis auslöst. Zumeist dauert der lustvolle Ausbruch weniger als eine Minute.

Bei Tieren stellt sich der Glücksgipfel äußerlich ganz ähnlich dar. Naht sich etwa ein Rattenmännchen dem Höhepunkt, stößt es noch einmal kräftig zu, hält dann inne, richtet sich auf und bekommt einen glasigen Blick. Ein Orgasmus? Bewiesen werden kann das nicht. Die Ejakulation jedenfalls ist kein Beleg für orgasmisches Empfinden. Auch → Käfer stoßen ihren Samen aus – doch höchstwahrscheinlich ohne Ekstase.

Immerhin bietet die männliche Ejakulation einen kleinen Anhaltspunkt. Die Orgasmusforschung an Weibchen ist noch komplizierter. Der Anthropologe Volker Sommer berichtet von weiblichen Rhesusaffen und Bärenmakaken, die in Forschungsgehegen beobachtet wurden. Die Tiere benahmen sich sehr ähnlich wie Menschen, die einen sexuellen Höhepunkt erleben: schnelle Beckenstöße, Pause, Vorneigen des Rumpfes, Versteifen des Körpers, tranceähnlicher Gesichtsausdruck, rhythmisch stöhnendes Ausatmen, der Mund formt ein »O«. Bei künstlich erregten Äffinnen wurden zudem erhöhte Herzfrequenz und die orgasmustypischen Scheidenkontraktionen gemessen. Besonders neugierige Primatologen stimulierten Schimpansenweibchen mit dem Finger und konnten ebenfalls pulsierende Lustkrämpfe spüren.

Für den weiblichen Orgasmus bei Affen spricht auch, daß die Tiere ausgiebig ihren Kitzler (→ Klitoris) streicheln oder an Gegenständen reiben. Der Verhaltensforscher Frans de Waal berichtet von Bonobo-Weibchen (→ Bonobos), die grinsend und quietschend ihre Genitalien aneinanderrubbeln, und schreibt, es sei »kaum zu bezweifeln«, daß die Menschenaffen damit »orgasmusähnliche Empfindungen ausdrücken«.

Der frühere Hannoversche Zoodirektor Lothar Dittrich beobachtete ein Weibchen der Affenart Graue Languren (auch Hulman oder Hanuman Langur genannt), das durch → Onanie »ungezählte Male am Tage einen Orgasmus« erlebte, der sich durch »fast anfallartige, krampfartige Erschütterungen des ganzen Körpers anzeigte«. »Warum«, fragt die amerikanische Wissenschaftlerin Helen Fisher, »sollten die Affenfrauen keinen Orgasmus haben? So kompliziert ist diese physiologische Reaktion auch wieder nicht.« Die Ergebnisse der modernen Primatenforschung bestätigen jedenfalls den alten Griechen Aristoteles. Er schrieb bereits vor mehr als 2000 Jahren: »Weibchen sind von Natur aus lustbetont, bringen die Männchen zur Kopulation und schreien während der geschlechtlichen Vereinigung.«

Doch warum bereitet Sex Tieren und Menschen eigentlich Vergnügen? Andere Erfolgskonzepte der Evolution wie die Lungenatmung, der Vogelflug oder die Geschicklichkeit menschlicher Hände haben sich ja auch entwickelt, ohne daß sie lustvolle Schauer verursachen. Laut Darwin heißt die oberste Regel: Effizienz siegt. Wie kommt da Spaß ins Spiel? Schließlich paaren sich auch Fische und Insekten, die vermutlich keinen Höhepunkt dabei erleben.

Vielleicht wurde der Orgasmus als Anreiz notwendig, weil hoch entwickelte → Säugetiere – anders als etwa Insekten – keine roboterhaften Instinktwesen mehr sind. Sie spulen nicht einfach ein Verhaltensprogramm ab, sondern können – innerhalb gewisser Grenzen – sehr flexibel reagieren. Was liegt da näher als eine Lustbelohnung, die die Fortpflanzung zur Freude macht. Welchen Vorteil das für Männchen bietet, ist klar: Der erste, der einen Lustschauer empfand, wollte dieses Gefühl vermutlich so oft wie möglich wiederholen. Somit vermehrte er sich erfolgreicher als seine Konkurrenten, die dumpf und instinktgesteuert ihre sexuellen Pflichten erfüllten. Ein Teil seiner Söhne war wiederum orgasmusfähig, wieder erfolgreicher im Nachwuchszeugen und so weiter.

Doch dieses Rechenmodell funktioniert nicht für die Weibchen. Männliche Wesen haben eine unbegrenzte Zeugungskapazität. Ihr Fortpflanzungserfolg ist nur durch einen Faktor begrenzt: Die Zahl paarungsbereiter Partnerinnen, die sie finden. Weiblichen Tieren sind bei der Vermehrung ganz andere Grenzen gesetzt. Sie tragen nur eine limitierte Zahl von Eizellen im Körper. Die Trächtigkeit, das Stillen, die Aufzucht der Jungen ist harte körperliche Arbeit, die an den Kräften zehrt. Ein Weibchen kann seinen Reproduktionserfolg also nicht dadurch erhöhen, daß es sich von möglichst vielen Männchen begatten läßt.

Warum also können weibliche Menschen, und wohl auch die Weibchen vieler Affenarten, Orgasmen erleben? Welchen Vorteil gegenüber ihren Konkurrentinnen könnte die erste Primatin gehabt haben, die einen Höhepunkt genoß? Darüber streiten sich die Experten und stellen immer neue Theorien auf.

Der amerikanische Evolutionsbiologe Steven Jay Gould hält die weibliche Lust schlicht und einfach für ein Nebenprodukt der offenbar vorteilhaften männlichen Lust. So wie Männer auch Brustwarzen haben, obwohl sie eigentlich nur bei Frauen benötigt werden.

Goulds Landsmann John Alcock glaubt, daß die weibliche Orgasmusfähigkeit bei den Urmenschen dazu diente, männliche Partner einem Test zu unterziehen. Da die meisten Frauen – wie der Sexualforscher Alfred Kinsey nachgewiesen hat – durch die einfache Mechanik des Geschlechtsverkehrs nicht zum Höhepunkt kommen, ist die Hingabe des Mannes gefragt. Ein egoistischer Partner, der nicht das hierzu nötige Einfühlungsvermögen besitzt, ist vermutlich, so Alcock, auch ein schlechter Vater. Die Frau in der Urhorde fühlte sich also zu dem hingezogen, der sie auch bei der Aufzucht der Kinder unterstützte. Das erhöhte ihren Fortpflanzungserfolg.

Eine weitere Theorie stammt von der Biologin Sarah Hrdy. Wieder ist hier der Kinderschutz die treibende Kraft. Wenn Sex einem Affenweibchen Vergnügen bereitet, wird sie ihn mit vielen Männchen genießen wollen. Eine Schimpansin kopuliert beispielsweise pro Befruchtung im Durchschnitt 135 Mal mit wechselnden Partnern. Bei → Schimpansen und anderen Affenarten sind Jungtiere häufig durch aggressive Männchen gefährdet. Die Kinder sind um so besser geschützt, so Hrdy, je mehr männliche Affen sich für den Vater halten. Denn den eigenen Nachwuchs verschonen sie und verteidigen ihn sogar gegen Angreifer.

Einen noch direkteren Vorteil weiblicher Promiskuität entdeckte die Verhaltensforscherin Anne E. Rasa in der südafrikanischen Kalahari-Wüste. Weibchen der dort lebenden Fuchsmangusten (eine Mungo-Art) paaren sich während ihres → Eisprungs ausschließlich mit dem dominanten Männchen (→ Mungos). Vor und nach der fruchtbaren Phase widmen sie sich den Rangniederen. Der Erfolg: Nicht nur der Rudelchef, sondern auch die anderen Männchen geben den Jungen Nahrung ab – geleitet von dem Gefühl, es sei ihr eigener Nachwuchs.

Die einfachste Erklärung für den weiblichen Orgasmus ist jedoch der Saugeffekt: Beim sexuellen Höhepunkt zieht sich die → Gebärmutter mehrfach zusammen, während sich der Muttermund herabsenkt: Das Sperma wird regelrecht angesaugt. So wird die Empfängnisbereitschaft beim lustvollen Akt erhöht, bei einem freudlosen oder gar erzwungenen Geschlechtsverkehr gesenkt. So verstärken weibliche Wesen die Wahrscheinlichkeit, von ihrem Wunschpartner befruchtet zu werden. »In einem Klima männlicher Brutalität«, schrieb die Biologin Lynn Margulis über das Sexleben unserer Urahnen, »gab der Orgasmus den Frauen ein Stückchen Kontrolle über ihr biologisches Geschick.«

P

Palolowürmer

Diese Ringelwürmer *(Eunice viridis)* leben auf dem Meeresgrund vor West-Samoa. Ihre geschlechtliche Aktivität findet in ein bis zwei Nächten des Jahres statt, stets kurz vor Sonnenaufgang bei zunehmendem Halbmond im Oktober oder November. Der untere Teil des Wurmes bleibt fest verwurzelt am Meeresgrund. Das obere Ende mit den Geschlechtszellen steigt nach oben. Einige davon zerfallen in → Eier, andere in → Samen. Die große Befruchtung dauert nur eine halbe Stunde. Die Samoaner feiern die ganze Nacht ein Volksfest und warten gespannt auf den Augenblick, wo die Wurmeier auftauchen. Wenn es soweit ist, schöpfen sie die Eier ab, um sie als Delikatesse zu genießen.

Pandas

Große Pandas sind Bären im Faulpelz. Am liebsten hocken die schwarzweißen Bambusvertilger auf ihrem Hinterteil und stopfen laut schmatzend Blätter in sich hinein. Allenfalls gähnen sie gelegentlich, recken sich ein wenig oder schlurfen schlingernd zur nächsten Staude, um sich dort wieder kauend niederzulassen. Die dekadenten Abkömmlinge der Ordnung Fleischfresser mampfen das verholzte Grünzeug, weil sie, so der chinesische Naturkundler Tang Xiyang, »zu träge zum Jagen sind«.

Die Männchen, so die Zeitung »China«, besitzen »einen kleinen Penis, einen schwachen sexuellen Trieb und nur eine begrenzte Anzahl an Spermien«. Was soll's, die Weibchen sind ohnehin nur an zwei bis drei Tagen im Jahr an Sex interessiert.

In den Wochen vor dieser kurzen Aufwallung geben die ansonsten kontaktarmen Tiere ein paar Laute von sich – zumindest zwischen den Mahlzeiten. Sie bellen, grunzen, blöken und stöhnen, bis ein Männchen doch noch vom schwachen Trieb gepackt wird und man gemeinsam auf den Höhepunkt des Jahres zusteuert.

Wenn 135 Tage später die meerschweinchengroßen Jungen geboren werden, herrscht wieder die übliche Trägheit. Pandamütter kümmern sich immer nur um ein Junges, auch wenn sie zwei zur Welt gebracht haben.

In den dreißiger Jahren geriet der erste Panda in einen amerikanischen Zoo und stieg sofort zum Publikumsliebling auf. Apathie, Eigenbrötlertum und ihr zurückgezogenes Leben in der Stille des Nebelwaldes bewahrten die Bambusbären nicht vor einer Kulttier-Karriere. Die Menschheit war entzückt von ihrer graphischen Schönheit und entschlossen, sie zu lieben. In den siebziger Jahren dienten Pandas als Staatsgeschenke, die Maos Diplomaten westlichen Staatsoberhäuptern überreichten. Heute werden die Tiere nur noch begrenzte Zeit vermietet, um in Zoogehegen für Nachwuchs zu sorgen. Dafür wird die teuerste → Partnervermittlung der Welt global in Gang gehalten. Ein japanischer Zoo zahlte 1992 15 Millionen Mark, um ein Pandapärchen zehn Jahre lang ausstellen zu dürfen. Fast 20 Millionen Mark bot der Tierpark in Tampa, Florida. Doch die US-Naturschutzbehörde machte einen Strich durch die Rechnung und untersagte den Import. Der Zoo von San Diego erhielt 1995 die begehrte Einfuhrlizenz und kann seither ein Pärchen zeigen. Leihgebühr: 1,5 Millionen Mark pro Jahr (die in das chinesische Pandaschutzprogramm fließen sollen). Für die Tierparks lohnt sich die Investition durchaus. Die Leihgaben aus China ziehen mehr Publikum an als jedes andere exotische Getier. Zirka 125 der trägen Tolpatsche hocken derzeit in Gehegen. Nur fünfzehn davon außerhalb Chinas.

Papageien

Bei vielen Papageienarten sind – anders als bei den meisten anderen Vögeln – die Weibchen ebenso groß und prächtig wie die Männchen. Der Evolutionsbiologe Adrian Forsyth erklärt dies damit, daß Papageien in Höhlen brüten. Zur Jungenaufzucht geeignete Höhlen sind selten und begehrt. Papageienpaare kämpfen darum gegen andere Papageienpaare. Es zahlt sich also für das Weibchen aus, durch Größe und Farbenpracht seine Kampfkraft kundzutun.

An Edelpapageien, einer aus Australien und Neuguinea stammenden Papageienart, fiel Züchtern auf, daß Jungtiere aus der gleichen Brut fast immer dem gleichen Geschlecht angehören. Erstaunlicher noch: Bei aufeinanderfolgenden Gelegen bleiben Edelpapageien häufig ebenfalls einem Geschlecht treu. Ein Weibchen im Zoo von Chester zog nacheinander 30 männliche Küken auf.

Wissenschaftler nehmen an, daß weibliche Edelpapageien das Geschlecht ihres Nachwuchses in ihrem Körper steuern können. Anders als bei → Säugetieren sind es bei Vögeln die Weibchen, die mit unterschiedlichen Chromosomen in ihren Eizellen bestimmen, ob die Jungen männlich oder weiblich werden (bei den Säugetieren sind es die Spermien). Wie weibliche Edelpapageien über die Eizellen in ihrem Körper entscheiden, ist unbekannt. Statistische Analysen ergaben jedoch, daß es sich bei der seltsamen Geschlechtsverteilung der Küken nicht um ein Zufallsphänomen handeln kann.

Ähnliche Fähigkeiten, das Geschlecht der Jungen zu bestimmen, sind von Fleckenhyänen (→ Hyänen), See-Elefanten und Seychellen-Rohrsängern bekannt. All diese Geschöpfe haben gemeinsam, daß es für sie bei unterschiedlichen Umweltbedingungen vorteilhaft sein kann, nur Weibchen oder nur Männchen in die Welt zu setzen.

Bei den Edelpapageien helfen mehrere Männchen dem Weibchen bei der → Brutpflege. Möglicherweise sorgen die Vögel von vornherein für einen Überschuß an Söhnen, damit diese sich als Helfer nützlich machen können.

Die als Käfigvögel beliebten Unzertrennlichen, Gattung *Agapornis* (altgriechisch: Liebesvogel) machen ihrem Namen alle Ehre. Paare dieser kleinen Papageien schnäbeln den lieben langen Tag und kraulen sich das Gefieder. Auch die Paarung dauert bei ihnen viel länger als bei anderen Vögeln. Da Männchen und Weibchen sich so überaus zärtlich zugetan sind, hielt man die Unzertrennlichen – wie auch andere Vogelarten – früher für strikt monogam. Doch Wissenschaft ist der natürliche Feind aller Sentimentalität: Sogar diese kleinen Schmuseköpfe betrügen ihre Ehepartner, wenn sich eine Gelegenheit dazu ergibt (→ Treue).

Paradiesvögel

Die farbenprächtige Vogelgattung umfaßt zirka 40 Arten, die in Neuguinea, Nordaustralien und auf einigen benachbarten Inseln leben. Paradiesvögel sind ein Musterbeispiel exzessiver

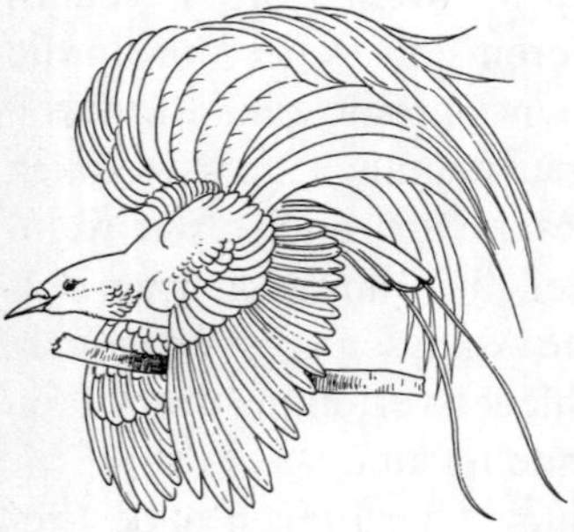

Ein Großer Paradiesvogel bei der Balz.

→ Damenwahl. Die Weibchen bleiben graubraun und unscheinbar. Sie ähneln den Krähen, mit denen sie verwandt sind. Doch da sie über viele tausend Jahre Evolution immer nur die prunkvollsten männlichen Balzkünstler erwählten, sehen diese heute aus wie Sambatänzer beim Karneval in Rio. Ihr natürliches Kostüm besteht aus knallbunten Büscheln, leuchtenden Brustschilden, schillernden Halskrausen, flatternden Federschwänzen und farbigen Antennen. Die Männchen mancher

Arten krönen ihr Feuerwerk aus Federn mit akrobatischen Übungen und hängen sich fledermausgleich kopfunter an einen Ast.

Parasiten

»Alles Prächtige geht auf Parasiten zurück«, sagt der Biologe Wilfried Haas. Geweihe, bunte Federn und sonstiger Bio-Kitsch wird durch die → Damenwahl herausgebildet, die bei den meisten Tieren üblich ist. Mit solcher Luxusausstattung wollen männliche Tiere ihren potentiellen Paarungspartnerinnen signalisieren, daß sie parasitenfrei und damit gute Vererber sind. Wenn den Bankiva-Hahn, den Stammvater des Haushahns, Darmwürmer plagen, wird sein Kamm blasser und kürzer. Die Hennen wissen: Achtung schlechtes Erbgut. Sie lassen sich von dem Gockel mit dem Kümmerkamm nicht bespringen. Das haben Forscher sogar im Experiment nachgewiesen, indem sie die Kämme gesunder Hähne bemalt haben. Sobald der satte Farbton überdeckt war, hielten sich die Hennen fern. Bei den Rauchschwalben wählen die Weibchen den mit den längsten Schwanzfedern. Diese Luxusfedern signalisieren, daß der Schwalbenvater seine Jungen nicht mit Milben belasten wird. Ohne Parasiten wüßten also die Indianer nicht, was sie sich an den Kopf stecken sollen, und die deutschen Jäger hätten nichts, um ihren Kamin zu schmücken.

Parasiten haben mehr Einfluß auf die Werke der Natur, als die meisten Menschen glauben. Nicht nur die äußerlichen Merkmale vieler Lebewesen, sondern auch wichtige Körperfunktionen und Verhaltensmuster haben ihren Ursprung im Wettlauf zwischen Wirt und Parasit. Ohne Bremsen und Stechfliegen hätten die meisten Huftiere wohl keinen Schwanz. Die Magensäure ist vermutlich eine Antwort auf Darmwürmer, welche wiederum im Lauf der Zeit gelernt haben, diese ätzende Barriere zu überwinden. Impalas, eine afrikanische Antilopenart, haben leicht bewegliche Schneidezähne entwickelt, um sich effektiver gegenseitig die Zecken abknabbern zu können. Unser Immunsystem ist ebenso eine Antwort auf Schmarotzer wie unser Ekel vor Exkrementen. Die wichtigste soziale Handlung unter unseren engsten Verwandten, den → Schimpansen, ist die gegenseitige Fellpflege (→ Streicheln). Sie verbringen täglich mehrere Stunden damit, zwischen ihren Haaren nach Hautschuppen und Kleingetier zu suchen. Mit diesen ausgiebigen Reinigungsritualen regeln sie ihre Beziehungen und dämpfen Aggressionen.

»Fünf Zecken auf einer Gazelle können entscheiden«, sagt Wilfried Haas, »ob sie einem Räuber entwischt, ein Territorium erobert oder gesunde Nachkommen kriegt.« Selbst das Sozialleben kann eine Antwort auf Parasiten sein. An Rentieren konnten Forscher feststellen, daß Einzelwesen mehr unter Fliegen zu leiden haben als Herdentiere. → Schafe, → Rinder und → Pferde umgehen beim Grasen großräumig Kothaufen. Dies ist mit Sicherheit keine ästhetische Abneigung, sondern eine Gesundheitsmaßnahme. Stare weben spezielle Grünpflanzen in ihr Nest, die als Läusegift wirken.

Nicht nur im Wettstreit mit ihren Wirten erweisen sich Parasiten als die Motoren der Evolution. Sie greifen auch ganz direkt in die genetische Weiterentwicklung ein. Die Forscherinnen Magaret G. Kidwell und Marilyn A. Houck von der Universität in Tucson, Arizona, fanden heraus, daß die → Milbe *Proctolaelaps regalis* etwas tut, was politisch höchst umstritten ist: Sie verpflanzt → Gene. Die Milbe frißt Eier und Larven verschiedener Taufliegenarten. Dabei nimmt sie sogenannte springende Gene auf und transplantiert sie von einer Art zur anderen. Das führt bei den Taufliegen zu einer Veränderung des Erbgutes und zu Mutationen. Der kleine Achtbeiner hat also eine Technik drauf, die Wissenschaftler erst vor wenigen Jahren entwickelt haben.

Die Krönung evolutionärer Entwicklungshilfe durch Schmarotzer ist jedoch die Sexualität. Sex kam vermutlich als Waffe gegen Parasiten in die Welt (siehe »Sex warum?«). Die Begründung dafür ist eigentlich ganz einfach: Schmarotzer fühlen sich wohl, solange alles so bleibt, wie es ist. Doch wenn sich der Wirt verändert, lauert Gefahr. Vielleicht entwickelt er ja Fähigkeiten, die dem ungebetenen Gast gefährlich werden könnten. Die Nachkommen eines Lebewesens, das sich ungeschlechtlich vermehrt, sind alle gleich. Kommt aber Fremdbefruchtung ins Spiel, werden die Gene bunt durcheinandergemischt, der Nachwuchs ist nicht mehr genormt, jede Fortpflanzung verändert auch das Immunsystem: Alarm für den Parasiten!

Der Populationsbiologe Curtis Lively von der Universität Bloomington, Indiana, fand Belege für diese These in neuseeländischen Seen. Die dort lebenden Wasserschnecken können sich selbst befruchten, also Klone hervorbringen (→ Jungfernzeugung). Sie können sich allerdings auch sexuell fortpflanzen. Die größte Bedrohung für diese Weichtiere ist ein kleiner Wurm mit dem etwas zweideutigen Namen *Microphallus*. Lively entdeckte, daß Schneckenvölker in Seen mit geringem Wurmbefall auf das Geschlechtsleben verzichten, sie bringen Klone hervor (→ Klonen). Steigt die Anzahl der Parasiten, stellen sie sich um und fangen an, sich sexuell zu vermehren. Offenbar tun sie das, um es *Microphallus* möglichst schwer zu machen. »Klone«, sagt der Wissenschaftler, »zahlen einen hohen Preis für ihre Uniformität.« Die gleiche Entdeckung gelang Robert Vrijenhoek, einem Genetiker aus New Jersey, bei einem kleinen karpfenartigen Fisch in Mexiko. Auch dieser kann sich auf beide in der Natur möglichen Methoden vermehren. Würmer machen auch ihm das Leben schwer. Der Fisch nutzte ebenfalls die Vorteile der sexuellen Genvermischung, um seinem parasitischen Herausforderer zu trotzen. In einem von Würmern durchsetzten Tümpel praktizierten 80 Prozent der Fische zweigeschlechtliche Vermehrung. Vor der Wurminvasion hatten sich 95 Prozent asexuell fortgepflanzt.

Der Schluß daraus ist ziemlich ernüchternd: Sex war ursprünglich nichts weiter als eine ziemlich effektive Wurmkur. Ein harter Brocken für Romantiker. Vielleicht entstand sogar die Ehe in grauer Vorzeit als Parasitenschutzgemeinschaft: Alleinstehende → Pinguine haben zwei- bis dreimal mehr Zecken im Gefieder als verpaarte.

Parasiten treiben nicht nur andere Tiere zum Sex, sondern führen auch selbst ein Sexualleben. Oftmals kopulieren sie im

Körper ihrer Wirte. Manche Schmarotzer müssen von drei verschiedenen Tierarten aufgenommen werden, um ihren Lebenszyklus zu vollenden.

Beispiel Kleine Leberegel: Diese zweieinhalb Zentimeter langen Parasiten leben in den Gängen der Schafleber. Dort paaren sie sich und legen Eier, die mit dem Kot der Schafe auf Wiesen landen. Schnecken fressen den Schafdung. In ihrem Darm schlüpfen die Larven der Egel. Dort klonen sie sich und bringen das Weichtier dazu, kleine Schleimballen auszuhusten, die voller Leberegellarven stecken. Der Schneckenschleim ist eine Delikatesse für Ameisen: So erobern die Parasiten Wirt Nummer drei. Während es von innen zerfressen wird, klettert das Insekt auf die Spitze eines Grashalms und verharrt, bis ein Schaf das Grün samt Ameise und Leberegellarven frißt.

Bis heute ist rätselhaft, wie es die Larve des Kleinen Leberegels schafft, eine Ameise so zu steuern, daß sie abends nicht zu ihrem Volk zurückkehrt, sondern sich in die Spitze eines Grashalmes verbeißt. Man weiß nur eines: Alle Larven, die von dem Insekt aufgenommen wurden, wandern in den Hinterleib. Bis auf eine, die setzt sich in das winzige Gehirn: Wunder der Natur.

Der sonderbare Lebensweg des Kleinen Leberegels ist keine Ausnahme. Der Saugwurm *Leucochloridium* bemächtigt sich einer Bernsteinschnecke und läßt deren Fühler derart anschwellen, daß diese auf Vögel wie zwei leckere, fette Raupen wirken. So gelangt er in den Vogeldarm. Die Larve der Flußperlmuschel kann sich nur weiterentwickeln, wenn sie sich eine Zeitlang in den Kiemen einer Forelle einnistet. Schmarotzen kann ein ziemlich schwieriger Job sein. Parasiten verdienen Respekt. Vielleicht wird einer von ihnen demnächst sogar ein Nutztier des Menschen. Die Deutsche Gesellschaft für Technische Zusammenarbeit setzt Hoffnung in einen Einzeller, der in Schlangendärmen lebt. Dieses Tierchen aus der Gattung *Sarcocystis* benutzt als Zwischenwirt die Wanderratte und bringt sie undankbarerweise um. Die Entwicklungshelfer wollen jetzt Ägypten und Thailand mit Hilfe des Einzellers von der Rattenplage befreien.

Eine besondere Variante des Schmarotzertums ist der Brutparasitismus. Manche Tiere haben (verständlicherweise) keine Lust, sich selbst um den Nachwuchs zu kümmern, und jubeln ihn trickreich anderen unter. Der bekannteste Brutparasit ist der Europäische → Kuckuck, der seine Eier in fremde → Nester legt. Die ahnungslosen Wirte sind zumeist kleine Singvögel, die voller Aufopferung das riesige Kuckucksküken füttern, das zuvor die leiblichen Eier seiner Pflegeeltern aus dem Nest geschmissen hat.

In der Wüste von Arizona lebt eine Fliege, gegen die der Brutparasitismus des Kuckucks geradezu gütig anmutet. Dieses perfide Insekt schießt seine → Eier in die Bruthöhlen der Ackelei-Bienen. Wie Kampfhubschrauber schweben die Fliegen dabei über den Tunneleingängen der Bienen und feuern ihren Nachwuchs mit der Präzision von Bordschützen in deren Brutkammern. Die emsigen Bienen haben ihre Höhlen mit einem Pollenknödel ausgestattet, der ihrer einzigen Larve als Nahrung dienen soll. Doch während sich die Bienenlarve von dem Pollen ernährt, wird sie selbst aufgefressen. Die kleinen Fliegenlarven bohren sich in ihr Fleisch. Wenn sie ihr Opfer verspeist haben, fressen sie sich gegenseitig auf, bis am Ende nur eine von ihnen übrigbleibt.

Partnervermittlung

Immer mehr einsame Herzen werden von Vermittlungsinstituten zueinandergeführt. Dieser Trend bleibt nicht auf Menschen beschränkt. In der Landwirtschaft und in zoologischen Gärten kopulieren Tiere längst nicht mehr munter durcheinander. Die Frage »Wer mit wem?« wird von den Haltern dicker Zuchtbücher im voraus geklärt.

In der Landwirtschaft kommt es dabei immer seltener zum natürlichen Vollzug. Statt dessen geht ein Reagenzglas voll Sperma auf Reisen und wird den armen Weibchen vom Tierarzt appliziert (→ Künstliche Besamung).

In zoologischen Gärten dagegen dürfen Hengst und Stute,

Bulle und Kuh, Eber und Sau sich zumeist noch körperlich begegnen. Doch seit die Tierparks in den siebziger Jahren damit aufhörten, sich aus der Wildnis zu bedienen, ist ein regelrechter Sextourismus zwischen ihnen ausgebrochen. Elf koordinierte Zuchtprogramme auf allen Kontinenten wachen über die Fortpflanzung mehrerer hundert Tierarten in den Zoos dieser Erde. Die Experten überprüfen Geschlechterverteilung, Altersstruktur und Verwandtschaftsgrad aller artgleichen Tiere in den verschiedenen Parks. Dann wird ein Zuchtplan erstellt, der festlegt, wer sich mit wem paaren darf. Dafür müssen zumeist die Männchen auf Reisen gehen.

Diese Partnervermittlung klappte sogar über den Eisernen Vorhang hinweg. So durfte etwa ein Sibirischer Tigerkater aus Leipzig ganz legal in den Westen ausreisen, um dort brünstige Tigerinnen zu begatten.

Der Genaustausch der Tierparks funktioniert auf Tauschbasis. Die Tiere werden nicht mehr – wie einst – verkauft, sondern als Zuchtleihgabe verliehen. Nur das kommunistische China läßt sich seine Leihgaben bezahlen, jedoch zu einem guten Zweck: Das Geld fließt in den Naturschutz. Ein ausländischer Zoo, der ein Pandapärchen ausstellen will, zahlt dafür zirka 1,5 Millionen Mark Leihgebühren im Jahr (→ Pandas).

Paviane

»Paviane«, so schrieb Alfred E. Brehm, »sind alle mehr oder minder schlechte Kerle, immer wild, zornig, unverschämt, geil, tückisch, ihre Schnauze ist ins gröbste Hundeartige ausgearbeitet, ihr Gesicht entstellt, ihr After das Unverschämteste.« Hier irrte Brehm, Paviane können richtig nett sein.

Die Männchen der Anubispaviane, die in ostafrikanischen Wäldern und Savannen leben, versuchen ihre Verehrte mit Aufmerksamkeit und Zärtlichkeit zu gewinnen. Der verliebte Anubispavian kost und laust die Auserwählte und ihre Jungen, so oft es geht. Er versucht, sie damit davon zu überzeugen, daß er der beste aller möglichen Begleiter ist. Gefällt er ihr, erwidert sie seine Zärtlichkeiten. In langjährigen Untersuchungen an kenianischen Pavianhorden konnte die Forscherin Shirley Strum feststellen, daß Männchen, die sich den Weibchen als netter Kerl vorstellen und auf diese Weise langsam eine Beziehung aufbauen, in 89 Prozent der Fälle später auch sexuell erfolgreich sind. Während der empfängnisbereiten Phase begleiten Männchen ihre Partnerin fast rund um die Uhr, um sicherzustellen, daß sie sich mit keinem anderen paart (was aber dennoch häufig geschieht).

Ist ein Männchen jedoch grob zu den Weibchen oder ungeschickt zu den Jungen, sinken seine Chancen erheblich. Brutale Männchen hatten nur bei einem Viertel ihrer Versuche, sich zu paaren, Erfolg. Zumeist bleiben sie nur einige Monate bei der aggressiven Taktik, dann eignen auch sie sich den üblichen netten Umgangston der Gruppe an.

Die Forscherin Barbara B. Smuts, die viele Jahre lang Anubispaviane in Kenia beobachtete, beschrieb zwei Grundtypen von Pavianmännchen: Die unsicheren, die oft auch aggressiv sind, und die, die durch Ruhe und Gelassenheit glänzen. Offenbar, so Smuts, kommen die coolen Typen bei den Weibchen wesentlich besser an.

Weibliche Steppenpaviane sind für ihre miesen Mobbingmethoden bekannt. Sie verbünden sich gegen unliebsame Konkurrentinnen und können sie derart fertigmachen, daß deren → Eisprung ausbleibt. Damit torpedieren sie auch den Fortpflanzungserfolg ihres Haremspaschas. Der lernt mit der Zeit, besser keine neuen Weibchen in den Trupp aufzunehmen. Das hält seine angestammten Haremsdamen bei Laune und erhöht die Kinderzahl.

Unter Blutbrustpavianen, Dscheladas genannt, gibt es zwei männliche Sexstrategien. Die eine setzt auf Macht. In blutigen Kämpfen erobert ein Männchen den → Harem eines anderen, den er dann in den folgenden Jahren ständig aggressiv gegen Konkurrenten verteidigen muß, bis er eines Tages selbst abgesetzt wird. Aber nicht alle Affen haben Bock, die Macho-Tour zu reiten. Sie knüpfen statt dessen dauerhafte Beziehungen zu einem oder zwei Weibchen aus dem Harem eines Deschelada-

Paschas, mit denen sie sich treffen, wann immer der Oberaffe gerade wegguckt. So vermeiden sie Kämpfe und leben im Durchschnitt länger als die Alpha-Männchen (→ Alpha-Tiere).

Mantelpaviane ziehen in Trupps von mehreren hundert Tieren durch karge Halbwüsten. So ein Trupp ist wiederum in Cliquen unterteilt, die aus befreundeten Männchen und ihren Harems bestehen. Die Paschas halten mit Drohungen und Gewalt ihren Harem zusammen und bestrafen jedes Weibchen, das sich zu weit entfernt.

Der Zürcher Zoologe Hans Kummer unternahm mit wilden Pavianen einen Versuch, dessen Ergebnis für Feministinnen schwer verdaulich ist. Er setzte weibliche Anubispaviane unter Mantelpavianen aus. Nun könnte man annehmen, das die selbstbewußten Weibchen, die ja gewohnt sind, sich nichts bieten zu lassen (siehe oben) sich vom Mackertum männlicher Mantelpaviane nicht sonderlich beeindrucken lassen und sich der Brutalität durch Flucht entziehen. Aber das Gegenteil war der Fall: Innerhalb weniger Stunden unterwarfen sie sich einem Haremsherren und lebten fortan wie die Mantelpavian-Weibchen folgsam unter seiner Herrschaft.

Auch die jungen Mantelpavian-Männchen leiden unter der Unterdrückung durch die Paschas. Da sie nur selten eine Chance erhalten, alte Macker abzusetzen, haben sie eine andere Strategie entwickelt. Sie suchen sich ein kleines Mädchen, das sie mütterlich betreuen und herumtragen. Da dieses Kind noch nicht geschlechtsreif ist, wird das Alpha-Männchen nicht eifersüchtig. Wenn das Junge erwachsen wird, fühlt es sich zu seinem Freund aus Kindertagen hingezogen, schließt sich ihm an und bildet so den Grundstock für seinen zukünftigen Harem. Sobald sich eine Gelegenheit bietet, setzen sich die beiden von dem alten Herren ab.

Die Weibchen haben ebenfalls Tricks entwickelt, um die brutalen Herrscher hinters Licht zu führen. Der Biologe Dietmar Zinner beobachtete in einem Versuchsgehege, wie weibliche Paviane reagieren, wenn ein neuer Pascha die Macht ergreift. Normalerweise beißt er die Jungen seines Vorgängers tot, damit die Weibchen schneller wieder empfängnisbereit werden und er eigenen Nachwuchs zeugen kann. Über die Hälfte aller toten Mantelpaviankinder wurde Opfer solcher Machtwechsel. Um die wilden Kerle zu beschwichtigen, entwickeln die Weibchen einen Schein-Östrus: Ihr Hinterteil schwillt an (→ Brunstschwellung), als ob ein → Eisprung stattfindet. Der neue Machthaber fällt darauf rein, besteigt sie und läßt ihre Kinder in Ruhe. Doch in Wahrheit sind die Mütter gar nicht empfängnisfähig. Eine Befruchtung kann erst funktionieren, wenn sie ihren Säugling entwöhnt haben.

Penis

Verglichen mit dem, was Tiermännchen zwischen den Beinen tragen, sind Menschenmänner armselig ausgestattet. Noppen, Borsten, Häkchen und Vibratoren: Accessoires, die unsereins im Sexshop erstehen müßte, gehören bei vielen Tieren zur Grundausstattung. Huftiere zum Beispiel tragen am Penis einen fingerähnlichen Fortsatz, der das Weibchen zusätzlich

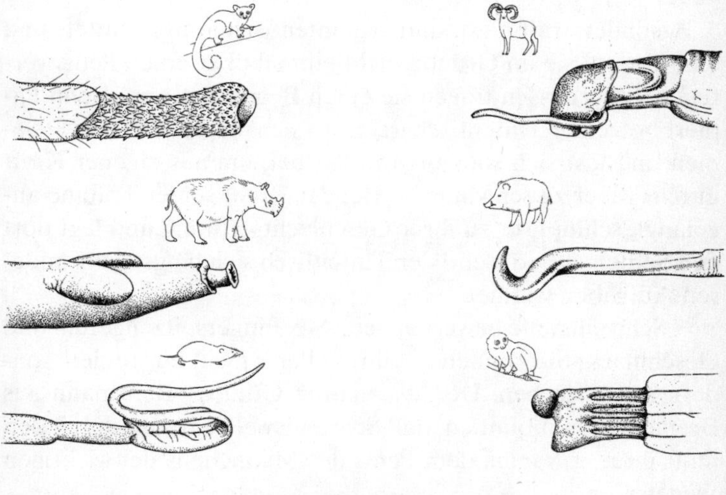

Penisformen verschiedener Säugetiere. Linke Reihe von oben: Buschwaldgalago, Sumatranashorn, Kurzschwanzspitzmaus. Rechte Reihe: Mufflon, Wildschwein, Plumplori.

stimuliert. Wenn → Katzen sich paaren, darf man im wahren Sinne des Wortes von »bürsteln« reden: Ihr Penis ist mit Schuppen und Widerhaken versehen, die bei der Katze einen → Eisprung auslösen. Allerdings macht es den Anschein, daß die Katze dabei eher Schmerzen als Vergnügen empfindet: Nach der Paarung verjagt sie ihren Partner mit einer kräftigen Ohrfeige.

Beneidenswert hat die Natur die Männchen einiger → Reptilien, so der Smaragdeidechsen, ausgestattet: Sie verfügen gleich über zwei Penisse. Je nachdem, welcher sich näher am Zielort befindet, kommt der linke oder der rechte zum Einsatz.

Von gigantischer Größe ist – selbst im Verhältnis betrachtet – der Elefantenpenis (→ Elefanten). Doch dem nicht genug: Der Elefantenbulle kann sein bestes Stück fast ebenso geschickt bewegen wie den Rüssel.

Da hat es das Spitzmausmännchen leichter. Sein Penis ist vergleichsweise ebenso lang wie beim Elefanten, doch ohne sich verbiegen zu müssen. In der Mitte hat er ein Scharnier, um ihn nach Gebrauch wie ein Taschenmesser zusammenzuklappen.

Besonders raffiniert sind → Tintenfische ausgestattet, und das, obwohl sie im Grunde nicht einmal über einen Penis verfügen. Statt dessen tragen sie einen Begattungsarm. Beim Papierboot, einer Tintenfischart, greift sich dieser Arm den → Samen und löst sich sodann vom Körper, um aus eigener Kraft durchs Meer zu schwimmen. Bei der Braut seiner Träume angelangt, schlüpft er zu ihrer Geschlechtsöffnung und legt dort den Samen ab, während der Tintenfisch sich längst ganz anderen Aufgaben widmet.

→ Schweinswale beweisen beim Sex Fingerspitzengefühl und Geschmack: Sie können mit ihrem Penis nicht nur fühlen, sondern sogar riechen. Der Walanatom Günther Behrmann aus Bremerhaven nimmt an, daß Schweinswalweibchen durch den Duft ihrer → Vagina dem Penis des Männchens den richtigen Weg weisen.

Daß nur zusammenkommt, was auch zusammengehört, scheint der Grund für die tierische Vielgestalt von Penissen zu

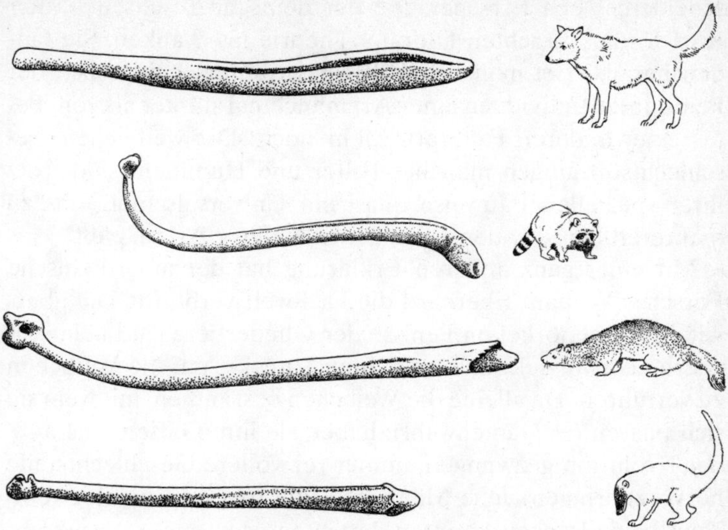

Penisknochen. Von oben: Wolf, Waschbär, Fischmarder, Nasenbär.

sein. Besonders bizarre Blüten treibt die Natur bei → Spinnen und Insekten. Mit komplizierten Borsten und Bürsten, Haken und Höckern, scharfen Winkeln und Windungen wirken ihre Begattungsorgane wie surreale Werkzeuge. Der französische Käferforscher Louis Dufour fand heraus, daß männliche und weibliche Geschlechtsorgane einer Art so fein aufeinander abgestimmt sind, daß sie paßgenau wie ein Schlüssel ins entsprechende Schloß passen. Ein Mechanismus, der dafür sorgt, daß sich nur Tiere paaren, die derselben Art angehören, deren Erbsubstanz also zusammenpaßt. Ein schlüssiges Beispiel für diese These liefert auch der japanische Schwalbenschwanz: Er kann mit seinem Hinterleib sehen. Erst wenn sein Geschlechtsteil keinerlei Licht mehr wahrnimmt, weiß der Falter: Hier stecke ich in der richtigen Öffnung und kann mein Sperma jetzt ausstoßen.

150 Jahre lang hat sich die Schlüssel-Schloß-These tapfer behauptet. In der Tat lassen sich verwandte Insekten- und Spinnenarten oft nur an der Form ihrer Begattungsorgane unter-

scheiden. Doch Forscher, wie der deutsche Insektenkundler Karl Jordan, brachten Dufours Theorie ins Wanken. Sie fanden heraus: Bei manchen Falterarten unterscheidet sich der Penis unter Individuen einer Art manchmal stärker als vom Penis einer anderen Falterart. Mehr noch: Die weiblichen Geschlechtsöffnungen mancher Falter und Hummeln sind trotz ihrer speziellen Bauweise quasi ein Universalschloß, das zu mehreren Penisformen, auch denen anderer Arten, paßt.

Mit einer ganz anderen Erklärung hat der amerikanische Forscher William Eberhard die Fachwelt verblüfft: Die aberwitzig verschnörkelten Penisse der Gliedertiere sind keine Sicherheitsschlüssel, sondern Schmuckstücke, um die Weibchen zu verführen. Da alleine die Weibchen bestimmen, mit wem sie sich paaren (→ Damenwahl), haben sie ihre Gatten im Laufe der Evolution gezwungen, immer reizvollere Geschlechtsteile hervorzubringen: Jene Männchen, die besonders viele Weibchen beeindrucken konnten, brachten es zu mehr Nachkommen und somit zu ebenso sexy Söhnen. Nach Eberhard kommt es dabei den Damen der Schöpfung nicht nur auf die Form, sondern auch auf die Größe an.

»Wie die Nase eines Mannes, so sein …«, lautet ein altes Sprichwort, das von einer Nasenäffin stammen könnte: Sie und ihre Artgenossinnen bevorzugen Männchen mit einem extra langen Riechorgan im Gesicht (→ Affen).

Je größer, desto besser, ist auch die Devise der → Fliegen: Die Penisse mancher Arten sind länger als ihr Körper. Für andere Weibchen wiederum entscheidet nicht die Größe, sondern die Frage, wie lange ihr Partner sie stimulieren kann. Zu diesem Zweck haben Tausendfüßler – zusätzlich zu ihrem Glied – einen spermagefüllten Beintaster entwickelt. Nach der Kopulation treiben sie es mit diesem Ersatzteil weiter. Sind Oktopusmännchen in ihrer Manneskraft erschöpft, lassen sie die Spitze ihres Genitals im Weibchen zurück, wo es sich selbsttätig weiterbewegt. Noch kamikazehafter treiben es die Drohnen: Nach dem einzigen Paarungsflug bleibt ihr Penis in der Bienenkönigin stecken, und das Männchen stirbt.

Solch hohe Preise für ein bißchen Sex zahlen freilich nur

jene Tiermännchen, die sich beständig gegen Rivalen behaupten müssen. → Gorillas zum Beispiel haben das nicht nötig. Ihre Haremsdamen sind ihnen treu ergeben und stellen keine großen Ansprüche. Entsprechend klein fällt bei ihren Männern der Penis aus: Im erigierten Zustand mißt er gerade einmal 3 Zentimeter.

Noch kläglicher bestückt sind (ebenso wie Amphibien, Fische und die meisten Reptilien) die Vögel: Sie verfügen bloß über eine Öffnung, die sie bei der Paarung auf die → Kloake ihrer Partnerin pressen. Lediglich drei Prozent, zum Beispiel Afrikanische → Strauße oder → Gänse, besitzen noch einen Penis. Ursprünglich, so nehmen Forscher an, haben einmal alle Männchen aller Vogelarten über das Anhängsel verfügt – doch ihre Weibchen schafften es im Laufe der Evolution ab. Mit gutem Grund: Penisträger plazieren ihr Sperma im Körperinneren des Weibchens und erzwingen somit eine Befruchtung. Beim »Kloakenkuß« hingegen entscheidet das Weibchen, wer seine wertvollen Eier befruchten soll. Nur wenn ihr ein Hahn attraktiv und kräftig genug erscheint, saugt sie sein Sperma in sich auf, damit es zu den → Eierstöcken gelangt.

Bleibt zu hoffen, daß das Beispiel der Vögel nicht Schule macht. Für den Fall, daß auch die Männlichkeitssymbole anderer Arten aussterben sollten, gibt es immerhin einen schwachen Trost: In der isländischen Hauptstadt Reykjavík steht ein Phallusmuseum, das die besten Stücke zahlreicher Säugetiere verewigt.

Hoffnung kommt derweil aus dem Vereinigten Königreich. Tim Birkhead und seine Kollegen von der Universität Sheffield führten dort eine Untersuchung an Büffelwebervögeln durch, die der Theorie vom Sinn des Penis und seiner Abschaffung in der Vogelklasse deutlich widerspricht. Sie studierten den Penis der Vogelmännchen ganz genau und fanden heraus: Er kann gar keine Samen übertragen, da er keine Röhre besitzt, und scheint allein dem Lustgewinn zu dienen. Bei der nahezu halbstündigen Paarung steuern die Männchen auf einen Höhepunkt zu, der durch Muskelzucken am ganzen Körper gekennzeichnet ist. Dieser Effekt wird – unabhängig von der

Samenübetragung – durch den Penis hervorgerufen. Ob das rätselhafte Organ auch den weiblichen Büffelwebervögeln zu mehr Freude an der Fortpflanzung verhilft, blieb offen – wird aber von den Forschern für wahrscheinlich gehalten.

Penislängen (erigiert)

Gorilla	3 cm
Orang-Utan	4 cm
Schimpanse	8 cm
Großer Tümmler	45 cm
Tapir	50 cm
Hauspferd	60 cm
Giraffe	100 cm
Elefant	150 cm
Blauwal	250 cm

Pfauen

Mit Eitelkeit hat es wenig zu tun, wenn Pfauenmännchen ihre bunten Schwanzfedern zum Fächer aufstellen. Vielmehr winken dem Schönsten unter ihnen jede Menge Weibchen und diesen wiederum ein überlebensfähiger Nachwuchs.

Bis zu zehn Pfauenhähne versammeln sich zur → Balz und warten auf das Eintreffen der Weibchen. Unter ihren aufmerksamen Blicken stellen die Männchen sogleich ihr Rad auf. Biologen fanden heraus, daß die männlichen Tiere mit den meisten Federaugen in der Gunst der Weibchen ganz eindeutig dominierten (→ Damenwahl). Auch Größe und Symmetrie spielten eine gewisse Rolle, entscheidend war jedoch immer die Augenzahl. Der erfolgreichste Hahn dieser Showveranstaltung darf gleich mehrere Hennen begatten, während andere völlig leer ausgehen. Weitere wissenschaftliche Nachforschungen ergaben, daß in der Tat Küken von Vätern mit vielen Federaugen besonders gesund und kräftig sind.

Pfeilschwanzkrebse

Anhand dieser urtümlichen Tiere (die biologisch keine Krebse sind, sondern Verwandte der → Spinnen) wurde bewiesen, was viele Männer und Frauen schon lange wußten: Ein Mann kann noch so beschäftigt und abgelenkt sein, geraten die runden Formen eines weiblichen Wesens in sein Blickfeld, dreht sich sein Hals unwillkürlich in Richtung des Objekts. Der Pfeilschwanzkrebs *Limulus polyphemus* hat zwar keinen Hals, aber er reagiert wie alle Männchen dieser Welt.

Ein Team um Robert Barlow von der New Yorker State University baute eine künstliche Netzhaut, die der von Pfeilschwanzkrebsen entsprach, und montierte sie in eine Miniatur-Videokamera. Dieses kleine High-Tech-Gerät befestigten sie auf dem Rückenpanzer männlicher Tiere. So wußten die Forscher bei jeder Reaktion des Probanden, was er gerade sah. Dann zogen sie unterschiedliche Objekte mal schnell und mal langsam an dem Versuchstier vorbei. Ergebnis: Pfeilschwanzkrebse interessieren sich kaum für ihre Umgebung, sie läßt so ziemlich alles kalt. Doch ein Weibchen nehmen sie noch unter schwierigsten Sichtverhältnissen wahr und krabbeln sofort hinterher. Objekte, die in Form und Größe einem Weibchen entsprachen, waren das einzige, was die Männchen aus der Ruhe brachte.

Pferde

Wenn die Stute bereit ist, stellt sie sich breitbeinig hin und uriniert (→ Zebras). Der Hengst flehmt (→ Urin), beriecht, beknabbert und beleckt sie an verschiedenen Körperstellen. Dann springt er zunächst ohne Erektion auf. Ist die Stute noch nicht in der sogenannten Hochrosse (die ein bis zwei Tage dauert), läuft sie davon oder tritt sogar aus. Auf dem Höhepunkt der → Brunst verzichten beide auf jegliches Vorspiel. Der Hengst reitet mit voller Erektion auf, beißt sich im Nacken der Stute fest (→ Nackenbiß) und vollzieht die Begattung. Danach fangen beide Tiere an zu weiden. Sex im Freien ist übrigens erfolgreicher als das heute in der Pferdezucht übliche Verfahren, wobei die Stute an ein Gestell gefesselt ist und der Hengst ohne Vorspiel und Zeitverlust aufspringen muß (→ Schnupperhengste).

Stuten werden im Alter von eineinhalb Jahren erstmals für Hengste interessant, sind aber erst ein Jahr später fruchtbar. Im Abstand von einigen Wochen werden sie brünstig. Hengste sind mit vier bis fünf Jahren fortpflanzungsfähig, wobei die Geschlechtsreife viel früher eintritt. Doch jüngere Hengste werden von den älteren nicht an die Weibchen herangelassen.

Der römische Naturforscher Plinius nahm an, daß Stuten auch ohne Paarung trächtig werden können. Er glaubte, der Nordwind schwängere Pferde. Da hatte ihm wohl jemand »was vom Pferd erzählt«.

Pferde sind in Europa und Nordamerika neben → Hunden und → Katzen zu stark emotional besetzten Haustieren geworden. Für junge Mädchen gehört die »Pferdephase« schon beinahe zum üblichen Reifungsprozeß. Wissenschaftler der Gesamthochschule Kassel untersuchten das Phänomen. In der Pubertät, so die Forscher, lösen sich Mädchen vom Vater, haben aber Hemmungen, sich offensiv dem anderen Geschlecht zu nähern. Mädchen wollen einen Jungen, Jungen wollen Sex. »In diesem Zustand der Bindungslosigkeit«, so die Kasseler Forscher, »kann das Pferd dem Mädchen einiges bieten.« Ein Pferd ist ein verläßlicher, starker Partner und stellt keine sexuellen Ansprüche (an Menschen). Mit seinem kaum ergründbaren Wesen erlaubt es die Projektion beliebiger emotionaler Vorgänge. Es ist warm, weich und riecht gut. Es lädt somit zum Hautkontakt und zum Liebkosen ein. Die Wissenschaftler betonten außerdem einen sozialen Vorteil: Reiten verleiht einen besseren gesellschaftlichen Status. Eine Umfrage unter reitenden Töchtern ergab, daß das Pferd an zweiter Stelle in der Hierarchie der Bezugspersonen steht: nach der Mutter, aber vor dem Vater.

Phantom

Die ersten Sexpuppen wurden nicht für einsame Männer erfunden, sondern für Bullen, Hengste und Eber. In der Viehzucht werden solche Attrappen Phantome genannt und dienen dazu, Männchen hinters Licht zu führen. Mit Hilfe dieser Ersatzweibchen zapfen Züchter Sperma ab, um nützliches Erbgut für die → künstliche Besamung zu gewinnen.

Das Phantom selbst ist ein schmuckloses, mit Kunstfell, Kunstleder oder Leder (→ Nekrophilie) bezogenes Gestell, ähnlich dem Turngerät namens »Pferd«. Die Ständer entsprechen der Beinhöhe der jeweiligen Tierart. Aus der Perspektive des Männchens – also von hinten – betrachtet, bilden Ständer und Rumpf des Phantoms eine Torbogenform. Dieses Muster bewirkt einen Schlüsselreiz. Männliche Gehirne scheinen mit dem Prinzip Torbogen ein dargebotenes weibliches Hinterteil zu verknüpfen. Das gilt übrigens auch für Menschen: Eine Standardpose in Sexmagazinen zeigt die Modelle stehend von hinten mit vorgebeugtem Oberkörper.

Springt das Tiermännchen auf diesen Schlüsselreiz an und besteigt das Gestell, setzt sich ein Mitarbeiter der Besamungsstation hinter oder neben das Phantom. Er bietet dem erregten Tier eine körperwarme Gummivagina an, die der Art entsprechend geformt sein muß. Das Tier dringt in die künstliche Scheide ein und spritzt seinen Samen ab. Echter Sex kommt im Leben von Hochleistungsbullen und Zuchtebern nicht mehr vor. Ebenso ergeht es den mit ihrem Sperma besamten Weibchen.

Pinguine

Sex zwischen Pinguinen ist ein Balanceakt: Das Weibchen liegt auf dem Eis und das Männchen mit seinem Bauch auf ihrem Rücken. So wie Pinguine geformt sind, kommt das dem Versuch gleich, zwei Flaschen aufeinanderzulegen.

Kaiserpinguine brüten pro Saison ein einziges Ei aus, das

nur 1,4 Prozent ihres Körpergewichts wiegt. Gleich nachdem sie es gelegt hat, wandert das Weibchen zum Meer, um Fische zu fangen. Der Vater (→ Väter) verharrt auf dem Eis, hält das Ei auf seinen dicken Füßen und wärmt es in einer Bauchfalte. Wenn nach zirka neun Wochen das Junge geschlüpft ist, kehrt die Mutter zurück. Trotz des Lärms, den die vielen tausend Pinguine einer Kolonie veranstalten, erkennt sie ihren Gatten an der Stimme und findet ihn zielsicher. Sie füttert das Küken mit Nahrungsbrei und löst den Vater ab, der nun endlich essen gehen darf. Im Meer angekommen, schlägt er sich zunächst den eigenen Bauch voll. Danach fängt er Fische für das Junge und kehrt zum Brutplatz zurück.

Bei den nah verwandten Königspinguinen helfen auch die Weibchen beim Ausbrüten des Eis. Einem französisch-deutschen Forscherteam fiel auf, daß die Partner sich beim Futterholen viel Zeit lassen, solange der andere mit dem Ei festsitzt. Meist bummeln sie zwei bis drei Tage in der Kolonie umher, bis sie dann Richtung Meer watscheln. Sobald das Junge schlüpft, ist allerdings Schluß mit lustig. Damit es nicht verhungert, eilen Vater und Mutter abwechselnd zum Wasser und jagen dort Tag und Nacht den Fischen hinterher, doppelt so eifrig wie ihre Artgenossen, die nicht brüten.

Weibliche Adéliepinguine wurden von Forschern bei der → Prostitution ertappt. Diese Pinguine bauen Nester aus Steinchen, die auf der antarktischen Ross-Insel sehr schwer zu beschaffen sind. Manche Weibchen paaren sich mit Junggesellen, die ihnen dafür Steinchen geben. Danach kehren sie mit dem Nistmaterial zu ihren festen Partnern zurück.

Pornographie

Im Tierpark von Longleat House (England) versuchten Zoologen 1995 → Gorillas mit Primaten-Pornographie zu stimulieren. Das dortige Gorillapaar Samba und Nico verbringt den Tag in einem Freigehege und schaut abends in den Fernseher, der vor ihrem Schlafraum angebracht ist. Die beiden sind schon ziemlich alt und haben bisher trotz ständiger Gelegenheit kein Interesse an Sex gezeigt. Dies wollten ihre Betreuer mit Hilfe von Videos ändern. Sie schnitten Bänder zusammen, auf denen kopulierende Affen zu sehen sind, und hofften, daß Samba und Nico sich dadurch angeregt fühlen. Die Gorillas betrachteten die Pornos mit großer Begeisterung, machten aber keine Anstalten, selbst sexuell aktiv zu werden.

Prägung

Verhaltensforscher bezeichnen mit »Prägung« sehr frühe Lernprozesse von Jungtieren, die sich durch zwei Merkmale von anderen Lernprozessen unterscheiden. Erstens: Sie finden in einer ganz spezifisch sensiblen Altersphase statt, zu der die Lernerfahrung paßt wie ein Schlüssel zum Schloß. Zweitens: Das Lernergebnis sitzt felsenfest und hält mitunter ein Leben lang an. Typisches Beispiel für eine Prägung ist die Nachlaufprägung, die Konrad Lorenz bei → Enten und → Gänsen erforschte. Deren kleine Küken folgen dem ersten bewegten Objekt, das sie nach dem Schlüpfen wahrnehmen, sei es ein Ball, ein Mensch oder – im Normalfall – ihre Mutter.

Entscheidend für das ganze Leben eines Tieres ist auch die sexuelle Prägung. Am Beispiel der eigenen Eltern verinnerlicht ein Junges das Aussehen der eigenen Art. Wenn es später einen Sexualpartner sucht, muß dieser die Artmerkmale aufweisen. So wird die Graugans geprägt, damit sie sich später nur mit anderen Graugänsen einläßt, nicht aber mit → Schwänen oder → Störchen.

Werden Jungtiere von sexuell prägbaren Stiefeltern anderer Arten (→ Ammen) oder von Menschen aufgezogen, so kommt es zur → Fehlprägung.

Prostitution

Sex gegen Bezahlung ist keine Erfindung der Menschen. Auch Schabenmännchen laden ihre Weibchen zu einem Drink ein, bevor sie sich mit ihnen paaren. Sie heben ihre Flügel und lassen die Schabendamen an einem schmackhaften Drüsensekret saugen. Während sie trinkt, versucht er seinen → Samen loszuwerden. Dabei muß er ziemlich fix sein, denn der leckere Saft macht Weibchen so wild, daß sie nach einiger Zeit dazu übergehen, ihren Sexualpartner anzufressen.

Auch → Bonobos wurden im Zoo und in freier Wildbahn beim Tausch von Liebesdiensten gegen Futter beobachtet. Der Verhaltensforscher Frans de Waal berichtet von der Bonobo-Frau Loretta aus dem Zoo von San Diego, die sich dem Männchen Vernon immer dann anbot, wenn dieser etwas Leckeres zu essen dabeihatte. Manchmal riß sie ihm schon während der Paarung das Futter aus den Händen. Zumeist wartete sie jedoch bis kurz danach. Ähnliche Szenen konnten japanische Forscher im Kongo-Urwald beobachten.

Auf der antarktischen Ross-Insel bemerkten Wissenschaftler, daß Prostitution auch unter Adéliepinguinen verbreitet ist. In der Brutzeit bauen diese Pinguine → Nester aus Steinchen, die sehr schwierig zu beschaffen sind. Ein hohes Steinnest bietet jedoch gewaltige Vorteile. Denn sobald es taut, verwandelt sich der Boden in den Vogelkolonien zu stinkendem Matsch. Auf den Steinhäufchen bleiben die Eier trocken.

Doch die Suche ist beschwerlich, und viele Steine müssen mühsam aus dem Eis herausgepickt werden. Manche Pinguinweibchen watscheln in ihrer Not zu Junggesellen und paaren sich mit ihnen. Zum Dank geben ihnen die alleinstehenden Männchen einige Steinchen, mit denen das Weibchen zu ihrem festen Partner zurückkehrt. Die Forscher beobachteten eine Pinguin-Prostituierte, die es durch solche Sexgeschäfte auf 62 Steinchen brachte.

Prüfbulle

Erwarten Rinderzüchter von einem Jungbullen gewinnversprechenden Nachwuchs, überprüfen sie diesen zuerst einmal auf seinen Zuchtwert. Dafür wird ihm wiederholt Sperma abgezapft. Besamungstechniker verabreichen sein möglicherweise edles Erbgut mehreren Kühen, um später von mindestens 50 seiner Töchter die Milchleistung ermitteln zu können. Der Prüfeinsatz eines Testbullen dauert maximal ein halbes Jahr. Dann wird aus dem Prüfbullen ein Wartebulle. Er bleibt im Wartestall oder auf der Wiese, wo er in seltenen Fällen das Glück hat, Weibchen auf natürliche Weise bespringen zu dürfen. Nach dreieinhalb Jahren liegen genügend Ergebnisse über seine Nachkommenschaft vor. Sie entscheiden über den Wert des Spermas und damit über die Zukunft des Tieres: Avanciert der Prüfbulle vom Wartebullen zum Zuchtbullen (→ Künstliche Besamung) oder nicht? Unzureichendes Sperma wird bei → Rindern mit dem Tode bestraft.

Q

Quaken

→ Frösche, die lange quaken, kommen bei den Weibchen am besten an. Das gilt zumindest für den Grauen Laubfrosch *(Hyla versicolor)*, den ein Team um die amerikanische Forscherin Allison Welch untersuchte (Universität von Michigan). Die Männchen dieser Froschart quaken zwischen einer halben und zwei Sekunden am Stück. Je länger die Darbietung, desto größer die Chancen beim anderen Geschlecht. In einem Versuch konnte Welch nachweisen, daß das Auswahlkriterium der Froschweibchen wirklich aussagekräftig ist. Sie teilte den Laich von zehn Weibchen jeweils in zwei Hälften. Auf die eine gab sie → Samen von Kurzquakern, auf die andere von Langquakern. Tatsächlich entwickelten sich die Abkömmlinge der ausdauernden Rufer schneller als die anderen, und das sowohl bei knapper wie bei reichhaltiger Futtergabe.

Bei südafrikanischen Krallenfröschen setzen auch die Weibchen ihre Stimme ein, um einen Partner zu finden. Sie quaken allerdings nicht, sondern tönen wie die Klick-Geräusche eines heftig ausschlagenden Geigerzählers. Der Grund für den → Rollentausch: Mit ihren Werbegesängen verhindern die Weibchen, daß ihre kaum 24 Stunden dauernde fruchtbare Periode ungenutzt verstreicht.

Quallen

In der zoologischen Systematik bilden die Quallen keine geschlossene Gruppe. Der Begriff »Qualle« ist lediglich ein volkstümlicher Sammelname für verschiedene Lebensformen. Die meisten Quallen gehören – wie auch die → Korallen – zu den Nesseltieren. Einen eigenen Stamm bilden die Rippenquallen.

Nesselquallen stoßen ihre Geschlechtszellen (→ Eier und → Samen) durch den Mund aus. Die Befruchtung findet im Wasser statt. Sie sind zwar vollständige Wesen, doch gleichzeitig nur Teil eines Ganzen: Ein Stadium im Lebenszyklus eines Tieres, das seine Form vollständig wechselt. Das gleiche Wesen erscheint als festsitzender Polyp am Meeresgrund und später als frei schwimmende Meduse, im Volksmund Qualle genannt.

Der Polyp erinnert an ein kleines Bäumchen mit Stamm und Krone und siedelt auf Steinen oder Riffen. Er bildet Knospen, die sich später von ihm ablösen und als Medusen davonschwimmen. Polypen stoßen in endloser Folge immer wieder neue Tochterwesen ab. Polyp und Meduse sind trotz ihres unterschiedlichen Aussehens genetisch identisch. Sie stammen sozusagen vom selben naßkalten Fleisch (98 Prozent ihres Gewebes besteht aus Wasser).

Die Medusen werden geschlechtsreif und geben Eier und Samen ins Wasser ab. Aus den befruchteten Eiern schlüpfen Larven, die sich nach kurzer Zeit festsetzen, um zu Polypen heranzuwachsen. Der Kreislauf beginnt von vorn.

Rippenquallen dagegen sind → Zwitter und befruchten sich selbst. Aus ihren Eiern schlüpfen junge Quallen. Ein Polypenstadium kennen sie nicht.

Eine der häufigsten Quallen an deutschen Küsten ist die Ohrenqualle (sie zählt zu den Nesseltieren). Dieses glibberige Wasserwesen bekam seinen Namen durch seine ohrenförmigen, rosa bis violetten Geschlechtsorgane. Im Gegensatz zum ansonsten durchsichtigen Quallenkörper sind sie gut sichtbar. Ganz anders zeigen sich die meisten Badegäste: Sie verstecken ihre Geschlechtsorgane, präsentieren jedoch den restlichen Körper.

Quote

Das Geschlechterverhältnis ist bei den meisten Arten nahezu eins zu eins: Es werden genauso viele Männchen wie Weibchen geboren. Warum dies so ist, gibt Biologen Rätsel auf, denn ein Männchen kann in der Regel viele Weibchen befruchten. Eine Population, in der mehr Töchter zur Welt kommen, würde sich also besonders erfolgreich ausbreiten. Die Theorie des »genetischen Egoismus« wartet mit einer Antwort auf: Das Einzeltier kann seine → Gene am besten verbreiten, wenn seine Nachkommen das Geschlecht besitzen, an dem Mangel herrscht. Wo Weibchen im Überschuß vorhanden sind, erbringen Söhne mehr Nachwuchs. Wo Männchenmangel herrscht, fördert ein Muttertier seinen Fortpflanzungserfolg durch viele Töchter. So pendelt sich die Geschlechterquote immer wieder ein.

Wie immer in der Natur gibt es auch beim Geschlechterverhältnis zahlreiche Ausnahmen: Aus den → Eiern einer Federspulmilbe (→ Milben) schlüpft immer nur ein Männchen, der Rest ist weiblich. Bei den Strumpfbandnattern (→ Schlangen) sind Weibchen eine begehrte Rarität und können sich vor Freiern kaum retten. Einige Tierarten, zum Beispiel Rennechsen (→ Echsen), haben ihre Männchen ganz abgeschafft und leben in rein weiblichen Gemeinschaften (die sich durch → Jungfernzeugung vermehren). Nur rein männliche Tierarten gibt es – aus naheliegenden Gründen – nicht.

Die Eins-zu-eins-Quote führt bei harembildenen Tierarten dazu, daß ein Großteil der Männchen stirbt, ohne sich jemals verpaart zu haben (→ Harem). Die armen Kerle verbringen ihr Leben in → Männchengruppen, immer in Warteposition, ob sie nicht doch einmal ein Weibchen abkriegen. So kommen zum Beispiel bei See-Elefanten (→ Robben) nur zehn Prozent der Bullen zur Begattung.

R

Raben

Von wegen Rabeneltern. Sowohl Vater als auch Mutter der Kolkraben kümmern sich vorbildlich um ihren Nachwuchs. Sobald ein Junges die Eierschale durchbricht, plaziert das Weibchen das Ei so, daß der Nachwuchs bequem schlüpfen kann. Danach wird dieser erst einmal gründlich gereinigt, die lästigen Eierschalen frißt das Weibchen kurzerhand auf. Auch um ein wohltemperiertes Nest und regelmäßige Körperpflege kümmert sich das Kolkrabenpaar gemeinsam.

Ratten

Ziemlich uneffizient zeigt sich der → Begattungspfropfen bei Wanderratten. Um ihr Weibchen zu monopolisieren, verschließen männliche Tiere nach der Begattung die Scheide mit einem Pfropfen. Den meisten Rattenmännchen gelingt es jedoch, diesen Stöpsel zu lösen und aufzufressen. Wegen seines hohen Proteingehalts gilt er unter den Nagern als Delikatesse.

Wie bei den → Mäusen ist auch in der Welt der Wanderratten (die nach der biologischen Systematik zu den Mäusen gehören) → Geburtenkontrolle üblich. Weibliche Ratten können trächtig werden noch während sie säugen, doch sobald sich die Ernährungslage verschlechtert, sterben die Embryos ab und werden innerlich resorbiert.

Diese biologische → Abtreibung ist besonders gegen den männlichen Nachwuchs gerichtet. Gibt man schwangeren Versuchsratten Futter mit geringem Nährwert, verkümmern zunächst die männlichen Embryos. Ist der Nachwuchs bereits auf der Welt, gehen unterernährte Weibchen genauso vor. Sie lassen ihre Söhne verhungern und konzentrieren sich auf die Töchter.

Bei Laborexperimenten an Ratten konnten Wissenschaftler durch gezielte Manipulation des Hormonhaushalts die Geschlechterrollen völlig umdrehen. Sie gesellten Männchen, die als Neugeborene kastriert worden waren, zu Weibchen, denen man hohe Dosen Testosteron gespritzt hatte. Diese Weibchen ritten bei den Männchen auf. Die hodenlosen Männchen jedoch machten den typischen Hohlrücken, eine Haltung, mit der normalerweise Weibchen das Einführen des → Penis erleichtern. Auch gegenüber unkastrierten Geschlechtsgenossen nahmen die Kastraten diese weibliche Aufforderungshaltung ein (→ Homosexualität).

Regenwürmer

Die rosigen Bodenbewohner haben überaus gute Manieren. Vertreter von *Lumbricus terrestris*, die in guten Gartenböden zu finden sind, folgen attraktiven Artgenossen oberirdisch auf deren Schleimspur. Dann erkunden sie mit ihrem Vorderende vorsichtig die fremde Wohnröhre. Künftige Partner statten sich mehrere solcher Besuche ab, bevor sie sich schließlich aufeinander einlassen. Dabei bleiben sie mit ihren Hinterenden immer in der eigenen Röhre, die bis zu drei Meter tief sein kann. Durchschnittlich hat jeder Wurm acht Liebhaber zur Auswahl, die nah genug wohnen, damit der Kontakt zum eigenen Heim nicht verlorengeht. Zwar sind Regenwürmer → Zwitter. Sie bevorzugen dennoch Sex zu zweit. Der Paarungsakt dieser Würmer wirkt wie ein zärtliches Liebesspiel: Stundenlang schmiegen sie sich eng aneinander und tauschen ihren → Samen aus.

Rehe

Im August fallen besonders viele Rehe dem Verkehr zum Opfer – und das im doppelten Sinne. Denn zum Liebesspiel der Kleinhirsche gehört ein Verhalten, das »Treiben« genannt wird. Mit gesenktem Kopf läuft der Bock der Ricke hinterher und schnuppert unentwegt an ihrem Hinterteil. Da Liebe bekanntlich blind macht, verlassen sie dabei oft den Schutz des Waldes und rennen über Landstraßen, wo die Dorfjugend Autorennen fährt.

Wenn die Ricke nicht abgeneigt ist, fängt sie an zu fiepen. Doch auch dieses Verhalten kann tödliche Folgen haben. Jäger fiepen ebenfalls (mit Hilfe kleiner Holzpfeifen). Geile Böcke fallen darauf herein und landen als Braten in Rahmsoße.

UFO-Gläubige, die im Sommer auf Kreise in Getreidefeldern stoßen, brauchen nicht zu warten und können getrost wieder nach Hause gehen. Denn die runden oder achtförmigen Muster in Kornfeldern gehören ebenfalls zum Sexualleben der Rehe. Gegen Ende ihrer rituellen Verfolgungsjagd laufen die Tiere bis zu zehn Minuten im geschlossenen Rund.

Reiher

Ähnlich wie bei vielen Raubvogelarten (→ Greifvögel) überlebt von den Jungen eines Reiher-Geleges oft nur eines, denn die Geschwister versuchen, sich gegenseitig umzubringen. Die Stärkeren schnappen den Schwächeren das Futter weg, hacken auf sie ein oder werfen sie aus dem Nest.

Reptilien

Dieser Tierklasse, die auch als »Kriechtiere« bezeichnet wird, gehören → Echsen, → Krokodile, → Schildkröten und → Schlangen an. Bei ihnen gibt es besonders viele Varianten von Geschlechtsorganen. Schildkröten und Krokodile verfügen über einen relativ einfachen → Penis, der an die Begattungsorgane von → Säugetieren und einigen Vogelarten (→ Strauße, → Gänse) erinnert. Andere Kriechtiere müssen bei der Paarung die → Kloaken fest aneinanderpressen, da sie gar kein hilfreiches Glied dafür besitzen. Viele Echsen und Schlangen sind dagegen doppelt ausgestattet. Sie haben zwei Hemipenis genannte Organe. Diese gegabelten Glieder sind oft mit Zotten, Stacheln oder Noppen bedeckt und erinnern an Hardcore-Dildos.

Wozu die Hemipenisse so phantasievoll gestaltet sind, ist wissenschaftlich noch nicht abschließend geklärt. Vielleicht dienen die Haken dazu, vor einer Begattung Sperma von Konkurrenten aus der Kloake des Weibchens zu entfernen. Womöglich hilft die doppelte Ausstattung auch, die stundenlangen Paarungen durchzustehen, wie sie bei manchen Schlangenarten üblich sind. So können sich ein Glied und der dazugehörige Hoden ausruhen, während die anderen beiden in Aktion sind.

Bei weiblichen Waranen und anderen Reptilien entdeckten Forscher ebenfalls kleine Penisse, die wie ihre männlichen Gegenstücke aus der Kloake ausgestülpt werden können, erigieren und ebenfalls mit Noppen und anderen Extras ausgestattet sind. Die Zoologen Wolfgang Böhme und Thomas Ziegler vom Museum König in Bonn halten diese Hemiklitoris genannten Organe für die reptilienhaften Entsprechungen der → Klitoris, wie sie von Säugetieren bekannt ist.

Die Fortpflanzung in der Reptilienklasse hat noch mehr Überraschungen zu bieten. Einige → Echsen pflanzen sich durch → Jungfernzeugung fort, das heißt, sie sind alle weiblich. Die Embryos entwickeln sich aus unbefruchteten → Eiern.

Andere Kriechtiere legen das Geschlecht ihrer Jungen nicht mit der Befruchtung fest, sondern überlassen es dem Wetter. Je nachdem, wie warm oder kalt es in der Bruthöhle wird, schlüpfen aus einem Gelege lauter Weibchen oder nur Männchen. Bei manchen Krokodilen wachsen während großer Hitze in den Eiern durchweg größere und männliche Junge heran. Bei Suppenschildkröten ist es umgekehrt: Zwar macht auch hier Wärme den Nachwuchs größer, doch bei diesen Meeresschildkröten werden die größeren Jungen weiblich.

Rinder

Kühe haben nicht nur schöne Augen, sondern auch ein zärtliches Wesen. Wie der Verhaltensforscher Hans Hinrich Sambraus feststellte, lecken sie sich gegenseitig überall dort, wo sie mit der eigenen Zunge nicht hinkommen.

Der Harvard-Zoologe Richard Estes fragte sich, warum bei den Rindern Weibchen ebenso Hörner besitzen wie Männchen (also nicht kahl sind wie etwa Hirschkühe). Die einfache Erklärung, so können sie ihre Jungen besser verteidigen, reichte dem Wissenschaftler nicht aus, und er entwickelte eine eigene Theorie über den Kopfschmuck der Rinder. Kühe, so Estes, tragen Hörner, um ihre Söhne vor den eigenen Vätern zu schützen. Denn bei Arten, wo die Hörner ein eindeutig männliches Merkmal sind, beginnt für die jungen Stiere eine schwere Zeit, sobald die Stirnauswüchse hervortreten. Die Alten fangen an, ihren Nachwuchs als lästige Konkurrenz zu betrachten, und verstoßen ihn aus der Herde. Nicht so bei Arten mit weiblicher Kopfpracht. Der Junior fällt nicht weiter unangenehm auf und kann noch ein bißchen bei Mama bleiben. Hörner, der Ausweg aus dem Ödipus-Konflikt? Keep kuhl, Bulle.

Robben

Die Unterordnung der Wasserraubtiere umfaßt 34 Arten, die – außer im feuchtwarmen Äquatorbereich – an den meisten Küsten der Welt vorkommen. Es gibt promiskuitiv lebende Robben und solche mit Haremssystem. Beide Formen sind leicht zu unterscheiden. Bei Robben mit wechselnden Partnern, wie etwa Seehunden, gleichen sich Männchen und Weibchen fast aufs Haar. Ganz anders bei den Tieren, die in Haremssystemen leben: Hier unterscheiden sich die Geschlechter so stark, daß man sie für unterschiedliche Arten halten könnte. Die Männchen sind überaus groß, stark und aggressiv, die Weibchen wirken wie Jungtiere.

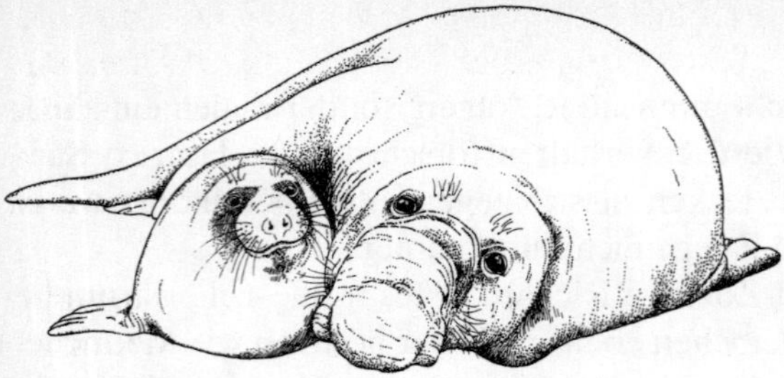

Bei See-Elefanten unterscheiden sich die Geschlechter besonders drastisch. Männchen sind doppelt so lang und dreimal so schwer.

Männliche Mähnenrobben beispielsweise sind viel massiger als ihre Weibchen und haben im Gegensatz zu diesen riesige Köpfe und fette, mit Langhaarpelz besetzte Hälse. Nur wenige Männchen schaffen es, ein Stück Strand zu erobern. Weibchen, die sich in solch einem Territorium niederlassen, gehören automatisch dem Grundstücksbesitzer.

Doch bei keiner anderen Robbe, und auch keinem anderen Säugetier, ist der → Geschlechtsunterschied so extrem wie bei See-Elefanten. Die Kühe werden nur halb so lang wie die Bullen und ein Drittel so schwer (Männchen wiegen bis zu vier Tonnen und werden bis zu fünf Meter lang). Die Riesenrobben versammeln sich in großen Massen auf Inseln oder an geschützten Küstenstreifen, weil dort ihren Jungen keine Gefahr vor Landraubtieren droht. Das dichte Gedränge fördert die Bildung von Haremsstrukturen und führte im Laufe der Evolution zu dem auffälligen Größengefälle zwischen Männchen und Weibchen. Nur die mächtigsten Bullen vermehrten sich. Wer Konkurrenten durch Aggressivität und Körperkraft aus dem Feld schlagen konnte, monopolisierte die Weibchen. Seine Söhne wurden dann noch größer und fetter.

See-Elefantenbullen tragen ihre Rangkämpfe erbittert aus. Sie blähen die Nasensäcke, richten den Vorderkörper auf und versuchen, ihre Eckzähne in die borkig gepanzerte Brusthaut des Gegners zu rammen. Ihr Gebrüll übertönt die Brandung. Blutüberströmt hauen sie aufeinander ein und zerquetschen zuweilen Jungtiere unter ihren Fettmassen.

Die Sieger solcher Strandturniere scharen zehn bis vierzig

Weibchen um sich. Ein einziges altes Männchen im Ano-Nuevo-Reservat bei Santa Cruz brachte es auf 250 Töchter und Söhne. Doch 90 Prozent der Bullen erhalten nie eine Chance zur Paarung. Sie treiben sich frustriert im flachen Wasser herum und fallen über jede See-Elefantenkuh her, die sich zu weit von ihrem Pascha entfernt.

Sex und Gewalt zehren an den Kräften. Während der Paarungszeit fasten die Männchen bis zu 100 Tage. Die erfolgreichen Strandmeister verlieren dabei die Hälfte ihres Gewichtes, und selbst die unfreiwilligen Junggesellen nehmen bei ihren vergeblichen Versuchen, ein Weibchen zu ergattern, um ein Drittel ab.

→ Balz oder Brautwerbung haben die dominanten Fettprotze nicht nötig. Sie klemmen sich ihre kleinen Weibchen mit der Flosse unter den Wanst und wälzen sich darüber, bis diese fast ersticken. Widerstand ist zwecklos.

Auch den Kühen geht der Landaufenthalt an die Substanz. Vor dem lieblosen Paarungsakt haben sie ihre Kälber drei Wochen lang mit fetter → Milch gesäugt und dabei über 40 Prozent ihres Körpergewichtes eingebüßt. Je nachdem, wie abgemagert sie danach sind, fällt das Geschlecht ihres nächsten Nachwuchses aus. See-Elefantenkühe, die weniger als 380 Kilo wiegen, können, so fanden Wissenschaftler heraus, nur noch Töchter austragen.

Die Jungen nehmen in der Säugezeit bis zu neun Kilo täglich zu. Am Ende sehen sie aus wie pralle Leberwürste. Sobald sie keine Milch mehr erhalten, müssen sie selbst mit dem Leben zurechtkommen. In Gruppen liegend, bleiben sie am Strand zurück und blöken wie Lämmer, wenn die Erwachsenen wieder ins Meer zurückkehren. Sie zehren eine Weile von ihrem Fett und wagen sich zu ersten Schwimmversuchen ins seichte Wasser.

Wie die See-Elefanten säugen fast alle Robbenarten ihre Jungen nur sehr kurz. Die kürzeste Stillzeit unter allen → Säugetieren gönnen die Klappmützenrobben ihrem Nachwuchs. Manchmal bekommen Neugeborene die extrem nahrhafte Milch (60 Prozent Fettanteil) nur vier Tage lang. Pro Tag nehmen sie dabei fünf Kilogramm zu. Nach der abrupten Entwöhnung müssen die jungen Klappmützen ins kalte Wasser springen und sind auf sich allein gestellt. Doch weil sie so dick sind, können sie nicht wie ihre Eltern tauchen und Fische fangen, sondern treiben wie Korken auf dem Meer. Daher ernähren sie sich in den ersten Lebensmonaten von Krill, der an der Wasseroberfläche schwebt.

Ähnlich kurz säugen Sattelrobben ihre flauschig-weißen Babys. Nach knapp zwei Wochen wird entwöhnt. In dieser Zeit verdreifachen die Jungen ihr Gewicht, und die Mütter werden um ein Drittel leichter.

Das Geschlechtsleben der Walrosse ist kaum erforscht. Weder eine Paarung noch eine Geburt wurden jemals beobachtet. Daher nimmt man an, daß bei Walrossen beides – im Gegensatz zu den anderen Robben – unter Wasser geschieht.

Walrosse besitzen nicht nur lange Hauer, sondern – wie alle Robben – einen Penisknochen, der bei ihnen beachtliche 70 Zentimeter mißt. Die Eskimos nennen ihn Oosik und benutzen ihn als Griff für ihre Hundeschlittenpeitschen. Weil der Knochen ergonomisch geformt ist und überaus gut in der Hand liegt, wurde er (wie Funde beweisen) bereits in der Steinzeit bis weit ins kontinentale Europa hinein exportiert, wo man ihn als Gerätestiel nutzte. Sogar Teile indischer Kriegswaffen aus der Mogulzeit waren aus Oosik gefertigt.

Heute werden Tausende von Robbenpenissen, die bei der Jagd in Kanada, Grönland und in Namibia (dort leben große Kolonien Südafrikanischer Seebären) anfallen, nach China exportiert. In der Traditionellen Chinesischen Medizin (TCM) gelten die männlichen Geschlechtsteile der Meeressäuger als potentes → Aphrodisiakum.

Rohrsänger

Forscher der Universität Lund in Schweden konnten mit Hilfe von falschen Eiern aus Knetmasse einen bösen Verdacht bestätigen. Weibliche Drosselrohrsänger zerstören gezielt das Gelege ihrer Artgenossinnen. Zuvor hatten die Wissenschaftler gerätselt, wer die → Eier dieser im Schilf lebenden Vögel scheinbar sinnlos zerstört. Erst die Spuren von Schnabelhieben, die in den weichen Attrappen zurückblieben, lüfteten das Geheimnis. Für die Vogelweibchen bringt der brutale Kampf gegen die nachbarliche Brut einen klaren Vorteil. Männliche Drosselrohrsänger paaren sich mit vielen Weibchen, helfen aber nur dem bei der → Brutpflege, dessen Küken als erste ausschlüpfen. Die anderen Mütter müssen schauen, wie sie zurechtkommen.

Rollentausch

Es gibt etwa 100 bekannte Beispiele von vollständigem Rollentausch im Tierreich. Bei diesen feministisch korrekten Arten kämpfen die Weibchen um die Männchen (→ Matriarchat) und die → Väter kümmern sich um die Brut. Besonders häufig kommt die Umkehrung der gewohnten Rollen bei Fischen vor, aber auch einige Vogelmütter (→ Blatthühnchen) und sogar Insektenweibchen haben den Spieß erfolgreich umgedreht.

Rote Kanaris

Gerade kein Mann zur Hand? Für weibliche Rote Kanaris *(Anthias squamipennis)* ist das kein Problem.

Als Wissenschaftler aus einem Schwarm dieser Barschfische alle Männchen entfernten, vollzogen einige Weibchen eine Geschlechtsumwandlung (→ Transsexuelle). Dies geschah in einer wohlgeordneten Reihenfolge. Als erstes wurde das schwerste Weibchen männlich, danach das zweitschwerste und so fort.

Rotkehlchen

Manche Rotkehlchen fliegen im Herbst nach Süden, andere überdauern die kalte Jahreszeit im Norden. Kältefeste Männchen fangen schon im Januar an zu singen. Doch bei eisiger Kälte ein unbeschwertes Ständchen zu trällern, kostet nicht nur Muße, sondern auch Kraft. Nur wer in seinem Revier ohne größeren Aufwand ausreichend Futter findet, kann sich solchen Luxus leisten. Weibchen sind von den frühen Sängern deshalb schwer beeindruckt. Sie lassen sich bevorzugt in den Revieren der Wintermusikanten nieder. Wer der Kälte trotzt, gewinnt noch einen zweiten Vorteil: Wenn die Rivalen aus dem Süden zurückkehren, sind die besten Reviere bereits vergeben.

S

Salamander

Das Männchen des in Nordamerika lebenden Bachsalamanders sorgt mit einem Liebesbiß in den Nacken dafür, daß ihm sein Weibchen rettungslos verfällt. Er injiziert ihr dabei ein öliges Drüsensekret. Kaum hat sie das Liebesgift empfangen, folgt sie ihm wie in Trance überall hin. Nach einem längeren Paarungsmarsch setzt er sein Spermapaket (→ Samenpakete) auf dem Boden ab. Dann führt er sie darüber, und sie nimmt es mit ihrer Geschlechtsöffnung auf.

Bei den nahe verwandten Waldsalamandern gibt es Männchen, die mit miesen Tricks ihre Konkurrenten außer Gefecht setzen. Sie legen nach Weibchenart ihren Kopf auf den Schwanz eines andern Männchens. Dieses glaubt, von einem Weibchen erwählt worden zu sein, begibt sich mit dem hinterhältigen → Transvestiten auf den Paarungsmarsch und setzt seine mühevoll gebildete Spermatophore ins Moos. Für eine neuen Ladung benötigt der männliche Salamanderkörper zwei Tage. In dieser Zeit hat der Täuscher einen lästigen Konkurrenten weniger.

Laut einem Bericht des »National Geographic«-Magazins verzichtet eine dritte nordamerikanische Salamanderart völlig auf Männchen. Alle Tiere sind weiblich. Wenn ihnen nach Sex ist, paaren sie sich mit den Männchen einer nahe verwandten Spezies. Deren → Samen befruchten die → Eier jedoch nicht, sondern stimulieren die weiblichen Keimzellen lediglich, sich zu teilen und einen Klon zu bilden.

Samen

Bis zu 300 Milliliter Sperma, also gut einen Viertelliter, kann ein Zebrahengst bei der Paarung abgeben. Nach dem Deckakt sieht es oft aus, als würde die Stute Wasser lassen. Doch in Wirklichkeit ist es ein Teil der Samenflüssigkeit, die wieder aus ihr herausfließt.

Wenn sich der Mensch auch quantitativ nicht mit einem Hengst messen kann: Unter dem Mikroskop ähnelt sich das Sperma verblüffend: Die Samenzelle von Menschen und → Pferden (zu denen auch die → Zebras zählen) haben den gleichen, rundlichen Kopf und einen langen Schwanz. Diese Form des Samens haben Männer übrigens auch mit dem Lanzettfisch, der Weinbergschnecke und dem Wasserfloh gemeinsam. Das Spermium einer Ratte hingegen trägt einen sichelförmigen Kopf, während der Einsiedlerkrebs über käferähnliche Explosionsspermien verfügt. Berührt eines von ihnen das Ei, platzt es und katapultiert so seine genetische Fracht ins Eiinnere.

Beim südamerikanischen Panzerwels gelangt der Samen erst auf Umwegen zum Ziel. Das Fischweibchen schluckt ihn, wodurch der Samen zum Darmausgang gelangt. Dort treffen die Spermien dann auf den unter einer Bauchflosse versteckten Laich.

Die Männchen von → Ratten, → Meerschweinchen und → Fledermäusen verschließen nach der Paarung die Scheide ihrer Weibchen mit einem → Begattungspfropfen, um zu verhindern, daß es von einem Konkurrenten besamt wird.

Der Samenforscher Robin Baker nimmt sogar an, daß sich Samenzellen miteinander verbünden, um fremdes Sperma auf dem Weg zum Ei auszubremsen. Bisher wunderte man sich über die Tatsache, daß Ejakulat eine hohe Anzahl mißgeformter Samenzellen enthält. Laut Baker haben diese abnormen Spermien die Aufgabe, fremde Samen abzuschirmen, indem sie ihre Köpfe aneinanderlegen und ihre Schwänze zu einer Barriere verhaken, die einem Gitter gleicht.

Wie viele Spermien ein Männchen pro Erguß produziert, hängt mit der Größe seiner → Hoden zusammen. Leben die

Weibchen, wie bei → Schimpansen, promiskuitiv, hat die Natur ihre Partner mit großen Hoden ausgestattet. Der Grund ist auch hier die Spermienkonkurrenz: Große Hoden produzieren große Mengen Samen. So erhöht sich zum einen die Chance einer schnellen Befruchtung. Zugleich spült die reichliche Flüssigkeit die Scheide regelrecht aus und beseitigt so die Spermien des Vorgängers. Den Rekord in dieser Disziplin halten die → Schweine (siehe Tabelle).

Beim Großteil der Tiere besteht der Samen vor allem aus einer eiweißhaltigen Flüssigkeit, in der ein Millionenheer mikroskopisch kleiner Samenzellen (Spermien) schwimmt. Die größte Ausnahme machen hier ausgerechnet die Winzlinge des Tierreichs. Einige Fruchtfliegen der Gattung *Drosophila* besitzen die weltgrößten Samen. Ihre Riesenspermien sind mit 17 Millimetern sechsmal so lang wie die Fliege selbst. Sie überragen menschliche Samenzellen um das Dreihundert- und die Samen eines Flußpferds um das Sechshundertfache (der Koloß besitzt nämlich besonders kleine Spermien). Würden bei Männern die gleichen Größenverhältnisse zwischen Spermium und Körper herrschen wie bei Fruchtfliegen, müßte ein Samen über zwölf Meter lang sein.

In Anbetracht solcher Gardemaße können die Fruchtfliegenmännchen zwar nur wenige Hundert ihrer aufgeknäuelten Samenzellen produzieren. Andererseits ist die Chance, daß so ein Gigant zum begehrten Ei gelangt, extrem hoch. Durch die entsprechend geringe Konkurrentenzahl und die große Auswahl an weiblichen Eiern gelingt fast 80 Prozent der Spermien von *Drosophila hydei* eine Befruchtung! Für diese gewaltige Trefferquote müssen sie – im Gegensatz zu den Spermien anderer Arten – nicht einmal um die Wette schwimmen. Denn bei den Fruchtfliegen sucht nicht der Samen den Weg zum Ei, sondern umgekehrt. Nach der Begattung deponiert das Weibchen die Spermien mehrerer Männchen in einer Lagerkammer ihres Genitaltraktes. Hier brauchen die Samenzellen einfach nur abzuwarten, bis ein Ei vorbeitrudelt. Wer sich im entscheidenden Moment am Eingang der Lagerkammer befindet, hat Glück gehabt und darf mit der Eizelle verschmelzen.

In den letzten Jahren werden immer mehr Stimmen laut, daß Umweltgifte Qualität und Anzahl der Samenzellen jährlich schwinden lasse. Tatsächlich stehen einige Chemikalien in Verdacht, die Fortpflanzungsfähigkeit von Mensch und Tier zu gefährden. Deutliche Veränderungen wurden bei einigen Wasserlebewesen festgestellt. Ob es wirklich einen Rückgang der Samenzahl beim Menschen gibt, ist unter den Forschern umstritten. Die grundlegende Studie des amerikanischen Toxikologen John McLachlan, auf die sich viele Warnungen vor einem drohenden »Spermasterben« beriefen, wurde 1997 vom Autor zurückgezogen. Denn die Ergebnisse konnten nicht reproduziert werden. Eine der aufwendigsten Spermienzählungen in den USA von 1996 läßt jedenfalls hoffen: Sie bescheinigt amerikanischen Männern eine in den letzten 25 Jahren unveränderte Spermienqualität.

Volumen des Ejakulats

Normalwert bei verschiedenen Tieren (Angabe in Millilitern). Dahinter die Zahl der Spermien pro Milliliter Samen.

(Zum Vergleich: Beim Menschen beträgt der Normalwert 3,5 Milliliter Ejakulat und zirka 100 000 Spermien pro Milliliter.)

Fledermaus	0,05 ml	6 000 000 Spermien/ml
Kaninchen	1,0 ml	700 000 Spermien/ml
Fuchs	1,5 ml	70 000 Spermien/ml
Haushund	6,0 ml	3 000 000 Spermien/ml
Hausesel	50,0 ml	400 000 Spermien/ml
Hauspferd	70,0 ml	120 000 Spermien/ml
Hausziege	1,0 ml	3 000 000 Spermien/ml
Hausrind	4,0 ml	1 000 000 Spermien/ml
Hausschwein	250,0 ml	100 000 Spermien/ml
Haushuhn	0,8 ml	3 500 000 Spermien/ml
Truthuhn	0,3 ml	7 000 000 Spermien/ml

Samenpakete

Nasse Flecken im Bett müssen nicht sein. Nicht alle Tiere verschwenden Samen, indem sie ihn in flüssiger Form in die → Vagina injizieren. Die Männchen vieler Arten geben ihr Erbgut auch als sauber verpacktes Präsent ab. Solche Samenpakete werden aus speziellen Drüsensekreten gebildet, die aushärten und dann das Sperma wie eine Kapsel umschließen. Bei einigen Heuschreckenarten wiegt so ein Paarungspäckchen ein Viertel des Körpergewichtes.

Die Natur hat sich ganz unterschiedliche Wege einfallen lassen, auf denen Samenpakete in den weiblichen Körper gelangen. Manche Männchen schieben die Kapsel mit einem Begattungsorgan direkt in die weibliche Geschlechtsöffnung. So machen es etwa Weinbergschnecken, → Tintenfische und einige Insekten. Blutegel und andere kleben ihr Päckchen auf die Haut der Partnerin, von wo aus die → Samen ins Körperinnere wandern. Schließlich gibt es noch echte Gentlemen, die ihren Spermienbehälter ganz dezent am Boden abstellen (→ Salamander, → Skorpione, Pseudoskorpione). Will das Weibchen besamt werden, kommt es angekrabbelt und saugt das Samenpaket mit seiner Genitalöffnung auf.

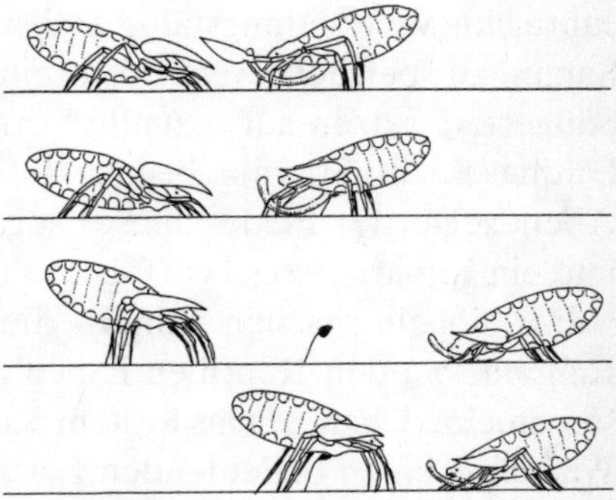

Übertragung des auf einem Stiel sitzenden Samenpaketes beim Bücherskorpion, der zu den Pseudoskorpionen gehört. Links das Weibchen.

Samenspeicher

Im Tierreich wird viel gekämpft und geschlägert. Bullen und Böcke lassen ihre Hörner krachen. → Bären verbeißen sich gegenseitig ins Zottelfell. Und immer geht es um Sex. Wer darf sich mit den Weibchen paaren – und wer muß frustriert abziehen. Dem Verlierer bleibt nur die Hoffnung, in der nächsten Brunstzeit einen alten Pascha zu entthronen.

Es gibt allerdings Tiere, die den lästigen Konkurrenzkampf auf elegante Weise überflüssig gemacht haben. Sie verlegen das Turnier von der Balzarena (→ Balz) in den Körper der Weibchen. Dort konkurrieren die Spermien der verschiedenen Freier gegeneinander. So können sich viele Männchen paaren und müssen sich nicht um dieses Vorrecht prügeln.

→ Schimpansen und → Bonobos, unsere nächsten Verwandten im Tierreich, haben dieses System gewählt. Die Weibchen leben promiskuitiv und lassen sich auch mit rangniederen Männchen ein.

Was tut jedoch ein Weibchen, das nur selten einem Männchen begegnet und trotzdem ein Samenwettrennen veranstalten will, damit der Beste siegt? Sie hebt sich das Sperma einfach auf. Manche Arten können einmal empfangene Samenzellen jahrelang in ihrem Körper horten. Den Rekord hält die Javanische Warzenschlange. Bei ihr bleibt das Sperma sieben Jahre lang verwendungsfähig. Bei → Reptilien ist die Fähigkeit, Samen zu speichern, recht verbreitet, aber auch Vögel und → Säugetiere setzen auf sexuelle Vorratshaltung. Ein weiblicher Feldhase hält Sperma bis zu dreißig Tage lang frisch, ein Abendsegler (→ Fledermäuse) sogar 198, eine Truthenne 117 und ein Kanarienvogel 68 Tage.

Bei Vögeln machen zumeist die frischesten Spermien das Rennen, bei den Reptilien haben auch besonders vitale Altsamen eine Chance. Das System Samenspeicher bringt für die Weibchen einen bedeutenden Fortpflanzungsvorteil: Sie können sich ihre persönliche Samenbank anlegen und aus dem Angebot das Beste nutzen.

Speicherzeit von Spermien im weiblichen Körper in Tagen

Javanische Warzenschlange	2555
Katzenaugennatter	2190
Carolina-Dosenschildkröte	1460
Chamäleon	540
Abendsegler (Fledermaus)	198
Truthuhn	117
Kanarienvogel	68
Langflügel-Sturmvogel	60
Europäischer Feldhase	30
Mensch	5

Satyrn

Liederliche Halbgötter der Griechen, die unten herum wie Ziegenböcke aussahen und sich im Gefolge des Weingottes Dionysos herumtrieben. Sie befaßten sich vornehmlich mit exzessivem Alkoholgenuß und ausschweifenden Sexspielen. Zur Clique des dicken Dionysos gehörte auch der bocksbeinige Pan, ein Wald- und Wiesengott, der ebenfalls hauptsächlich das eine im Sinn hatte. Weil er durch den tierischen Unterleib und die Hörner auf der Stirn nicht eben aussah wie Adonis, löste er in der altgriechischen Damenwelt die nach ihm benannte Panik aus. Gott Pan spendierte seinen Namen auch für die wissenschaftliche Bezeichnung des → Schimpansen *(Pan troglodytes)* und des → *Bonobos (Pan panicus)*. Außerdem erfand er die Panflöte, mit deren Hilfe heutzutage Ponchokapellen deutsche Fußgängerzonen beschallen.

Säugetiere

Diese lateinisch *Mammalia* (nach dem Wort für die weibliche Brust) genannte Tierklasse zeichnet sich unter anderem dadurch aus, daß alle Männchen einen → Penis tragen. Der Vorteil der Samenübertragung per Penis liegt darin, daß viel weniger → Eier benötigt werden, weil ein jedes mit hoher Wahrscheinlichkeit befruchtet wird.

Auch weibliche Säugetiere sind im Genitalbereich besonders gut ausgestattet. Im Gegensatz zu den Weibchen anderer Tierklassen ist ihre Geschlechtsöffnung nicht ein einfaches Loch, sondern wird von → Schamlippen und → Klitoris verziert.

Obendrein besitzen nur Säugetiere ein Gesäuge (→ Zitzen, → Milch), da alle anderen Tiere ihre Jungen nicht säugen. Das Gesäuge wurde beim Menschen durch Fetteinlagerung zum rundlichen → Busen, der sich zu einer sexuellen Attraktion entwickelt hat.

Schaben

Um Weibchen zur Paarung zu bringen, spendieren ihnen Schabenmännchen ein wohlschmeckendes Drüsensekret. Zunächst betasten sich die Partner mit ihren Fühlern. Dabei erfahren sie mit Hilfe ihres empfindlichen → Geruchssinns Geschlecht und sozialen Rang des anderen. Dann hebt das Männchen seine Flügel und läßt das Weibchen an dem leckeren Saft saugen, der sich in einer Mulde seines Panzers angesammelt hat. Während sie trinkt, schiebt er sich unter sie und verhakt sein Begattungsorgan in ihrer Geschlechtsöffnung. Dabei muß er sich beeilen. Denn wenn das Sekret ausgetrunken ist, beginnt das Weibchen an den Rändern der Vertiefung zu knabbern, betrachtet ihren Partner von nun an als Futter und läßt keine weiteren Paarungsaktivitäten mehr zu.

Schafe

Bei den wilden Dickhornschafen in den Rocky Mountains gehen Sex und Gewalt Hand in Hand. Erwachsene Weibchen sehen wie junge Böcke aus. Während der Brunstzeit legen sie sich mit den starken Widdern an und fordern diese zum Kampf heraus. Nur wenn das Männchen gewinnt, paaren sie sich mit ihm. Unterliegt er, reiten sie bei ihm auf. Zum Kampf lassen Dickhornschafe Hörner und Stirnpartie mit Schwung gegeneinanderkrachen. Der Zusammenprall ist so stark, daß die Tiere danach kurze Zeit benommen sind. Allerdings verhalten sich die Streiter ritterlich. Sie warten, bis der andere wieder die vorschriftsmäßige Ausgangsstellung eingenommen hat.

Erwachsene Widder behandeln auch die jugendlichen Männchen wie Weibchen. Sie kämpfen mit ihnen und versuchen nach einem Sieg, sich homosexuell zu paaren (→ Homosexualität).

Auch bei den Dickhornschafen gibt es Männchen, die nach der Devise »Make Love not War« handeln. Wenn die dominanten Böcke ihre Hörner krachen lassen, huschen sie flugs herbei und paaren sich mit einem der Weibchen. Bis die Raufbolde wieder Zeit zum Aufpassen haben, ist der heimliche Liebhaber schon über alle Berge.

Schamlippen

Frauen wurden von der Natur aufwendiger ausgestattet als die Weibchen im Tierreich: Die großen Schamlippen sind fast exklusiv menschlich. Es sind reichlich Fett enthaltende Hautfalten, die außerdem etwas glatte Muskulatur aufweisen. Ihre Außenfläche ist mit Haaren bedeckt, während die nach innen gerichtete Oberfläche glatt und haarlos ist. Viele Schweiß- und Talgdrüsen münden in die Haut der großen Schamlippen. Bei sexueller Stimulation schwellen die großen ebenso wie die kleinen Schamlippen und der Kitzler (→ Klitoris) an, weil sie mit vielen Gefäßen durchzogen sind, die dann stärker durchblutet werden. Die großen Schamlippen liegen wie eine schützende Tasche über den kleinen Schamlippen und dem Eingang zur → Vagina. Doch neben weiblichen Menschen sind nur die Weibchen einiger Primaten damit ausgestattet. Daher treffen Biologen bei Nichtprimaten keine Unterscheidung, sondern sprechen von Schamlippen schlechthin.

Die gibt es bei vielen Säugetieren. Bei Affen, Raubtieren und Huftieren sind sie besonders gut ausgebildet. Diese Hautfalten um den Scheidenvorhof bestehen aus elastischer Muskulatur, durchsetzt mit Blutgefäßen und Talgdrüsen. Bei vielen Säugetieren schwellen sie deutlich an, wenn das Weibchen brünstig ist. Bei einigen Affenarten entwickelte sich diese → Brunstschwellung zu grotesker Größe und Form.

Unterhalb der Säugetierklasse besitzen die Weibchen kaum äußere Genitalien. Ihre weibliche Körperöffnung ist ein einfaches Loch oder ein Schlitz und dient gleichzeitig der Ausscheidung. Bei den Wirbeltieren (Vögel, Kriechtiere, Lurche, Fische) spricht man von der → Kloake. Das Äußere der Kloake gleicht eher einem Säugetier-Anus als einer → Vulva.

Scheidung

Trennt sich ein Ehepaar, wird es auch im Körbchen des gemeinsamen Haustieres emotional ungemütlich. Scheidung ist nach Angaben des Frankfurter Tierschutzvereins einer der meist genannten Gründe, warum → Hunde und → Katzen ins Heim gebracht werden. Als Ausrede dient oft, daß der neue Lebenspartner eine Tierhaarallergie habe.

Bei Trennungen leiden die Haustiere. »Die Schmerzempfindung ist ähnlich wie bei einem kleinen Kind«, meint Heidi Bernauer-Münz von der Gesellschaft für Tierverhaltenstherapie.

Kommt ein neuer Partner ins Haus, kriegen manche Hunde Hierarchieprobleme. Sie hören nicht auf das in ihren Augen »neue Rudelmitglied« oder schlimmer noch: Sie versuchen, es durch Knurren und Beißen einzuschüchtern, um selbst Nummer zwei zu werden. Das → Alpha-Tier (also der Besitzer), so rät der Verhaltenskundler Jürgen Unselm von der Universität München, muß dem Hund unmißverständlich klarmachen, daß er den niedrigsten Rang in seiner »Meute« (Familie) innehat. Versäumt er das, greifen manche Hunde sogar ihren Besitzer an, weil sie – wie in einem Wolfsrudel – die unsichere Übergangszeit nutzen, um selbst Alpha zu werden.

Schildkröten

Die meisten Landschildkrötenarten nehmen sich für den Geschlechtsverkehr viel Zeit und können dabei manchmal – ganz im Gegensatz zu ihrem sonstigen Benehmen – sehr laut werden. Besonders die Männchen begleiten jeden Beckenstoß mit einem lauten Stöhnen.

Obwohl sie → Reptilien sind, besitzen männliche Schildkröten Geschlechtsorgane, die durchaus einem Säugetierpenis ähneln. Im Ruhezustand hängt das Glied zurückgezogen am unteren Rand der → Kloake. Es schwillt durch erhebliche Blutzufuhr stark an, wenn das Panzertier in Stimmung kommt. An der Spitze ist das Organ leicht gespalten.

Sehr viel Geduld müssen Lederschildkröten mit ins Leben bringen. Von allen Tieren brauchen diese urtümlichen Meerwesen am längsten bis zur Geschlechtsreife. Nach 25 Jahren versuchen sie es zum ersten Mal.

Weibliche Suppenschildkröten kommen nur zur Eiablage an Land. Sonst verbringen sie ihr Leben im Meer, wo sie sich auch paaren, und zwar mit möglichst vielen Männchen. Bis zu 60 Prozent der gelegten → Eier werden von Tieren und auch Menschen gestohlen oder vom Meer weggespült. Von den Jungen, die dann schlüpfen, fallen drei Viertel Raubtieren zum Opfer. Dieser hohen natürlichen Auslese begegnet das Schildkrötenweibchen mit genetischer Flexibilität. Die Wahrscheinlichkeit, an qualitativ möglichst hochwertiges Sperma zu kommen, erhöht sich mit der Zahl ihrer Geschlechtspartner. Im Gelege eines einzigen Weibchens fanden Forscher Eier, die von vier oder mehr Männchen befruchtet wurden. Auch die männlichen Suppenschildkröten profitieren von der Promiskuität. Wären sie treu, hätten sie allen Nachwuchs verloren, wenn das Nest ihrer Gattin ausgeplündert wird. Durch den Wechsel bleibt immer noch die Chance, daß die Jungen anderer Partnerinnen überleben.

Schimpansen

Über 98 Prozent des Erbmaterials haben Menschen mit diesen Menschenaffen gemeinsam. Somit sind Schimpansen, neben den → Bonobos, unsere engsten Verwandten. Kein Wunder also, daß es in Sachen Sex ein paar Parallelen gibt (aber auch viele Unterschiede). Manchmal wirken die Paarungsspiele der Schimpansen wie eine Karikatur menschlichen Sexualverhaltens.

Die Gemeinsamkeiten sind schon rein körperlich sichtbar. Männer besitzen für Primaten außergewöhnlich große Hoden, die im Verhältnis zur Körpergröße nur noch von Schimpansen übertroffen werden, die mit durchschnittlich 119 Gramm gleich das Vierfache auf die Waage bringen. Britische Forscher fanden heraus, daß große Hoden im Verhältnis zum Körpergewicht nur bei Arten mit Spermienkonkurrenz vorkommen. Diese Art des männlichen Wettkampfes (→ Samen) kann nur dort entstehen, wo sich die Weibchen mit mehreren Partnern einlassen. Spermienkonkurrenz bedeutet, daß das Männchen bei der Paarung versucht, mit möglichst viel Samenflüssigkeit das Sperma seines Vorgängers aus der weiblichen → Vagina zu verdrängen. Da die Schimpansen es bunt durcheinander treiben, ist hier die Spermienkonkurrenz besonders hart: Pro Befruchtung haben Schimpansinnen zirka 135 Mal Geschlechtsverkehr mit wechselnden Partnern.

Ist ein Weibchen auf dem Höhepunkt ihrer Paarungsbereitschaft, zieht sie das Interesse der ganzen Gruppe magnetisch an. Ihre Paarungsbereitschaft ist unübersehbar: Gesteuert durch → Hormone, färbt sich ihr Hinterteil zu einem auffälligen Rosa und die gesamte → Vulva schwillt üppig an (→ Brunstschwellung). Während der zehn empfängnisbereiten Tage im Monat hat das Weibchen ein starkes sexuelles Interesse und kopuliert bis zu 50mal am Tag. Verständlich, daß die Männchen jede ihrer Bewegungen gespannt verfolgen und ihr auf Schritt und Tritt folgen. Dennoch sind → Vergewaltigungen seltene Ausnahmen: Jeder wartet ruhig, bis er an der Reihe ist. Trotz ihrer Promiskuität hegen auch Schimpansinnen so etwas wie Liebesbeziehungen. Sie bevorzugen bestimmte Partner, die oftmals nicht die Ranghöchsten sind (→ Treue).

Die Brautwerbung der Affenmänner ähnelt stark ihrem Aggressionsverhalten: Sie stolzieren mit geschwellter Brust auf und ab, kreischen ohrenbetäubend, stampfen mit den Füßen, schütteln Sträucher und Bäume. Das Fell ist dabei stets gesträubt. Damit die Weibchen diese Kraftmeierei nicht als Drohverhalten mißverstehen, schlenkern die Freier zwischendurch mit ihrem erigierten → Penis, den sie obendrein durch ihre Körperhaltung deutlich betonen.

Zärtliche Fellpflege (Grooming) spielt eine wichtige Rolle im Sozialleben der Schimpansen.

Das Machogebaren kommt an: Während eines Zeitraums von fünf Jahren beobachteten die Schimpansenforscherin Jane Goodall und ihr Team 1475 solcher Aufforderungen. Nur 61mal kam es vor, daß die Weibchen nicht binnen einer Minute zum Sex bereit waren. Doch so schnell, wie Schimpansen zur Sache kommen, ist der Spaß auch schon wieder vorbei: Ist das Männchen von hinten eingedrungen, quiekt sie schrill, er grummelt kurz und ejakuliert schon nach kaum zehn Stößen. Wen wundert es, daß Schimpansinnen trotz ihrer vielen Männer gerne masturbieren. Ob sie einen → Orgasmus erleben, ist wissenschaftlich zwar nicht gesichert, doch es macht deutlich den Anschein: Während sich die Weibchen manchmal sogar mit Stökken (→ Dildo) Wonne verschaffen, lachen sie hörbar auf und versinken anschließend in einen wohligen Ruhezustand.

Im Gegensatz zu den meisten anderen Tierarten leben Schimpansen in einem extrem flexiblen Sozialgefüge. In der Regel bilden sie lockere Gruppen, von denen sie sich immer mal wieder trennen, um alleine oder mit ein paar Freunden durch den Wald zu streifen. Meist sind es die Männchen, die sich zusammentun, um gemeinsam zu jagen oder Krieg gegen andere Schimpansenvölker zu führen.

Richtig eng ist nur die Bindung zwischen Müttern und Kindern. Bis zu vier Jahre wird ein Junges gestillt (→ Milch, → Zitzen). Während dieser Zeit bleibt der Zyklus des Weibchens aus. Wird es danach wieder schwanger, bleibt das Junge zusammen mit dem jüngeren Geschwister insgesamt zehn Jahre bei der Mutter. Während dieser Zeit bekommt es immer mehr Aufgaben, zum Beispiel bei der Geschwisterbetreuung, zugewiesen und lernt so, für sich selbst zu sorgen. Dann verlassen die Männchen schrittweise die Mutter-Kind-Familie. Werden die Weibchen geschlechtsreif, wandelt sich ihre Rolle innerhalb der Gruppe dramatisch: Plötzlich rücken sie in den Mittelpunkt der Aufmerksamkeit, zugleich gehen sie jetzt eigene Wege und besuchen benachbarte Trupps, um sich dort begatten zu lassen. Ist das junge Weibchen schwanger, kehrt es meist nach Hause zurück, um seine Jungen nach dem Vorbild seiner eigenen Mutter aufzuziehen. Für Verhaltensforscher, Anthropologen, Ethnologen und Psychologen sind Schimpansen ideale Vergleichsobjekte, um menschliche Handlungsweisen zu erklären: Auch bei ihnen bestimmt die eigene Kindheit, wie sie sich innerhalb einer Gruppe behaupten. Ob sie gesellig sind und welchen Status sie erreichen. Je nachdem, wie die Mutter eines Weibchens war, wird es selbst eher fürsorglich, ängstlich oder nachlässig mit seinem Nachwuchs umgehen.

Das sozial geborgene und zugleich sexuell so abwechslungsreiche Leben der Schimpansen könnte paradiesisch sein. Doch auch die Affen machen sich das Leben gegenseitig schwer. Im Gegensatz zu den friedfertigen → Bonobos sind besonders die Männchen aggressiv. Regelmäßig wird um den Rang als Alpha-Männchen (→ Alpha-Tiere) gekämpft oder um Futter gezankt. Während die Weibchen meist friedlich miteinander klarkommen, sorgen die Männchen für Angst und Schrecken. Häufig entspannt sich die spannungsgeladene Atmosphäre erst dadurch, daß sich ein Weibchen dem Angreifer zum Sex anbietet.

Doch auch die Zärtlichkeit spielt eine wichtige Rolle im Zusammenleben dieser Affen. Mehrere Stunden des Tages verbringen Schimpansen mit gegenseitiger Körperpflege. Dabei lümmeln sie abwechselnd am Boden oder auf einem Ast und lassen sich von den anderen das Fell nach → Parasiten und Hautschuppen durchsuchen. Dieses Grooming (→ Streicheln) gilt nur in zweiter Linie der Sauberkeit. Vor allem dient es als sozialer Kitt, der trotz häufiger Streitigkeiten ein friedliches Zusammenleben dieser intelligenten Primaten garantiert.

Schlangen

Sich paarende Schlangen hängen überaus fest zusammen. Werden sie durch Gewalt getrennt, tragen sie schwere Verletzungen davon. Die Männchen vieler Schlangen haben (wie andere → Reptilien auch) überaus kunstvolle Penisse (oftmals auch in doppelter Ausführung), die mit Zacken, Spitzen, Haken und Noppen versehen sind. Deshalb müssen sie sich nach dem Geschlechtsakt vorsichtig und langsam trennen, da sonst der → Penis abreißt oder dem Weibchen schlimme innere Risse zugefügt werden.

Die Anakonda ist mit bis zu 14 Metern Länge die größte Schlange. Sie bringt auch die meisten lebenden Jungen zur Welt: bis zu 80 zirka 70 Zentimeter lange Schlangenkinder. Als Reptil besitzt die Anakonda jedoch keine → Gebärmutter, sondern behält die fertigen Eier einfach im Körper und brütet sie dort aus (was auch manche anderen Kriechtiere, Lurche und Fische tun).

Nordamerikanische Strumpfbandnattern veranstalten im Frühjahr wahre Begattungsorgien (→ Gruppensex). Die Weibchen werden von einem spaghettihaften Gewimmel aus bis zu hundert Männchen umschlängelt. Doch sie paaren sich nur mit einem einzigen Bewerber aus dem Knäuel. Fast 15 Prozent der Männchen sind → Transvestiten, die die gleichen Duftsignale wie Weibchen abgeben. Dadurch verwirren sie ihre Rivalen und lenken sie von den heiß begehrten echten Weibchen ab. Forscher stellten fest, daß die Trickbetrüger häufiger zur Kopulation kommen als normale Natternmännchen, die männlichen Geruch verströmen.

Bei den in Europa heimischen Ringelnattern ist der Männchenüberschuß nicht ganz so groß. Der von Biologen beobachtete Rekord lag aber immerhin bei 22 Männchen, die sich um ein Weibchen schlängelten. Die Wahl der weiblichen Ringelnattern steht von vornherein fest: Sie nehmen immer den größten Bewerber (→ Damenwahl). Wenn sich Männchen ausnahmsweise entscheiden dürfen, verhalten sie sich übrigens genauso. Sie kriechen der längsten Schlange hinterher.

Im Laufe einer mehr als zehnjährigen Untersuchung an Kreuzottern konnten schwedische Wissenschaftler nachweisen, daß sich Promiskuität für Weibchen auszahlt (zur gleichen Erkenntnis führten auch Studien an → Meerschweinchen). In der dreiwöchigen Paarungszeit dieser Giftschlangen lassen sich die Weibchen von bis zu acht verschiedenen Männchen begatten. Die Forscher fragten sich lange, warum die Kriechtiere Vielmännerei betreiben, da doch die Samenmenge eines einzigen Männchens ausreicht, um alle → Eier zu befruchten. Zu ihrer Überraschung stellte sich heraus, daß es einen Zusammenhang zwischen Promiskuität und der Gesundheit der Nachkommen gibt. Bei den Kreuzottern, die die meisten Sexualpartner hatten, überlebten deutlich mehr Jungtiere als bei solchen, die sich mit einem Männchen begnügten.

Schleimfische

Die Männchen bestimmter Arten aus der Familie der Schleimfische kämpfen um die leeren Schalen von → Entenmuscheln. Sobald sie eine Muschel besetzt haben, signalisieren sie dies mit ihren Rückenflossen, die sie blinkend hochstellen und wieder anlegen. Meist kommen mehrere Weibchen angeschwommen und legen ihre → Eier in die Muschelschale. Der stolze Besitzer befruchtet sie alle.

Schmetterlinge

Der Japanische Schwalbenschwanz *(Papilio xuthus)* läßt den Traum mancher Männer wahr werden: Er kann mit seinem Geschlechtsorgan sehen. Lichtempfindliche Nervenzellen an der Spitze des Hinterleibs unterscheiden hell und dunkel. Zwar bleibt ihm das Erkennen von Form und Farbe verwehrt, doch zum Finden der weiblichen Körperöffnung genügt diese erstaunliche Vorrichtung. Der optische Sexsensor hilft dem Schwalbenschwanz, sich zielgenau in der Luft zu paaren. Er meldet, wann die Ejakulation beginnen kann.

Weibchen vieler Schmetterlingsarten haben im wahrsten Sinne Hunger auf Sex. Sie lassen sich die eiweißreichen → Samenpakete schmecken, welche die Männchen bei ihnen abliefern. Bei Arten, deren Weibchen zur Polygamie neigen, müssen die männlichen Schmetterlinge größere Samenpakete bilden, um Beachtung zu finden. Das Samenpaket der monogamen Falterart Waldbrettspiel wiegt nicht einmal ein Prozent des männlichen Körpergewichtes. Elf Prozent sind es bei Rapsweißlingen, deren Weibchen ein flatterhaftes Liebesleben führen.

Schnabeligel

Der Kurzschnabeligel, ein Vertreter aus der Familie Ameisenigel, wurde gegen Ende des 18. Jahrhunderts entdeckt. Doch erst Ende des 20. Jahrhunderts kam Licht in das geheimnisumwobene Sexleben dieser eierlegenden Säugetiere. Das ist der amerikanischen Biologin Peggy D. Rismiller zu verdanken, die den kuriosen Stacheltieren über sechs Jahre lang hartnäckig durch den australischen Busch folgte.

Weibliche Kurzschnabeligel führen von Mai bis September eine ganze Kolonne Männchen. Im Gänsemarsch tappen einem Weibchen zwei bis sieben Freier hinterher. Verläßt einer die Kette, muß er sich wieder hinten anstellen. Gegen Ende des südlichen Winters kommt der große Moment. Das Weibchen hält inne und krallt sich mit den Vorderpfoten an einem

Strauch fest. Nun beginnen die Männchen die Verehrte zu umkreisen und graben dabei eine Art Paarungsarena, die – im beobachteten Fall – 18 Zentimeter tief war. Dann hebt eine üble Rempelei an, bei der die Igelmänner klären, wem das Paarungsprivileg gebührt.

Das siegreiche Männchen gräbt noch ein wenig um das Hinterteil des Weibchens herum. Dann versucht er es mit Pfoten und Schnabel anzuheben und streichelt ihr mit dem Vorderfuß über den Rücken. Dabei gehen wellenförmige Schauer durch ihr Stachelkleid. Dann schmiegt er sich seitwärts an sie. Das Paar drückt seine → Kloaken aneinander und führt mit den Schwänzen pumpende Bewegungen aus. Die Stacheln richten sich rhythmisch auf und werden wieder angelegt. Obwohl ihre Körperöffnung der Kloake von Vögeln gleicht, verfügt das Männchen (wie auch manche Vögel) über ein penisähnliches Organ, das sieben Zentimeter lang ist und in einem blumenkohlartigen Kopf endet, der über vier Ejakulationsöffnungen verfügt. Zirka eine Stunde bleibt das Paar zusammen. Dann entfernt sich das Männchen.

Das Weibchen legt nach einigen Wochen ein einziges Ei, das es in einer Brusttasche ausbrütet. Daraus schlüpft ein nicht einmal zwei Zentimeter großer Fetus, der in den folgenden Wochen im Beutel lebt und dort von Muttermilch ernährt wird.

Schnecke

Etwas vulgärer, doch zumeist freundlich gemeinter Ausdruck für die → Vulva. In abwertender Absicht wird »Schnecke« für Frau oder Lesbierin benützt.

Schnecken

»Der geilste Gastropode ist die Napfschnecke. Dieses heißblütige kleine Biest mit seiner zeltartigen Schale ist immer am Ball. Seine außereheliche Aktivität ist schon erstaunlich.

Ehrlich gesagt, ich weiß nicht, wie die weibliche Napfschnecke noch Zeit findet, sich an einen Felsen festzusaugen ... Die Wellhornschnecke ist nichts als ein Homosexueller der allerschlimmsten Sorte. Dieser warme Bruder unter den Gastropoden, diese schwule Krustazee, dieses gezierte Weichtier, diese kreischende, tänzelnde, schlapparmige Tunte der Tiefe bringt mich einfach zum Kotzen!« Soweit die Komikertruppe Monty Python über das Lotterleben der Weichtiere. Wahr ist, daß das Sexualleben der Schnecken merkwürdige Seiten hat.

Viele Arten dieser Schalenweichtiere sind → Zwitter und können sich selbst befruchten. Sie tun das jedoch nur, wenn sie keinen Partner finden. In der Regel machen es auch Schnecken lieber zu zweit. Normalerweise kommt es zu einer Kreuzbefruchtung. Jeder der Partner überträgt sein Sperma und erlaubt die Besamung der eigenen → Eier.

Zu den zwittrigen Schnecken gehört die Gattung *Ariolimax*. Der Liebesakt zwischen zwei *Ariolimax*-Schnecken verläuft äußerst aggressiv, denn während der Paarung versuchen die Tiere sich gegenseitig zu kastrieren, indem sie den überaus großen → Penis ihres Partners (Gegners?) abnagen. Wer sein Begattungswerkzeug verliert, muß fortan als Weibchen weiterleben. Eine Zwitterschnecke, die in ihrer Umgebung auf diese Weise für mehr Weibchen und weniger männliche Konkurrenz sorgt, erhöht dadurch ihren Fortpflanzungserfolg.

Auch die vor allem in Kräuterbutter populären Weinbergschnecken besitzen beide Geschlechtsteile. Bei der Paarung, die mehrere Stunden dauern kann, stoßen sie sich gegenseitig zierliche Kalkstilette (»Liebespfeile«) als Reizmittel in die Haut. Kanadische Wissenschaftler fanden heraus, daß diese Liebespfeile ein Pheromon enthalten, welches dafür sorgt, daß die Befruchtung ein Erfolg wird. Es macht den weiblichen Kopulationskanal empfänglicher für Spermien und schließt ein Organ, das Spermien verdaut.

Viele hundert Landschneckenarten verwenden bei der Paarung solche Liebespfeile. Diese Sexwaffen sind hart, scharf und können bis zu einem Zentimeter lang sein. Viele sind kompliziert gestaltet und werden von Schneckenkundlern zur Artbestimmung genutzt.

Die im Meer lebenden Pantoffelschnecken *(Crepidula fornicata)* bilden eigenartige Turmketten, bei der viele Männchen auf einem Weibchen sitzen. Diese Tiere beginnen ihr Leben als geschlechtslose Larven. Wer das Glück hat, sich irgendwo festhaften zu können, wird weiblich und fängt an, Eier zu bilden. Weibchen beeinflussen mit Pheromonen (→ Geruchssinn) das Geschlecht der andockenden Artgenossen. Eine Turmkette der Pantoffelschnecken kann aus bis zu zwanzig Tieren bestehen, von denen das unterste immer weiblich, die andern männlich sind. Um an das Weibchen heranzukommen, haben die Männchen einen Penis entwickelt, der wesentlich länger ist als sie selbst.

Schnepfen

Kaum ein Vogel kann sich auf so perfekte Weise unsichtbar machen wie ein brütendes Waldschnepfenweibchen. Sie erstarrt vollkommen und bewegt nicht einmal ein Augenlid. Die Lebensfunktionen sind so herabgesetzt, daß sie wie ausgestopft wirkt. Selbst aus nächster Nähe ist es fast unmöglich, sie zu entdecken, da ihre Konturen vom Waldboden vollkommen aufgelöst werden. Dabei hilft der Schnepfe ihre grau, braun rostgelbe Tarnfarbe. Und als tollsten Trick kann der Vogel auch noch seinen Körpergeruch reduzieren, so daß nasenorientierte Räuber, wie Marder oder → Füchse, nichtsahnend an ihm vorbeitrotten (→ Geruchssinn).

In der Umgangssprache werden Prostituierte abfällig als »Schnepfen« bezeichnet, manchmal steht die Bezeichnung auch allgemein für Frauen oder junge Mädchen (abwertend gemeint).

Schnupperhengste

Wenn Pferdezüchter wissen wollen, ob eine Stute rossig ist (→ Brunst), können sie dies mit einer Ultraschalluntersuchung feststellen. Diese kostet 20 Mark. Ein Hengst dagegen riecht den Zustand des Weibchens sofort und zweifelsfrei und kostet nur das Futter. Deshalb gibt es auf Gestüten sogenannte Schnupperhengste. Sie prüfen, ob die Stuten willig sind, damit daraufhin die Besamungstechniker ihres Amtes walten können (→ Künstliche Besamung).

Die Journalistin Michaela Schießl hat das Schicksal so eines Tieres in einer ergreifenden Reportage geschildert. Sie porträtierte »Seesturm«, den Schnupperhengst eines Brandenburger Gestüts. Der arme Kerl steht tagaus, tagein schlecht gelaunt in seiner Einzelbox und starrt mit hängenden Lidern die Mauer an. Seine einzige Abwechslung besteht darin, immer wieder zum Vorspiel mit heißen Stuten anzutreten und dann weggezerrt zu werden. Doch selbst wenn die Zügel reißen würden, er könnte nicht. Denn, damit keinesfalls etwas passieren kann, wurde sein → Penis von Tierärzten so umoperiert, daß die Erektion zwischen den Hinterbeinen herausragt. Schnupperhengste sind die unglücklichsten Pferde der Welt.

Schwalben

Will man als Rauchschwalben-Männchen ein Weibchen bezirzen, hat man mit möglichst langen Schwanzfedern die besten Chancen. Daß Schönheit sich aber nicht unbedingt auf alle Lebensbereiche vorteilhaft auswirken muß, zeigt sich an diesen Vögeln ebenfalls. Lange Schwanzfedern stören bei der Flugbeweglichkeit nämlich erheblich. Wirklich leisten können sich diesen Luxus nur Männchen, in deren Revieren sich viele fette, schwerfällige Insekten tummeln.

Schwäne

Die Kunde vom ewig treuen Schwanenpaar, das sich durch nichts auseinanderbringen läßt, ist ein Märchen. Die Realität sieht um einiges unromantischer aus. Bleibt die Verbindung ohne Nachwuchs, trennt sich das Paar und sucht neue Partner. Andererseits steigt die Chance auf ein längeres Zusammensein mit der Zahl der Nachkommenschaft.

Das Schwanenmännchen, lange Zeit Sinnbild für den ewig loyalen, fürsorglichen Lebenspartner, kann auch ganz andere Seiten hervorkehren. Zwar verteidigt es sein Revier gegen eindringende Weibchen ebenso wie gegen Männchen. Doch kaum macht er einen Ausflug aus dem ehelichen Territorium, bandelt er mit anderen Weibchen an.

Schweine

Bis zu einem halben Liter Samenflüssigkeit kann der Eber des Hausschweins bei einer einzigen Paarung abgeben. Forscher fanden an Warzenschweinen in Afrika heraus, daß ein Teil des Spermas im Gebärmutterhals des Weibchens zu einem Pfropf gerinnt. So soll verhindert werden, daß ein anderer Eber die Sau begattet. Nur durch einen im Vergleich zu anderen Tieren sehr langen Geschlechtsakt (bis zu zehn Minuten) und enormen Mengen von Ejakulat kann ein Rivale den Pfropf wieder lösen (→ Begattungspfropfen).

Schweinswale

Schweinswale schlugen in der Evolution des sexuellen Geruchssinns den direkten Weg ein: Sie schnuppern mit dem → Penis. Der deutsche Forscher Günther Behrmann entdeckte Mitte der neunziger Jahre Chemorezeptoren an der Spitze des Geschlechtsorgans der nur 1,5 Meter kurzen Zahnwale. Die Paarung auf offener See ist eine akrobatische Spitzenleistung für die Meeressäuger. Durch den Riechpenis werden die Aussichten auf eine erfolgreiche Begattung heftig erhöht. Mit schlängelnden Bewegungen folgt er ganz von selbst dem Geruch der Walvagina. Die Schweinswale müssen also nicht umständlich im Dunkeln tasten und können sich darauf konzentrieren, bei dem schwierigen Akt nicht zu ertrinken.

Seeanemonen

Weil diese Blumentiere fest auf Felsen haften und ihre Fangarme wie eine dekorative Blüte aussehen, wirken sie eher wie Pflanzen, dennoch sind es Tiere. In den felsigen Gezeitenzonen der amerikanischen Pazifikküste lebt die Seeanemone *Antholeura elegantissima* in zwei Formen (die möglicherweise auch zwei Arten sind). Die eine lebt einzelgängerisch und konkurriert gegen ihre Artgenossen: Diese Form vermehrt sich sexuell. Die andere existiert in großen Kolonien, die ganze Felsenareale überwuchern. Gemeinsam sind sie stark, vertreiben Feinde, speichern zusammen genügend Feuchtigkeit, um bei Ebbe nicht auszutrocknen, und leisten auch starken Wellen erfolgreich Widerstand. Alle tun das, was für die Gemeinschaft am besten ist: Diese Form von *Antholeura elegantissima* vermehrt sich ohne Sex, indem sich die Tiere in der Mitte teilen (→ Jungfernzeugung). Alle sind Klone, alle wollen das gleiche. Rivalitäten, wie bei den geschlechtlichen Seeanemonen, kennen sie nicht. Ohne Sex herrscht Frieden und Harmonie.

Seeotter

Die putzigen und hochintelligenten Meeresmarder, Stars zahlloser Naturfilme, haben auch eine dunkle Seite. Nach neun Jahren Observation in der Bucht von Monterey, Kalifornien, deckten die Biologen Marianne Riedman und Jim Estes auf, daß männliche Seeotter Sex mit Gewalt erzwingen (→ Vergewaltigung). Weil sie an dem glitschig nassen Fell der Weibchen keinen Halt finden, beißen oder krallen sie sich kurzerhand an der Nase fest. Bei der Paarung tragen die Weibchen blutige Wunden davon. Ein besonders übler Vergewaltiger ertränkte ein Weibchen während der Kopulation. Daraufhin zog er den Kadaver noch mehrere Tage durchs Wasser, bis er sich eine andere schnappte.

Seepferdchen

Die Aufzucht der Jungen ist bei den Seepferdchen Männersache (→ Väter). Nach einer anmutig tänzerischen → Balz, die oft Tage dauern kann, berühren sich zum Grande Finale die Bäuche des turtelnden Paars. Zeit für das Weibchen, dem Männchen einige ihrer birnenförmigen → Eier in den Brustsack zu stecken, wo sie sofort befruchtet werden.

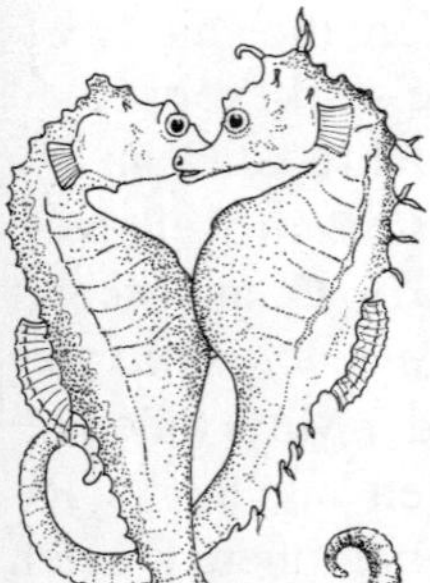

Liebesspiel der Seepferdchen

Dasselbe Ritual wiederholt das männliche Seepferdchen mit der gleichen oder auch mit wechselnden Partnerinnen so lange, bis sein Beutel voll ist. Und das kann dauern. Bis zu 4000 Eier faßt die Brutstätte, in der in den kommenden drei bis vier Wochen die Jungen heranreifen.

Unter Verrenkungen und Zuckungen, die an Wehen weiblicher Säugetiere erinnern, bringt der Vater dann die Jungen zur Welt.

Seggenrohrsänger

Diese kleinen Singvögel kennen keine → Treue. Alle Weibchen lassen sich mit mehreren Männchen ein. Doch keiner der flüchtigen Liebhaber hilft ihnen bei der → Brutpflege. Das ist auch nicht nötig, denn in den Seggenwiesen, dem Lebensraum des Vogels, gibt es so viel Nahrung, daß auch Alleinerziehende gut klarkommen.

Also, warum es sich schwermachen, wenn das Leben doch so einfach sein kann? Wie Ornithologen feststellten, stammten 58 Prozent aller Gelege von mehr als einem Vater. In 44 Prozent der untersuchten → Nester lagen sogar Eier von drei oder vier verschiedenen Erzeugern. Weibchen, die sich mit nur einem Männchen gepaart hatten, legten übrigens deutlich weniger → Eier.

Segler

Zu dieser Vogelordnung, die zirka 80 Arten umfaßt, gehört unser heimischer Mauersegler, der im Sommer mit schrillem Schrei pfeilschnell durch die Häuserschluchten saust. Segler sind derart an das Leben in der Luft angepaßt, daß sie nicht mehr vom Boden aus starten können. Ihre winzigen Füße vermögen nicht zu stehen, sondern sich nur an Fels- oder Häuserwänden festzukrallen. So verbringen Segler ihr Leben, auch den Schlaf, im Flug – nur unterbrochen durch die Brut.

Meist findet die Paarung im Nest statt, doch Mauersegler sind auch in der Lage, es in der Luft zu treiben. Dafür fliegt das Männchen dem Weibchen ein Stück voraus und stellt seine Flügel V-förmig nach oben. Das Weibchen schlüpft mit waagrecht gestellten Flügeln unter ihn. Dann gleitet das Paar während der Begattung gemeinsam abwärts.

Der amerikanische Weißbrustsegler hat eine andere Technik entwickelt. Das Paar fliegt aufeinander zu. Bevor sie zusammenstoßen, schwenkt das Männchen ein und setzt sich auf den Rücken seiner Partnerin.

Ebenfalls zu den Seglern gehören die Salanganen, aus deren Brutbehausungen die berühmte chinesische Schwalbennestersuppe gewonnen wird. Die entscheidende Komponente für diese Delikatesse ist der im Nest enthaltene Speichel der Vögel. Vor der Brutzeit schwellen ihre Speicheldrüsen stark an und erzeugen große Mengen klaren Schleims, der an der Luft zu einer hornartigen Masse trocknet. Er ist so zäh, daß man ihn aus dem Mund des Vogels herausziehen und auf ein Stöckchen aufwickeln kann. Am begehrtesten und teuersten sind die → Nester von Salanganen-Arten, die nur mit Speichel bauen und keine anderen Stoffe einarbeiten.

Salanganen-Eltern füttern ihr erstes Küken mit Gewalt. Damit es möglichst schnell wächst, stopfen sie ihm soviel Nahrung wie irgend möglich in den Schlund. Sobald dem Jungen eigene Federn wachsen, legt das Weibchen ein zweites Ei und läßt das großgemästete Küken sein Geschwister ausbrüten.

Sexen

So nennt man in der Geflügelzucht das Sortieren der Küken nach dem Geschlecht. Diese Praxis ist im wahren Sinne des Wortes Sexismus – in seiner grausamsten Form (denn wer das falsche Geschlecht hat, wird getötet). Männliche Küken sind für die Eierindustrie wertlos und werden deshalb aussortiert. An ihrer → Kloake sitzt ein rudimentärer → Penis, der sie von weiblichen Küken unterscheidet. Um diesen winzig kleinen Unterschied zu erkennen, braucht man aber ein sehr geschultes Auge und viel Erfahrung. Da das Geflügel-Sexen in Japan entwickelt wurde, werden auch hierzulande in der industriellen Massentierhaltung zur Geschlechtertrennung Japaner angestellt. Im Eiltempo verlesen sie die kleinen Federknäuel von Hand nach männlich und weiblich. Die weiblichen Küken werden zu Legehennen aufgezogen, die männlichen (meist durch Giftgas) getötet.

Siamesische Kampffische

Diese überaus aggressiven kleinen Fische werden in Südostasien wie Kampfhähne gegeneinander gehetzt, damit Menschen auf den Gewinner Wetten abschließen können. Sperrt man zwei männliche Kampffische in ein kleines Glas, attackieren sie sich, bis einer stirbt.

Die streitsüchtigen Schuppenwesen sind jedoch sehr liebevolle → Väter. Sie schmiegen sich bei der Paarung um das Weibchen und halten den Laich auf diese Weise fest, um ihn zu befruchten. Dann lassen sie die → Eier auf den Grund sinken und bauen ein Schaumnest aus Luftblasen. Kurze Zeit später sammeln sie mit dem Mund die Eier einzeln wieder auf, um sie behutsam ins Nest zu tragen.

Silberfischchen

Die Männchen dieser ungeliebten Hausgenossen des Menschen wenden einen hinterhältigen Trick an, um ihr Sperma an nichtsahnenden Weibchen loszuwerden. Sie lassen die Auserwählte hereinstolpern.

Nachdem das Männchen dem Weibchen lange genug hinterherspioniert hat, um dessen möglichen Weg vorauszuberechnen, deponiert es sein → Samenpaket in Pyramidenform an der vermuteten Stelle. Nun greift der tückische Wegelagerer aber auch noch zu einer anderen List: Er legt fein gesponnene Fallstricke aus.

Das Weibchen versucht mit erhobenem Schwanz am Männchen vorbeizuziehen, stolpert aber über die Fäden und senkt so zwangsläufig den Hinterleib, der dann die Samenbündel aufnimmt.

Skorpione

Ohne ein Tänzchen läuft bei diesen Spinnentieren nichts. Das Männchen ergreift die Scheren des Weibchens und beide legen eine flotte Sohle auf den Wüstensand. Danach setzt er sein gestieltes → Samenpaket auf dem Boden ab. Dann schreitet er langsam rückwärts und führt sein Weibchen zielgenau, bis sie mit ihrer Geschlechtsöffnung genau darüber steht und es aufnehmen kann.

Ganz ähnlich verläuft die Paarung bei den Pseudoskorpionen, die eine eigene Ordnung innerhalb der Spinnentiere bilden (siehe Abbildung 253).

Skorpioneier reifen im Körper des Muttertieres heran. Wenn die Eihülle platzt, werden die kleinen Giftzwerge lebend geboren. Bis zur ersten (bei manchen Arten auch bis zur zweiten) Häutung trägt das Skorpionweibchen seinen Nachwuchs auf dem Rücken umher und beschützt ihn so vor Feinden.

Sodomie

Täubchen, Kätzchen, Spatzilein: Bei ihren Kosenamen bedienen sich verliebte Paare gern im Tierreich. Auch wenn es zur Sache geht, sind Begriffe aus der Fauna sehr gefragt: Vögeln, Muschi, Bärchen, Eier, Schwanz …

»Soziale Sodomie«, wie Konrad Lorenz die platonische Liebe zu Haustieren nannte, gehört in den wohlhabenden Industrieländern zum Leben von Millionen Menschen. → Katzen und → Hunde werden häufiger gestreichelt als Ehepartner und dürfen nicht selten im Bett ihrer Frauchen und Herrchen übernachten. Würden ebenso viele Hunde wie Menschen von ihren Partnern verstoßen, dann wären, so der niederländische Schriftsteller Midas Dekkers, die Städte voll streunender Rudel.

Doch nur eine Minderheit schreitet zur körperlichen Tierliebe. Zahlen über dieses peinliche Thema gibt es kaum. Nach den Erhebungen von Alfred Kinsey im Amerika der vierziger

Auf erotischen Gemälden sind es zumeist Frauen, die es mit Tieren treiben (historische Darstellung aus dem Rokoko)

Jahre hatten acht Prozent der Männer und dreieinhalb Prozent der Frauen irgendeine Sexerfahrung mit Tieren. Unter jugendlichen Männern auf Farmen waren es sogar 40 bis 50 Prozent. In der »Deutschen tierärztlichen Wochenschrift« zitiert der Autor M. Stettner Untersuchungen, nach denen 99 Prozent der verurteilten Sodomiten männlichen Geschlechts waren, 66 Prozent unter 24 Jahre alt.

Vermutlich haben also weniger Frauen als Männer Sex mit Tieren. Und die, die es tun, lassen sich auch nicht so leicht erwischen, weil sie sich nicht auf Weiden und in Ställen herumtreiben, sondern zu Hause bleiben. Dort sind Hunde willige Partner, denn – so ein von Stettner zitierter Experte – sie »üben oft rein instinktiv den Cunnilingus aus, wenn sie den Geruch der Vagina wahrnehmen«. Ganz im Gegensatz zur Statistik zeigen die meisten künstlerischen Darstellungen körperlicher Tierliebe Frauen, die es bevorzugt mit → Schwänen (Leda), aber auch → Eseln, → Affen oder Hunden treiben.

Jugendliche Männer, die beim Verkehr mit Tieren erwischt wurden (in 85 Prozent der Fälle sind es → Rinder und → Pferde), kamen in psychologischen Gutachten zumeist nicht besonders gut weg. »Psychopathia Sexualis«, vor hundert Jahren ein Standardwerk über sexuelle Verirrungen, verfaßt von dem Wiener Psychiater Richard von Krafft-Ebing, bescheinigt

Sodomiten »tiefstehende Moralität, großen geschlechtlichen Drang bei erschwerter naturgemäßer Befriedigung«. Stettner fand in der Fachliteratur folgende Kennzeichen: »Selbstunsicherheit, Assozialität, Trunksucht, Unbeherrschtheit, psychisch krankhafte und exzessiv gesteigerte Libido, Schizophrenie« usw.

Unter diesen Gestalten scheint es jedoch auch solche zu geben, für die Sodomie keine Ersatzhandlung ist, sondern höchste Lust. Krafft-Ebing beschreibt einen Herrn »in gehobener gesellschaftlicher Stellung«, den der Psychiater immerhin so weit bringen konnte, zu heiraten und sexuell mit seiner Frau zu verkehren. Der Patient berichtete jedoch, daß er trotz des hübschen Aussehens seiner Gattin das Gefühl habe, »ein Stück Holz zu koitieren«. Bei Hündinnen und Stuten fühlte er sich einfach wohler.

Wer es heutzutage mit Großvieh treibt, muß das Gesetz nicht mehr fürchten, denn seit der Sexualstrafrechtsreform von 1969 ist Unzucht mit Tieren nicht mehr verboten. Es sei denn, das Tier wird dabei gepeinigt (was zum Beispiel in den 4,5 Prozent der Fälle so sein dürfte, wo Männer sich an Geflügel vergehen). Dann greift das Tierschutzgesetz. Leider spielt in einem Großteil der bekannt gewordenen Sodomiefälle Sadismus eine Rolle (Stettner schreibt 70 Prozent). Der Marquis de Sade selbst gab einst Anleitungen für den grausamen Umgang mit Tieren: »Der Truthahn ist ein Leckerbissen; doch gilt es ihm im Augenblick des Höhepunkts die Kehle durchzuschneiden.«

Wenn Sodomie ohne Qual auch nicht mehr strafbar ist, so blieb sie doch stärker sozial stigmatisiert als irgendeine andere erlaubte Perversion. Dekkers bemerkt, daß selbst in Nordafrika, wo es toleriert wird, daß Bauernjungen ihre ersten sexuellen Erfahrungen mit → Ziegen oder Eseln machen, niemand darüber redet. In manchen südamerikanischen Indio-Stämmen wird Verkehr mit Lamas durch → Kastration bestraft. Selbst der Aufklärer Kant forderte Todesstrafe für Sodomiten. Und auch die Christen verfolgten erotische Tierliebhaber unerbittlich. Und das, obwohl der Heilige Geist Maria in Gestalt einer Taube beiwohnte. Bereits im dritten Buch Mose heißt es unmißverständlich: »Nähert sich eine Frau einem Tier, um sich mit ihm zu begatten, dann sollst du die Frau und das Tier töten.« Das gleiche galt für Männer. Seit dem 3. Jahrhundert verfolgte die Kirche die Sodomie (die damals in einem Atemzug mit → Onanie, → Homosexualität, Oral- und → Analverkehr genannt wurde). Die Bezeichnung geht auf die biblische Stadt Sodom zurück, die wegen ihrer Lasterhaftigkeit von Gott in Schutt und Asche gelegt wurde. Bibelexperten beteuern jedoch, daß die Sünde von Sodom die Homosexualität war und nicht die Unzucht mit Tieren.

Erst im 12. Jahrhundert tauchte das Delikt in weltlichen Gesetzestexten auf. Damals ging man – wie auch in der Antike – davon aus, daß Mensch-Tier-Verkehr schreckliche Mischwesen hervorbringe. Im 17. Jahrhundert fand im Zuge der Hexenverfolgung auch ein Feldzug gegen Sodomie in Europa statt. Oft wurde dabei nicht nur Menschen, sondern auch ihren Tieren der Prozeß gemacht und beide landeten auf dem Scheiterhaufen. Selten erging es den armen Geschöpfen so wie jener berühmt gewordenen Eselin, die 1750 von dem französischen Bauern Jacques Ferron bestiegen wurde. Priester und andere Würdenträger bescheinigten der Stute, daß sie als »tugendhaft und wohlanständig« bekannt sei und vermutlich vergewaltigt wurde. Man sprach sie frei und richtete Ferron alleine hin.

Nur in der heidnischen Antike sah man die Mensch-Tier-Beziehung locker. Göttervater Zeus näherte sich den Damen seiner Wahl mal als Stier mal als Adler. Oder auch als Schwan, wie bei Leda, der schönen Gattin des Spartanerkönigs Tyndareos. Er schwängerte sie, und sie legte zwei Eier, aus denen Halbgötter schlüften. Auch Pasiphaè, die Frau des kretischen Königs Minos, war der Tierwelt zugetan. Um sich einem geliebten Stier hinzugeben, befahl sie, eine hölzerne Kuh zu zimmern. Dann schlüpfte sie hinein, ging in Stellung und ließ sich von dem Bullen besteigen. Aus dieser Zusammenkunft gebar sie den Minotaurus, ein Monster mit Männerkörper und Stierkopf.

Die Möglichkeit, ein Tierjunges zu gebären, wäre heute vielleicht sogar technisch möglich. So schlug 1992 Professor Stephan Seager vom Washington Hospital Center vor, Frauen sollten sich zur Verfügung stellen, um Retortenbabys vom Aussterben bedrohter Berggorillas auszutragen. In den USA meldeten sich acht Freiwillige, in Deutschland zwei. »Hurra, Mami kriegt ein Affenbaby!« titelte die Bild-Zeitung.

In der Landwirtschaft entwickelte sich Sex mit Tieren mittlerweile vom peinlichen Delikt zur alltäglichen beruflichen Praxis. Züchter von Truthühnern zapfen ihren Hähnen mit dem Mund das Sperma für die → künstliche Besamung der Hennen ab. Bei diesem Vorgang, der »Melken« genannt wird, kneift der Landwirt dem Vogel ein paarmal ins Geschlechtsorgan und saugt durch ein Rohr das Sperma an. Der Grund: Die armen Tiere wurden durch einseitige Züchtung auf Fleischmasse so schwer, daß sie den natürlichen Deckakt nicht mehr zustande bekommen. So muß es ihnen – kleine Rache der gequälten Kreatur – der Bauer besorgen.

Altersstruktur verurteilter Sodomiten (1923–1937) in Prozent

14 bis 23 Jahre	66 %
24 bis 33 Jahre	18 %
34 bis 53 Jahre	11 %
54 bis 80 Jahre	5 %

Anteil der verschiedenen mißbrauchten Tierarten in Prozent

Rinder, Kälber	67,3 %
Pferde	17,6 %
Hunde	4,9 %
Geflügel	4,3 %
Schweine	1,7 %
Ziegen	1,7 %
Schafe	0,9 %
Katzen	0,6 %

Sonnenbarsche

Die stattlichen alten Männchen dieser Barschfische (Familie: *Centrarchidae*) gründen an flachen Uferstellen ein Revier und graben darin eine Laichmulde. Dann beginnen sie, ein Weibchen aus einem benachbarten Schwarm zu umwerben. Während der → Balz und der Eiablage nutzen zwei andere Typen von Männchen die Situation aus, um mit tückischen Tricks die Eier zu besamen.

Kleine, junge Männchen wählen die Guerillataktik. Sie nähern sich überraschend, geben blitzschnell ihren → Samen auf die → Eier der vom Oberbarsch Umworbenen und hauen ab.

Ältere kleine Männchen imitieren das Aussehen und Verhalten weiblicher Fische. Als Weibchen getarnt, schwimmen sie offen auf den balzenden Barsch zu. Dieser freut sich, nun zwei Weibchen erobert zu haben, und bemerkt nicht, daß er von → Transvestiten reingelegt wird. In aller Ruhe besamen die Pseudoweibchen den Laich und machen sich davon.

Den betrogenen Barschen obliegt die → Brutpflege, an der sich auch die echten Weibchen nicht beteiligen. Brav bewachen sie die Eier und später die Jungfische und fächeln ihnen sauerstoffreiches Wasser zu. Manchmal wird nur ein Drittel des Laichs vom Revierbesitzer befruchtet. Den Rest besamen listige Männchen (→ Maskerade), die im offenen Konkurrenzkampf gegen die Großen keine Chance hätten.

Spechte

Man kennt sie als unermüdliche Einzelgänger, die mit ihren Schnäbeln hartnäckig Baumstämme durchlöchern, um Nisthöhlen anzulegen oder Futter zu finden.

Amerikanische Eichelspechte dagegen leben gesellig. In Gruppen von bis zu zwölf Mitgliedern wählen sie einen gemeinsamen Speicherbaum, hacken Zehntausende von Löchern hinein und deponieren dort ihre Wintervorräte aus Nüssen und Samen.

Die Weibchen scheinen mit dem Gemeinschaftssinn allerdings nicht so viel am Hut zu haben. Sie verfügen zwar über ein gemeinsames Nest, zerstören sich aber gegenseitig die → Eier. Das erste Ei einer Brutsaison wird in der Regel sogleich von einem anderen Weibchen herausgeworfen und verspeist. Jedes weitere wird ebenfalls von Rivalinnen zerstört. So lange, bis alle Weibchen zu legen beginnen und sie fremde und eigene Eier nicht mehr unterscheiden können.

Sperlinge

Sperlinge gehören zu den fruchtbarsten Vögeln. Während einer Saison kann ein Haussperlingweibchen bis zu fünfmal Eier legen. Bereits in der Antike wurde der Sperling deshalb als geheiligter Vogel der Liebesgöttin Aphrodite zugeordnet. Im Mittelalter nannte man Gassen mit Hurenhäusern oft Sperlingsgassen. Da er sich so oft paart, wurde der Spatz auch für Liebeszauber und → Aphrodisiaka verwendet. Fleisch und Hirn der kleinen Vögel sollte die sexuelle Lust steigern, besonders wenn sie während der Kopulation erlegt worden waren.

Spinnen

Die meisten Spinnen sind so ungesellig, daß sie ihr Leben vermutlich vollkommen allein verbringen würden, wenn sie sich nicht vermehren müßten. Doch die Stimme der Natur zwingt sie – wie fast alle höheren Lebewesen – zum Sex, was für die Männchen oft fatale Folgen hat. Denn viele weibliche Spinnen neigen dazu, ihre Partner nach oder während der Paarung zu verspeisen. Manche Männchen haben sich deshalb im Laufe der Evolution so klein gemacht, daß sich der Happen nicht lohnt.

Viele Spinnenmännchen benutzen das umgebildete zweite Beinpaar, die Pedipalpen, als Begattungsorgan (bei den Weibchen dienen sie als Fühler). Sie sondern zunächst einen Spermatropfen in ein winziges, selbstgesponnenes Netz an ihrer

Bauchseite ab. Dann tauchen sie die Pedipalpen hinein und versuchen, die fruchtbare Fracht in die Geschlechtsöffnung des Weibchens zu fummeln.

Die wohl bekannteste Kannibalin ist die Schwarze Witwe. Ihr Männchen wiegt nur zwei Prozent ihres Körpergewichtes. Einige dieser Winzlinge schaffen es, ihren Sexualpartnerinnen zu entkommen und sich – Triumph männlicher Geschicklichkeit – mit einer zweiten zu paaren.

Bei der Kreuzspinnenart *Araneus pallidus* jedoch verläuft eine erfolgreiche Begattung stets tödlich für das Männchen. Denn der kleine Gatte kann sich nicht am weiblichen Hinterleib festklammern. Ständig rutscht er ab. Zumeist kippt er beim Versuch, seine Begattungsorgane einzuführen, mit seinem Hinterteil gegen den Kopf des Weibchens, das sofort mit den Giftklauen zuschlägt. Doch nur wenn sie auf diese brutale Weise seinen Körper festnagelt, findet er genug Halt, um sein Werk (und kurz darauf sein Leben) zu vollenden. Nach der Paarung frißt sie ihn vollends auf. Als Wissenschaftler versuchsweise die Spinnen am Biß in ihre Männchen hinderten, mißlang die Kopulation stets.

Vorsicht ist also geboten. Viele Spinnenmännchen versuchen mit Wachsamkeit und Geschicklichkeit zu überleben. Beispiel Vogelspinnen: Mit einem Balztanz beschwichtigt das kleine Männchen das aggressive Weibchen und bringt es in Paarungsstimmung. Erst dann wagt der Freier, sich vorsichtig zu nähern. Er trägt am Ende seiner Taster eine Blase, die er zuvor mit Sperma füllte. Sobald er diese Blase in die Öffnung auf der Unterseite des Weibchens gesteckt hat, macht er sich schnell aus dem Staub.

Ebenso vorsichtig geht das Männchen der Tapezierspinne vor. Trifft er auf die mit Seide ausgekleidete Erdröhre eines Weibchens, verharrt der Freier zunächst wie vom Blitz getroffen. Schließlich nimmt er all seinen Mut zusammen und beginnt mit der → Balz. Mit vibrierenden Beinen beklopft er den Bau so lange, bis beim Weibchen der Sexualtrieb den Beuteinstinkt überlagert. Dann erst kann er sich sicher sein, nicht mit einer Fliege verwechselt zu werden, und darf sich nähern.

Andere Männchen versuchen, mit dem Leben davonzukommen, indem sie ihren Partnerinnen eine Fliege mitbringen. Während diese dann ihr Hochzeitsgeschenk verspeisen, kann der Gatte sie gefahrlos besteigen. Die Männchen einiger Arten aus der Familie der Raubspinnen halten das in Spinnfäden eingewickelte Freßpaket auffällig in die Höhe, wenn sie sich einem Weibchen nähern. Da sie eine Weile zum Auswickeln der Gabe brauchen, bleibt genug Zeit, um den → Samen zu übertragen.

Männliche Krabbenspinnen haben eine besonders sichere Methode entwickelt: Sie schleichen sich an, springen ihrer Auserwählten auf den Rücken und fesseln sie mit Spinnfäden. Erst wenn sie sich kaum mehr bewegen kann, krabbeln sie unter ihren Bauch und begatten sie.

Australische Krabbenspinnen sind gute Mütter, aber böse Stiefmütter. Im Gegensatz zu den meisten anderen Spinnen kümmert sich die Art *Diaea ergandros* um den Nachwuchs. Die Achtbeiner bauen ein Nest aus mit Spinnfäden verklebten Eukalyptusblättern und päppeln darin ihre Jungen auf. Mischen sich fremde Kinder unter die eigene Brut, werden diese zwar auch behütet, aber nicht gefüttert. Ist ein Spinnenweibchen ausschließlich von Stiefkindern umgeben, fängt es nur noch so viele Insekten, wie es selbst fressen kann. Woran die Spinnen ihren eigenen Nachwuchs erkennen, konnten die australischen Wissenschaftler bisher nicht herausfinden.

Springschwänze

Wer denkt, anonyme Samenbanken seien eine Erfindung des 20. Jahrhunderts, irrt. Seit einigen Millionen Jahren nahezu unverändert, legt das Springschwanzmännchen Dutzende von Samentröpfchen wie an einer Kette aus. Sind die → Eier der Weibchen reif, laufen diese zu den aufgereihten Spermadepots und nehmen sich, was sie zur Fortpflanzung brauchen.

Stachelschweine

Diese dornigen Nagetiere stehen bei der Paarung vor ähnlichen Problemen wie → Igel. Das Weibchen kann jedoch seine Stacheln umklappen, damit sich ihr Gatte nicht verletzt. Stachelschweine gehören zu den wenigen Säugetieren mit lebenslanger Paarbindung (→ Treue), wobei Sex in der Beziehung eine große Rolle spielt, denn sie treiben es auch außerhalb der empfängnisbereiten Zeit. Die Paarung der Stachelschweine kann sich über mehrere Stunden hinziehen. Dabei ejakuliert das Männchen jedoch erst ganz am Schluß. Noch unverpaarte Weibchen verschmähen oder erwählen einen Bewerber je nach dessen sexueller Begabung. Sind sie nicht zufrieden mit ihm, schütteln sie ihn auch nach längerem Aufreiten ab, ohne daß es dabei zur Besamung kommt. Solche Probepaarungen können sich die ganze Nacht hinziehen.

Baumstachler sind amerikanische Verwandte der in Afrika und Asien lebenden Stachelschweine. Weibchen dieser Art hetzen die Männchen regelrecht gegeneinander auf. Gesellt sich ein männlicher Baumstachler zu einem sexuell aktiven Weibchen, ruft sie mit kurzen Heultönen andere Männchen herbei. Dies führt zu brutalen Kämpfen, bei denen die Verlierer das Schlachtfeld übel zugerichtet verlassen. Forscher zählten bis zu fünfzig Stacheln des Gegners im Gesicht und auf der Brust geschlagener Konkurrenten. Die Weibchen schauen zu und paaren sich dann mit dem Stärksten, der zumeist besonders groß ist, über drei Jahre alt und die meisten Stacheln besitzt.

Stichlinge

Wie bei vielen Fischen sorgt auch bei den Stichlingen der Vater für die Brut (→ Väter). Er baut ein Nest, bewacht die Eier und später die Jungfische. Bei den Dreistachligen Stichlingen wählt das Weibchen seinen Wunschpartner nach zwei Kriterien (→ Damenwahl). Hat er einen roten Bauch (das signalisiert Gesundheit)? Und hat er ein komfortables Nest gebaut? Je algendurchwachsener und versteckter das Nest, desto besser, denn überall lauern Laichräuber – selbst in den eigenen Reihen. Rücksichtslos plündern manche Weibchen fremde → Nester, um so Platz für ihre eigene Eiablage zu schaffen.

Nach einem Zickzack-Tanz um das Weibchen herum versucht das Stichlingsmännchen, die Angebetete in sein Eigenheim zu entführen. Hat er sie am Ende des Balzrituals in das röhrenförmige Nest gelotst, trommelt er mit seiner Schnauze auf ihren Schwanz, was sie zum Ablaichen bewegt.

Hat das Weibchen jedoch alle → Eier gelegt, erweist sich das ganze Kavaliersgehabe des Männchens als Schein. Umgehend vertreibt er sie und sucht sich, wenn möglich, eine Neue. Dafür kümmert er sich auch allein um die Aufzucht der Jungen.

Störche

Eines dürfte nach Lektüre dieses Buches klar sein: Babys werden nicht vom Storch gebracht. Generationen wißbegieriger Kinder wurden einst mit der Legende abgespeist, der Weißstorch hole den menschlichen Nachwuchs aus Brunnen. Er lege das Geschwister der Mutter auf das Fenster und beiße sie dann ins Bein, um auf den Neuankömmling aufmerksam zu machen. »Storch, Storch guter, bring mir einen Bruder. Storch, Storch bester, bring mir eine Schwester«, reimten die Kinder. Doch während Nikolaus, Weihnachtsmann, Christkind und Osterhase die Aufklärung überlebten, wissen heute bereits Kleinkinder, daß zwischen Störchen und Geburten keine Kausalität besteht. Und das, obwohl die Statistik das Gegenteil nahelegte. Als in den sechziger Jahren die Zahl der Störche in Deutschland sank, ging sofort auch die Geburtenrate zurück. Doch in den neunziger Jahren platzte die letzte Illusion: Die Störche nahmen deutlich zu. Meister Adebar entkoppelte sich vom Bevölkerungstrend.

Der Weißstorch gilt in Deutschland nicht nur als Babybote, sondern auch als Sinnbild gutbürgerlichen Ehelebens. Doch auch auf diesem Feld sieht die Realität anders aus. Wenn das Männchen einige Tage früher eintrifft und das Nest vom Vorjahr besetzt, ist es einem kleinen Seitensprung durchaus aufgeschlossen. Die Liaison ist allerdings spätestens mit der Ankunft der Gattin beendet, die die Rivalin zornentbrannt vertreibt.

Der Fehltritt scheint jedoch schnell vergessen, denn meistens kommt es schon am zweiten Tag zu mehrfachen Kopulationen, die durch heftiges Schnabelgeklapper und »Kopf-in-den-Nacken-Werfen« eingeleitet werden. Sodann springt das Männchen von hinten auf das Weibchen auf und versucht, seine Geschlechtsöffnung (→ Kloake) an die des Weibchens zu pressen. Dieser Vorgang, bei dem er mit seinen Flügeln die Balance halten muß, dauert nur wenige Sekunden und sieht ziemlich hektisch und ungeschickt aus.

Strauße

Im Gegensatz zu den meisten anderen Vögeln können Strauße nicht fliegen. Doch dafür haben sie fast allen anderen Gefiederten etwas voraus: einen → Penis. Das ungewöhnliche Organ wird bei Bedarf aus der → Kloake gestülpt (also jener Öffnung, aus der Vögel alle Ausscheidungen und die Weibchen auch ihre Eier abgeben) und erigiert – wie bei Säugetieren – durch Blutzufuhr zum Schwellkörper. Als einziger Vogel sondert der Strauß übrigens Kot und (eingedickten) → Urin getrennt ab. Die Hennen Afrikanischer Strauße legen von allen Vögeln die größten Eier. Sie sind dreißigmal so groß wie ein Hühnerei und wiegen zirka 1500 Gramm.

Auch bei der → Brutpflege warten die Riesenvögel mit Merkwürdigkeiten auf. Sie paaren sich mit zwei bis vier Hennen, die alle ihre → Eier in ein gemeinsames Nest legen. Das Weibchen, das der Straußenhahn zuerst begattete, bebrütet das gemeinsame Gelege tagsüber. Er übernimmt die Nachtschicht und die Nebenfrauen sind fein raus. Sie brauchen nicht zu brüten und kümmern sich auch nicht um die Kükenschar, die geführt und beschützt werden muß. Da der Straußenhahn seine Haremsdamen nicht bewachen kann, kommt es auch vor, daß sie ihm fremde Eier unterjubeln.

Bei der → Balz legen sich die Männchen mächtig ins Zeug. Wie ein Fächertänzer schlagen sie abwechselnd mit ihren Flügeln. Zuvor führen sie zusammen mit dem Weibchen symbolische Pickbewegungen aus, die mit der Zeit synchron verlaufen. Bei geringsten Unstimmigkeiten in diesem gemeinsamen Bewegungsritual brechen die Vögel ihre Balz sofort ab. Steigt die Erregung, wirft sich der Hahn auf den Boden und schmeißt mit Sand, als wolle er eine Nestmulde graben. Dabei verrenkt er den Kopf nach allen Seiten und stößt dumpfe Laute aus. Dann springt er plötzlich auf. Im selben Augenblick läßt sich die Henne zu Boden fallen und sogleich begatten.

Streicheln

Wenn Vogelpärchen sich das Gefieder putzen, Katzen ihre Jungen lecken, Pferde einander beknabbern oder Affen sich lausen, tun sie dies nicht nur für die gegenseitige Körperpflege. Durch Zuwendung, die nicht auf Sex ausgerichtet ist, zeigen sich auch Tiere: Wir gehören zusammen und brauchen uns. Doch mehr noch: »Liebe ist die beste Medizin«, sagte der Schweizer Arzt und Philosoph Paracelsus schon vor über vierhundert Jahren. Wie recht er hatte, können Wissenschaftler heute anhand von Tierbeobachtungen beweisen.

Besonders verschmust sind die Spitzhörnchen, zoologisch *Tupaja balangeri*. Daher wählte der Bayreuther Tierphysiologe Dietrich von Holst sie als Modelltiere für seine jahrzehntelange Forschungsarbeit. Die eichhörnchengroßen Säugetiere aus den Wäldern Südostasiens tun sich zu Pärchen zusammen und kuscheln mehrere Stunden am Tag. Nachts schlafen Alte und Junge eng aneinandergeschmiegt in einem gemeinsamen Nest. Von Holst studierte die Tupajas in freier Wildbahn und in den Gehegen des Zoologischen Instituts der Universität Bayreuth. Mit Hilfe von Mikrosendern bekam er über Funk Auf-

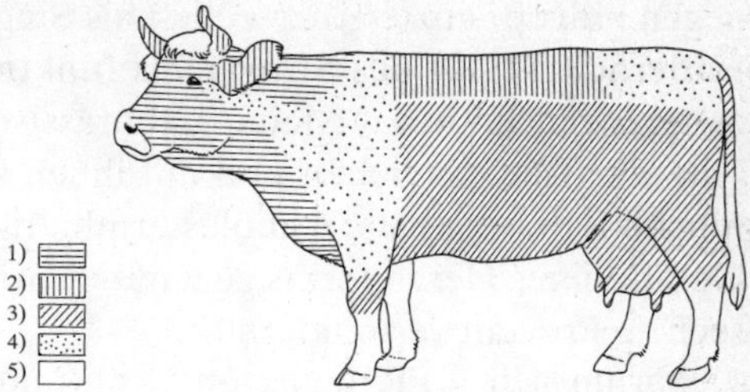

Die Zärtlichkeit der Rinder (nach Prof. Sambraus). Wo die Kuh nicht selber hinkommt, wird sie von ihren Artgenossinnen beleckt.
1) wird fast regelmäßig geleckt
2) wird mäßig häufig geleckt
3) wird häufig geleckt
4) wird selten geleckt
5) wird nie geleckt

schluß über das Innenleben der Schmusetierchen und fand heraus: »In harmonischer Partnerschaft sinkt die Herzfrequenz der Tiere um ein Fünftel unter den ›vorehelichen‹ Ausgangswert.«

Bei 20 Prozent der Tupaja-Paare beobachtete von Holst eine »Liebe auf den ersten Blick«. Kaum waren sich Männchen und Weibchen begegnet, beschnupperten und beleckten sie sich. Diese harmonische Bindung wirkte sich deutlich auf ihre Belastbarkeit aus: Beide Partner nahmen Streß auffallend gelassen hin. Sie bekamen regelmäßig Junge, um die sie sich hingebungsvoll kümmerten. Erstaunlicherweise sind Fortpflanzung und Sex aber keine Bedingung für das Tupaja-Glück: Auch sterilisierte Paare leben in zärtlicher Zweisamkeit und sind damit entsprechend gesund.

Doch wie beim Menschen ist solch eine glückliche Ehe leider die Ausnahme. Bei 20 Prozent regiert blanker Haß: »Es flogen die Fetzen, und wir mußten sie wieder trennen«, berichtet von Holst.

Die Mehrzahl der Spitzhörnchen-Paare (60 Prozent) verbindet jedoch weder Zuneigung noch Haß. Sie leben trist nebeneinander her und zeugen selten Kinder. Und wenn, dann kümmern sie sich kaum um ihren Nachwuchs oder fressen ihn sogar auf. Solche Partner reagieren schon auf geringe Störungen mit einem rasenden Puls und einer erhöhten Ausschüttung von Streßhormonen.

Streß in der Beziehung macht also labil und krank, körperliche Zuwendung hingegen schützt vor Krankheiten. Paarweise lebende Tiere erwiesen sich in Versuchen widerstandsfähiger gegen eingepflanzte Krebszellen als Singles. Der gesundheitsfördernde Effekt des Streichelns funktioniert sogar über die Artgrenzen hinweg. »Meine Laborassistentin«, so von Holst, »die die Tiere streichelt und mit ihnen spielt, konnte bei Kaninchen, die eine stark cholesterinhaltige Diät erhielten, die Gefahr eines Herzinfarkts gegenüber ›ungeliebten‹ Tieren um sechzig Prozent vermindern.«

Warum sich → Pferde besonders oft im Nacken beknabbern, haben die Biologinnen Claudia Feh und Jeanne de Mazières an Wildpferden in der Camargue untersucht. Sie wählten 16 zahme Pferde aus, kratzten und kraulten sie an verschiedenen Körperstellen und maßen dabei den Puls. Ergebnis: Das Striegeln der Nackenwurzeln verlangsamt bei ausgewachsenen Pferden den Herzschlag um 11,4, bei Fohlen um 13,5 Prozent. Die Forscherinnen vermuten, daß im Pferdenacken ein großer Nervenknoten liegt, der dem Herz befehlen kann, langsamer zu schlagen. Eine Erkenntnis, mit der auch Reiter ihre Tiere beruhigen und verwöhnen können.

Auch Menschen empfinden Lustgefühle, wenn man ihnen die »Mähne striegelt«. Viele empfinden das Kämmen beim Friseur als angenehmes Gefühl. Kaum ein Mensch, der es nicht genießt, in den Haaren gekrault zu werden. Britische Wissenschaftler kamen zu der Erkenntnis, daß solche Berührungen wie eine Droge wirken. Sie führen das Wohlgefühl auf gehirneigene, opiumartige Substanzen zurück. Der Neuropsychologe Eric Kaverne und sein Team untersuchten den Hirnstoffwechsel von Affen bei der gegenseitigen Körperpflege. Dabei registrierte er einen deutlichen Anstieg von Beta-Endorphin, einer körpereigenen Substanz, die ähnliche Empfindungen auslösen kann wie Opium oder Morphin. Die Psychologen vermuten, daß diese gefühlsmäßige Belohnung für nicht-sexuelle Berührungen eines Artgenossen das Bedürfnis nach sozialem Engagement in der Gruppe stärken soll.

Daß Körperpflege als sozialer Kitt dient, der eine Gruppe zusammenhält, zeigt sich am deutlichsten bei → Affen. Besonders → Schimpansen verbringen mehrere Stunden am Tag damit, gemütlich am Boden zu lümmeln und sich gegenseitig das Fell nach Hautschüppchen und → Parasiten abzusuchen. Dieses Grooming (so das Fachwort) hilft den Tieren zugleich, Auseinandersetzungen friedlich zu lösen: Ist ein Schimpanse aggressiv, findet sich meist ein Artgenosse, der ihm beschwichtigend den Pelz krault. Kommt es dennoch zum Streit, versöhnt man sich anschließend, indem der Unterlegene den anderen laust.

Bei zahlreichen Vogelarten vertiefen zwei Partner ihre Bindung, indem sie sich mit dem Schnabel das Gefieder putzen (→ Albatrosse).

Anderen Gutes zu tun, macht also nicht nur Freude: Es schützt vor Einsamkeit, vor Krankheit und Verdruß. Zärtlichkeiten, ob mit oder ohne sexuelle Absichten, zahlen sich in jedem Fall aus: Der beruhigende und gesundheitsfördernde Effekt wirkt auf den, der groomt, knabbert, küßt oder krault, ebenso wie auf den, der gestreichelt wird.

Strudelwürmer

Australische Meeresstrudelwürmer der Art *Pseudocerus bifurcus* liefern sich vor der Begattung ein merkwürdiges Gefecht. Begegnen sich zwei dieser nur sechs Zentimeter großen Tiere, richten sie sich auf und drohen mit ihrem → Penis. Sie belauern sich bis zu einer Stunde lang. Danach gehen sie entweder getrennt ihrer Wege oder schreiten zum Kampf. Dabei versucht jedes der Zwittergeschöpfe, Vater zu werden und das andere zur Mutter zu machen (→ Zwitter). Sie attackieren einander mit ihrem Geschlechtsorgan. Der Sieger stößt es schließlich durch die Haut des Verlierers, der dabei ernsthafte Verletzungen erleidet, die erst Tage später wieder verheilen. Wer seine → Samen überträgt, ist klar im Vorteil gegenüber dem, der die → Eier liefert, so Nicolaas Michiels vom Max-Planck-Institut für Verhaltensphysiologie in Seewiesen, der die Penisduelle der Würmer untersucht hat. Der Spermaspender trägt keine Verletzung davon, muß die Eier nicht austragen und kann mehr eigene Eier produzieren, falls er das nächste Mal unterliegt.

Europäische Strudelwürmer der Art *Dugesia gonocephala* stecken ihr Sperma in → Samenpakete verpackt in die Haut des Partners. Diese Spermatophoren herzustellen, kostet viel Energie und Zeit. Deshalb suchen sich die Strudelwürmer ihre Sexualpartner gut aus. Das Schönheitsideal der kleinen Kriecher heißt »Hauptsache groß«. Um die Körperlänge des anderen abzuschätzen, legen sich die beiden dicht nebeneinander. Nur wenn sie in etwa gleich groß sind, tauschen sie die Pakete aus.

Suchbock

Um bei der Schaf- oder Ziegenzucht die Empfängnisbereitschaft der Weibchen zu ermitteln, wird ein Suchbock eingesetzt. Er wittert, wenn seine Artgenossinnen brünstig sind, und verrät sie, indem er sie zu bespringen versucht. Eine überaus undankbare Aufgabe: Damit er die Weibchen nicht selbst besamt, wird ihm ein Lederschurz um den Bauch gebunden, der den Bock am Geschlechtsverkehr hindert. Manche Züchter verzichten auf dieses Deckgeschirr und lassen den Suchbock statt dessen sterilisieren. Diese Methode ist für den Bauern sicherer und bringt den Tieren mehr Spaß.

T

Tanreks

Eine Familie von Insektenfressern, die in Madagaskar zu Hause ist und auch Borstenigel genannt wird. Aus Tanreks wird in ihrer Heimat ein beliebtes Currygericht zubereitet, weshalb ihnen die Menschen heftig nachstellen. Daß die putzigen Stacheltiere die permanente Verfolgung bisher gut überstanden haben, liegt an ihrer erstaunlichen Fruchtbarkeit. Kein Säugetier kann so viele Junge gebären wie ein weiblicher Großer Tanrek. In einem holländischen Zoo bekam ein Weibchen 31 kleine Tanreks auf einen Rutsch, von denen bis auf eines alle aufwuchsen.

Tapire

Wer je im Zoo einen Tapir mit erigiertem → Penis sah, wird den Anblick nicht vergessen. Jedes mitfühlende Herz fragt sich dabei sofort: Wie können die armen Weibchen das überleben? Für Tapirmännchen bringt das gewaltige Gemächt (50 cm bei zirka 2 m Körperlänge) Vorteile bei der → Onanie. Sie reiben es zwischen den Vorderbeinen oder schlagen es gegen die Brust.

»Grzimeks Enzyklopädie« geht auf die innere Anatomie der Weibchen (wo bringen sie das Ding unter?) nicht weiter ein, beschreibt aber recht ausführlich den Paarungsakt der Tapire. Die erregten Tiere keuchen und pfeifen dabei und verspritzen Unmengen von → Urin. Sie beschnuppern gegenseitig ihre Geschlechtsteile und drehen sich dabei immer schneller im Kreis. Wie auch bei → Pferden üblich (die zur Verwandtschaft der Tapire gehören) beißen sie sich in die Ohren, Füße und Flanken.

Nach der Begattung kann das Weibchen aggressiv werden und das Männchen verjagen (kein Wunder, wenn man gerade durchbohrt worden ist).

Tauben

Das Liebesspiel der Stadttauben (die von den Felsentauben abstammen) beginnt damit, daß das Männchen nach dem geeigneten Brutplatz sucht. Hat er einen gefunden, stößt er, für alle unüberhörbar, den sogenannten Standortruf aus. Ist ein Weibchen in der Nähe, schwenkt der Täuber jedoch sehr schnell auf die galante Tour ein. Brav marschiert er der Angebeteten hinterher und verneigt sich dabei artig. Bei dieser Verbeugungsbalz bläht er seinen Hals mächtig auf, um imposanter auszusehen, und gurrt in stereotypem Rhythmus immer wieder das gleiche Motiv. Vogelkundler beschreiben die Tonfolge mit den Worten »Wang gúguru guh«.

Danach beginnt die Zeremonie des Schnäbelns. Ganz fürsorglicher Papa, offeriert die männliche Taube dem Weibchen symbolisch Futter (→ Küssen). In der Regel kann diese nicht widerstehen und steckt ihrerseits den Schnabel in den des Männchens. Dabei mimt sie überzeugend das schutzbedürftige Junge. Ist das Vorspiel beendet, duckt sich die Täubin, der Täuber reitet auf und begattet sie. Bei manchen Taubenarten reitet das Weibchen nach dem Deckakt beim Männchen auf. Auch gleichgeschlechtliche Paare (→ Homosexualität) verhalten sich wie Männchen und Weibchen und bespringen einander.

Ähnlich wie → Säugetiere versorgen Tauben ihre Jungen in den ersten Tagen ausschließlich mit einer → Kropfmilch. Dann erst beginnen sie mit dem Zufüttern fester Nahrung.

Thermometerhühner

Zehn Monate im Jahr ist der Hahn des australischen Thermometerhuhns mit seinem Bruthügel beschäftigt. Allein vier braucht er, um das klimatechnische Kunstwerk zu bauen. Dafür gräbt er eine zwei Meter tiefe Mulde, die er mit Blättern und Zweigen füllt. Er läßt sie offen, bis der australische Winterregen das Pflanzenmaterial durchnäßt. Dann scharrt er einen Sandhügel auf die gefüllte Grube, der fünf Meter Durchmesser haben kann. Wenn die Henne bereit zur Eiablage ist, gräbt er ein Loch in den Haufen, für das er wiederum zwei Kubikmeter Sand entfernen muß. Alle ein bis zwei Wochen wühlt er ihr dann erneut eine Grube für jeweils ein weiteres Ei.

Während der Brutzeit ist der fleißige Vater ständig mit seinem Bauwerk beschäftigt. Da in den trockenen Buschgebieten Australiens die Temperatur um mehr als vierzig Grad Celsius schwanken kann, mißt er ständig nach, ob im Haufen die optimalen 33,5 Grad herrschen. Immer wieder steckt er seinen Schnabel in die Erde, der ihm wie ein Thermometer exakte Auskunft gibt. Stimmt das Brutklima nicht, macht er den Haufen flacher, gräbt Belüftungsgänge oder schichtet neues Material auf.

So aufopferungsvoll der Hahn die → Eier betreut, so kalt ist er dann zu seinen Küken. Weder er noch die Henne kümmern sich um die Jungvögel, die sich nach dem Schlüpfen selbst durch den Sandhaufen wühlen müssen. Danach ruhen sie sich nur kurz im Schatten aus und sorgen vom ersten Tag an für sich selber. Sie können von vornherein flattern und bereits am zweiten Tag auf niedrige Äste fliegen.

Ebenso wie beim Thermometerhuhn erledigen die Hähne der Tallegalla-Buschhühner das Brutgeschäft. Andere Arten aus der Familie der Großfußhühner teilen sich die Bauarbeiten.

Tiger

Tiger sind Einzelgänger, die riesige Reviere durchstreifen. Nur in der Paarungszeit rücken Weibchen und Männchen zusammen. Die → Brunst des Weibchens kann 20 bis 80 Tage dauern, doch innerhalb dieser Phase ist sie nur drei bis sieben Tage befruchtungsfähig. Brünstige Weibchen sind unter Tigerkatern heftig umkämpft. Manchmal enden die Rivalenkämpfe sogar tödlich für einen der Kontrahenten.

Die Paarung selbst ist kurz, verläuft ähnlich wie bei Hauskatzen und macht keinen besonders zärtlichen Eindruck. Der Kater beißt der Tigerin kräftig ins Nackenfell. Sofort nach der Ejakulation entfernt er sich mit einem gewaltigen Satz. Denn er weiß, die Tigerin revanchiert sich für den → Nackenbiß mit einer Ohrfeige.

Junge Tiger bleiben erstaunlich lange bei ihrer Mutter: bis zu fünf Jahre. Und das, obwohl sie mit zirka einem Jahr schon selbständig jagen können.

Wie die → Nashörner sind Tiger heute hochgradig bedroht, weil sie der sexuellen Eitelkeit asiatischer Männer zum Opfer fallen. Penis, Hoden, Fleisch, Blut und andere Körperteile von Tigern werden in der traditionellen chinesischen Medizin als Mittel zur Potenzsteigerung eingesetzt. Ein toter Tiger kann auf den Arzneimärkten Ostasiens zirka 30000 Mark erbringen. Die Wirkung der aus ihm gewonnenen Medizin beruht lediglich auf dem Placeboeffekt.

Tintenfische

Die Männchen der Kopffüßer benutzen einen ihrer Fangarme als Begattungsorgan, mit dem sie ihr → Samenpaket in der Mantelhöhle des Weibchens deponieren. Bei den papierbootartigen Kraken (Überfamilie: *Argonautoidae*) hat dieses System seinen Höhepunkt erreicht. Der Geschlechtsarm löst sich vom Körper des Männchens und schwimmt aktiv in die Öffnung der Paarungspartnerin.

Nordamerikanische Kalmare bei der Paarung

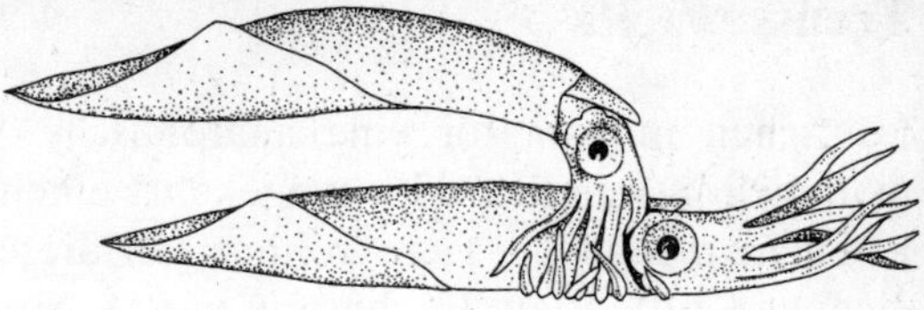

Ein ästhetisches Highlight für Unterwasserfotografen ist der Liebestanz der Atlantischen Kalmare *Sepioteuthis sepoidae*. Wilde Farbwellen fließen über die Haut dieser Tintenfische, wenn sie dabei mit ihren zehn Armen winken. Nach anfänglichem Gruppentanz bilden sich Paare. Sie umkreisen einander, verflechten ihre Arme und schwingen sich schwerelos durchs Wasser. Wenn schließlich der männliche Kalmar einen Arm in die Mantelöffnung hinter dem Auge des Weibchens steckt, um ihr sein → Samenpaket zu übergeben, werden die bunten Tiere plötzlich ganz weiß.

Bei vielen Kopffüßerarten sind die Jungen schon Waisen, bevor sie überhaupt aus dem Ei schlüpfen: Ihre Muttertiere sterben kurz nach dem Ablaichen. Das Weibchen des Gemeinen Kraken betreibt einen Monat lang → Brutpflege: Sie baut ein Steinnest, pumpt sauerstoffreiches Wasser auf die → Eier, reinigt und bewacht sie, ohne zwischendurch Nahrung aufzunehmen. Dann stirbt auch sie an Erschöpfung.

In 1000 Meter Meerestiefe treiben es die Riesentintenfische. Ihr Liebesakt verläuft brutal. An einem 15 Meter langen Weibchen, das vor Tasmanien ins Netz ging, fanden Forscher mehrere flache Wunden. Darin steckten bis zu 20 Zentimeter lange Samenkapseln, die von einer gelatineartigen Masse umgeben waren. Die Biologen schlossen daraus, daß männliche Riesentintenfische nicht so sanft sind wie Atlantische Kalmare, die ihre Spermienpakete freundlich in die dafür vorgesehene Tasche überreichen. Gleich einigen kleineren Krakenarten stechen die Riesentintenfische ihre → Samen dem Weibchen wahllos unter die Haut.

Transsexuelle

Menschen müssen für eine anatomische Verwandlung von männlich in weiblich oder umgekehrt einen Spezialchirurgen aufsuchen. Manche Tiere vollbringen dieses Kunststück aus eigener Kraft. Viele Fischarten, wie → Anemonenfische, bestimmte Zackenbarsche und einige Vertreter der → Grundeln, können jederzeit ihr Geschlecht wechseln, wenn es ihnen einen Vorteil verschafft (also z. B. Männchen- oder Weibchenmangel herrscht).

Offenbar tragen sie die biologischen Grundlagen für beide Geschlechter in sich (→ Zwitter). So ist beim Liebesspiel des Zwergsandbarsches *Serranus subligarius* der vorne schwimmende Partner stets weiblich, während der nachfolgende ein kräftig gefärbtes Männchen ist. Nach dem Laichen können sich dieselben Tiere innerhalb von Sekunden umfärben, das Geschlecht wechseln und sich erneut paaren. Beim Schriftbarsch *Serranus scriba*, der im Mittelmeer lebt, beobachteten belgische Biologen einen sechsmaligen Geschlechterwechsel innerhalb weniger Stunden.

Asiatische Fischzüchter machen sich das Potential zum Geschlechtswechsel, das auch in anderen Fischen schlummert, zunutze. Sie behandeln die Brut mit → Hormonen. Denn zuweilen ist es wirtschaftlicher, nur ein einziges Geschlecht – meist das männliche – heranzuziehen, weil es schneller wächst und mehr Fleisch ansetzt. Sogar bei Hühnern und manchen Nagetieren ist es möglich, durch Hormongabe während der Embryonalentwicklung das von der Natur bestimmte Geschlecht umzuwandeln.

Junge Meeresborstenwürmer der Art *Ophryotrocha puerilis* sind zunächst alle männlich. Wachsen die Würmer zu über 30 Körpersegmenten heran, wandeln sie sich zu Weibchen. Muß ein solches Tier hungern, wird der geschrumpfte Wurm wieder männlich.

Transvestiten

Der Drang, in die Rolle des anderen Geschlechts zu schlüpfen, ist nicht typisch menschlich. Im Tierreich existieren alle Abstufungen des Geschlechterwechsels: Paare, die die üblichen Klischees von Männlichkeit und Weiblichkeit auf den Kopf stellen und den → Rollentausch verwirklichen; → Zwitter und → Transsexuelle, die ihr Geschlecht auch im anatomischen Sinne wechseln; und schließlich Transvestiten. Sie bleiben, rein körperlich, was sie sind oder wandeln sich nur oberflächlich (z. B. in der Farbe). Doch sie verhalten sich, als seien sie vom anderen Geschlecht.

So eine Strategie kann überaus erfolgreich sein, wie der Verhaltensforscher Norbert Sachser anhand von → Meerschweinchen herausfand. Bildet man Vierergruppen aus männlichen Meerschweinchen, wird eines der Tiere die weibliche Rolle übernehmen. So hält es sich geschickt aus den Rangkämpfen der anderen heraus. Messungen von Streßhormonen ergaben: Der Transvestit fühlt sich nicht nur wohler als die beiden rangniederen Männchen, sondern auch als das → Alpha-Tier. Setzt man später wieder ein Weibchen in die Gruppe, nimmt der Transvestit sofort wieder männliches Verhalten an. Er hat in der Regel bessere Chancen, das Weibchen zu erobern, als die anderen drei.

Die Männchen vieler Tierarten schlüpfen in die weibliche Rolle, um ihre Konkurrenten auszutricksen. So führen manche Waldsalamander ihre Geschlechtsgenossen hinters Licht, damit diese ihr → Samenpaket ablegen. In den Tagen, bis der Rivale wieder neues Sperma bildet, hat der Transvestit freie Bahn bei den Weibchen.

Ähnlich tückisch treiben es einige Anolis-Echsen. Sie bleiben so klein wie Weibchen und werden daher von den anderen Männchen nicht als Konkurrenten erkannt. So können sie sich unbehelligt in den Revieren der größeren Echsenmännchen herumtreiben und dort die Weibchen begatten. Sie müssen allerdings stillhalten, wenn sie selbst von einem der Großen besprungen werden.

Manche männliche Strumpfbandnatter ahmt den Geruch eines Weibchens nach, um die vielen Rivalen (bei dieser Schlangenart kommen oft 100 Männchen auf ein Weibchen) zu verwirren und selbst zum Zuge zu kommen. Kleine → Sonnenbarsche imitieren das weibliche Aussehen. So getarnt schwimmen sie einfach auf einen größeren Artgenossen zu, der gerade ein Weibchen erobert hat. Der freut sich auch noch, daß ein zweites Weibchen kommt, und merkt nicht, wie der kleine Transvestit unauffällig den Laich besamt.

Bei eingeschlechtlichen Rennechsen (→ Echsen) und bei → Amazonen-Mollys (einer Fischart) nehmen manche Weibchen die männliche Rolle ein. Sie balzen die anderen Weibchen an und vollführen sogar den männlichen Part des Paarungsverhaltens. Da dabei kein → Samen übertragen wird, gibt dieser Rollentausch besondere Rätsel auf. Rennechsen, so fanden Forscher heraus, provozieren mit dem männlichen Gebaren den → Eisprung ihrer Partnerin.

Trauerschnäpper

Anhand dieses Vogels aus der artenreichen Gruppe der Fliegenschnäpper konnten schwedische Verhaltensforscher beweisen, daß es den Weibchen nur um materielle Vorteile geht. Was bei der → Damenwahl zählt, ist einzig und allein ein gutes Revier, das möglichst viel Futter bietet. Ob das Männchen hübsch gefiedert ist oder schön singen kann, läßt die Weibchen völlig kalt.

Gleich nach dem Rückflug aus den afrikanischen Winterquartieren suchen die Männchen ihre Reviere. Nach dem Motto »Wer zuerst kommt, mahlt zuerst« schnappt sich jeder das beste Territorium, das er finden kann. Dabei kann es durchaus vorkommen, daß ältere und erfahrenere Männchen ein schlechteres Revier erwischen, einfach weil ein anderer schon vor ihnen da war. Eine Woche später kehren die Weibchen zurück. Wenn sie einfliegen, haben sie nicht mehr zu tun, als sich im nahrungsreichsten Territorium niederzulassen. Das Männchen wird als notwendiges Übel in Kauf genommen.

Treue

Konrad Lorenz glaubte noch an die Partnertreue seiner Graugänse. Ältere Vogelbücher lehren, daß 90 Prozent aller Gefiederten monogam seien. Romantische Hochzeitskarten zeigen häufig ein am Nestrand schnäbelndes Vogelpaar im Kreise der gemeinsamen Küken. Doch ach, die Welt ist schlecht – und die Tiere machen dabei keine Ausnahme. Seit Genetiker feststellen können, welches Junge von welchem Vater stammt, brachen die Theorien über tierische Monogamie wie Kartenhäuser zusammen.

Zu 21 Prozent stammt der Amsel-Nachwuchs von fremden Vätern. Bei manchen Vögeln werden bis zu 70 Prozent der Küken per Ehebruch gezeugt. Amseln, Ammern und Adler lassen nichts anbrennen. Männchen nehmen jedes Angebot zum Seitensprung an. Und auch »das Weibchen sucht sich aktiv die besten Gene heraus«, so die amerikanische Biologin Susan M. Smith.

Von Säugetieren wußte man schon früher, daß es bei ihnen mit der Treue nicht weit her ist. Nur fünf Prozent der Arten kennen feste Paarbindungen (bei den Primaten sind es 15 Prozent). Doch auch → Gibbons, Erdwölfe (→ Hyänen) und andere einst als monogam eingeschätzte Arten wurden inzwischen als Betrüger entlarvt.

Lange Zeit blieb das heimliche Sexualleben der treulosen Geschöpfe den Forschern verborgen. Denn »die Seitensprünge sind nicht leicht zu beobachten, weil die Vögel es sehr heimlich treiben«, so der kanadische Biologe Robert Montgomerie. Auch die Verhaltensforscherin Anne E. Rasa brauchte einige Zeit, um dem heimlichen Treiben ihrer Forschungsobjekte auf die Schliche zu kommen. Rasa studierte die Fuchsmangusten in der Kalahari-Wüste. Die Weibchen dieser → Mungos schreien laut, wenn das Alpha-Männchen (→ Alpha-Tiere) sie begattet. Rasa konnte die temperamentvollen Begattungsakte auf Entfernungen von bis zu dreißig Metern hören. Wenn weibliche Fuchsmangusten sich jedoch mit untergeordneten Männchen paaren, dann sind sie mucksmäuschenstill. Es wirke tatsächlich, so Rasa, wie ein heimlicher Seitensprung. Die Verhaltensforscherin glaubt, daß hinter der weiblichen Promiskuität ein Plan steckt: Viele Männchen sollen glauben, sie seien die Väter des nächsten Wurfes, und dann bei der Jungenaufzucht helfen. Zumindest bei den Fuchsmungos funktioniert das.

Wie sagte Konrad Lorenz so schön? »Tiere sind auch nur Menschen.« Der Siegeszug der Monogamie blieb im menschlichen Sozialleben ein Oberflächenphänomen. Hinter einer Fassade aus Konventionen herrscht sexuelle Anarchie. Ärzte, die vor 50 Jahren in einem US-Krankenhaus die Blutgruppen von 1000 Neugeborenen untersuchten, erlebten eine brisante Überraschung. Zehn Prozent der Babys besaßen eine Blutgruppe, die weder vom Vater noch von der Mutter stammen konnte: Der klare Beweis, daß ein heimlicher Liebhaber im Spiel war. Wobei eine beträchtliche Dunkelziffer unerkannt blieb. Fälle, bei denen der Geliebte die gleiche Blutgruppe wie ein Elternteil besaß, kamen gar nicht erst zum Vorschein.

Zwanzig Jahre später offenbarte eine Umfrage, daß 32 Prozent der amerikanischen Männer und 24 Prozent der Frauen schon einmal fremdgegangen waren. Anfang der neunziger Jahre ermittelte die Biologin Linda Wolfe, daß bereits 70 Prozent aller Frauen über 35 Jahre außereheliche Sexerfahrungen hatten, ein Zehntel von ihnen sogar mit mehr als 25 Männern.

Seither diskutieren Theologen und Talkmaster gern die Frage: Ist der Mensch von Natur aus poly- oder monogam? Die Biologie kann einige Hinweise darauf geben. Um die Antwort gleich vorwegzunehmen: Der Mensch stammt vermutlich von Vorfahren ab, die ein nicht allzu festes Haremssystem pflegten. Dafür gibt es zwei Hinweise am männlichen Körper.

Erstens sind Männer im Durchschnitt größer als Frauen. Bei allen Tieren mit Haremssystemen werden Männchen besonders groß. Das extremste Beispiel sind die männlichen See-Elefanten. Sie sind dreimal schwerer als ihre Weibchen. Bei diesen → Robben hat nur ein Bruchteil der Bullen je die Chance, einen → Harem zu besitzen und sich fortzupflanzen. Die Konkurrenz ist so stark, daß die natürliche Auslese im Lauf der Jahrtausende aus den Männchen kraftstrotzende

Kampfkolosse gemacht hat. Bei Tieren mit relativ festen Zweierbindungen (z. B. → Gibbons) dagegen sind die Geschlechter kaum zu unterscheiden.

Zweitens besitzen Männer relativ große → Hoden: Ein Zeichen für weibliche Promiskuität. Britische Forscher fanden heraus, daß große Hoden im Verhältnis zum Körpergewicht nur bei Arten mit Spermienkonkurrenz vorkommen (→ Samen). Und diese Art männlicher Wettkampf kann nur entstehen, wenn die Weibchen sich mit mehreren Partnern einlassen. Spermienkonkurrenz heißt, daß das Männchen mit möglichst viel Sperma die Samen seines Vorgängers zahlenmäßig ausstechen muß, um sich fortpflanzen zu können. Im Vergleich mit den Menschenaffen besitzen menschliche Männer die zweitgrößten Hoden. → Schimpansen haben die größten, denn Schimpansinnen verkehren pro Befruchtung zirka 135mal mit wechselnden Partnern. Besonders klein sind dagegen Gorillahoden. Denn alte Gorillamännchen herrschen über einen treuen Harem, brauchen also keine Samenkonkurrenz zu fürchten.

Ein Widerspruch, der Rätsel aufgibt: Die Körpergröße ist typisch für Paschas, die mehrere Weibchen kontrollieren. Die relativ schweren Hoden deuten darauf hin, daß die Weibchen sich nicht kontrollieren ließen. Unsere Urahnen lebten also vermutlich in einem nur notdürftig zusammengehaltenen Haremssystem.

Alle, die jetzt den Glauben an den Menschen und die Tierwelt verloren haben, können sich an einem kleinen amerikanischen Nagetier aufrichten, das zur Gattung der Hirschmäuse gehört: *Peromyscus californicus*. Die Treue dieser unscheinbaren Tierchen ist über jeden Zweifel erhaben. Genanalysen brachten an den Tag, daß die Jungen zu 100 Prozent vom gleichen Vater stammten. Um ganz sicherzugehen, pinselten Forscher weibliche Hirschmäuse mit Leuchtpuder ein. Und siehe da: Die Spuren des Markierpulvers fanden sich nur beim eigenen Gatten. Solch vorbildhaftes Eheleben zahlt sich gesundheitlich aus. Im Labor verglichen Wissenschaftler Fruchtfliegen, die zur Monogamie gezwungen waren (indem man sie zu zweit in ein Gefäß sperrte), mit ihren Artgenossen, die es munter durcheinander trieben. Ergebnis: Treue Fliegen leben länger.

Tsetsefliegen

Die gefürchteten Überträger der Schlafkrankheit pflanzen sich auf eine im Insektenreich überaus seltsame Weise fort. Die Larven werden nacheinander vom Muttertier ausgetragen. Immer nur eine einzige entwickelt sich im Hinterleib der Fliege. Sie ernährt ihren Nachwuchs mit dem Blut, das sie aus großen Säugetieren saugt. Bei der »Geburt« ist die Made so groß wie die Mutter, deren Hinterleib danach förmlich zusammenfällt. Kaum hat sie das Licht der Welt erblickt, macht sich die Larve sofort an die Verpuppung. Neben den Tsetsefliegen tragen auch die Termitenfliege und die puppengebärenden Fliegen ihre Nachkommen im Körper aus.

U

Urin

Deftige Pipispiele sind bei vielen Säugetieren sehr beliebt. Neben einer Reihe von Drüsensekreten ist Urin der bedeutendste Botenstoff, um sexuelle Stimmungen zu signalisieren. Bei den meisten Arten gehört das Schnuppern und Schmecken am weiblichen Urin zur Paarungsvorbereitung des Männchens. So erfährt der Freier, ob das Weibchen empfängnisbereit ist. Männliche Tiere, welche die sexuelle Botschaft des Urins entschlüsseln wollen, nehmen dafür einen typischen Gesichtsausdruck an, der artübergreifend recht ähnlich ist: das Flehmen. Dabei ziehen sie die Oberlippe extrem hoch und klappen sie um, wodurch Zähne, Zahnfleisch und die Innenhaut der Lippe sichtbar werden. Meistens heben sie dabei den Kopf und schließen die Nasenlöcher. Vermutlich dient das Flehmen dazu, die Geruchsmoleküle aus dem Urin mit dem Jakobsonschen Organ aufzunehmen. Dieses Sinnesorgan, das parallel zum Geruchssinn existiert, macht weibliche Sexualhormone ausfindig.

Weibliche Maras vertreiben zudringliche Männchen mit einem harten Urinstrahl. Ältere Weibchen spritzen nach hinten, jüngere nach vorn.

Bei manchen Tieren ist es genau umgekehrt. Sie fordern mit Urin nicht zum Sex auf, sondern drücken das genaue Gegenteil aus: Keine Lust, verpiß dich! Weibliche → Stachelschweine, Maras (Meerschweinchenverwandte, die aussehen wie Hasen mit kurzen Ohren) und Chinchillas spritzen zudringliche Freier mit einem harten Strahl an: manchmal in weiblicher Manier nach hinten gerichtet, aber auch im Stehen nach vorne. Das glücklose Männchen weiß dann, was Sache ist, und trollt sich.

Für → Hummer ist Urin das wichtigste Kommunikationsmedium. Sie besitzen zwei Blasen an ihren Körperseiten und können deren Inhalt sieben Körperlängen weit spritzen (unter Wasser!). Am liebsten in das Gesicht eines anderen Hummers. Die chemischen Botenstoffe im Urin dieser Krustentiere drükken ihre jeweilige Stimmung aus, etwa Paarungsbereitschaft oder Aggression. Außerdem dient die Flüssigkeit als persönliche Visitenkarte, stellte der Forscher Jelle Atema von der Universität Boston fest. Nach einem Kampf kann sich ein Hummer eine Woche lang an den Uringeruch seines Gegners erinnern. Das spart Kräfte, denn bei einer erneuten Begegnung zieht sich der Unterlegene kampflos zurück.

Der östrogenhaltige Urin trächtiger Stuten wird als Rohstoff zur Arzneimittelherstellung genutzt. Eines der am häufigsten verschriebenen Hormonpräparate stammt aus Pferdeurin. Die armen Stuten müssen dafür in engen Boxen stehen und haben einen Gummisack umgeschnallt, der ihren Urin auffängt. Kaum bringen sie ein Fohlen zur Welt, werden sie erneut gedeckt und bleiben so im Zustand permanenter Trächtigkeit. Glücklicherweise verdrängen synthetische Hormonpillen die Präparate aus Pferdeurin vom Markt.

V

Vagina

Die Vagina (deutsch: Scheide) ist der Gang, der von den äußeren weiblichen Geschlechtsteilen (→ Vulva) zum Gebärmutterhals führt. Er liegt zwischen Harnblase und Mastdarm, ist mit Schleimhaut ausgekleidet und besteht aus elastischen Muskeln. Einen solchen Sexual- und Geburtskanal – getrennt von Harnröhre und Darmausgang – gibt es nur bei den → Säugetieren. Bei fast allen anderen Tieren fallen die Ausscheidungs- und Sexualwege zusammen (→ Kloake, → Doppellöcher). Und selbst die Säugetiere sind nicht alle gleich gebaut: Weibliche → Beuteltiere besitzen innerlich zwei Vaginen (und noch eine sogenannte »Pseudovagina medialis«, in der die beiden Scheiden zusammengeführt werden). Alle enden jedoch in einer gemeinsamen Körperöffnung.

Bei vielen Insekten, Spinnen und anderen Wirbellosen ist die Vagina höchst kompliziert mit Krempen, Klappen, Verengungen, Windungen und Biegungen ausgestattet, die eine Begattung durch Männchen (→ Penis) anderer Arten unmöglich machen (Schlüssel-Schloß-Prinzip).

Die weibliche Geschlechtsöffnung hat bei den meisten Tieren (mindestens) zwei Funktionen: Aufnahme von → Samen und die → Geburt (bzw. Eiablage). Kurioserweise gibt es jedoch einige Gruppen von Lebewesen, bei denen sich zwei getrennte Wege dafür entwickelt haben. So besitzen die meisten → Schmetterlinge eine Begattungsöffnung und zusätzlich eine für die Eiablage. Auch bei vielen → Spinnen, Plattwürmern und manchen → Schnecken sind die Kanäle für Samenempfang und → Eier anatomisch getrennt.

Väter

Die meisten Tierjungen haben bloß biologisch einen Vater, aber keinen, der sich um sie kümmert. Weibchen hüten die Brut, Männchen hauen ab. Unter → Säugetieren ist diese ungerechte Rollenverteilung besonders kraß. Rüden, Rammler, Böcke und Bullen beschränken sich auf den Zeugungsakt und suchen dann schleunigst das Weite. Doch es gibt Ausnahmen: Männchen, die aus der Rolle fallen und mütterliche Qualitäten entwickeln. Zu diesen Musterknaben gehören die Löwenäffchen. Gleich nach der Geburt beginnen die Väter dieser nur eichhörnchengroßen Primaten, ihren Nachwuchs zu umsorgen. Sie tragen die Babys – meist ein Zwillingspaar – auf dem Rükken umher und geben sie nur zum Säugen an das Muttertier ab. Wenn ein Kleines schreit, kommt stets der Vater angerannt.

Bei nahen Verwandten der Löwenäffchen, den Lisztäffchen, machten Forscher eine aufschlußreiche Beobachtung: Fürsorgliche Männchen sind bei den Weibchen besonders begehrt. Wer gut ankommen will, zeigt sich, so oft es geht, mit Jungen auf dem Rücken: Seht her, ich bin ein tüchtiger Vater! Ein leuchtendes Vorbild aus der Kategorie »Neue Väter« stellt der Dshungarische Zwerghamster dar. Dieser possierliche Nager unterliegt zum Geburtstermin den gleichen hormonellen Veränderungen wie sein Weibchen, fanden die kanadische Forscherin Katherine Wynne-Edwards und ihre Kollegen heraus. Er leistet Geburtshilfe, indem er die Jungen herauszieht, öffnet die Fruchthülle und unterstützt die Babys, mit der Atmung zu beginnen. Wenn alles vorbei ist, frißt er einträchtig mit seiner Gattin die Nachgeburt auf.

Im Gegensatz zu den Säugetieren ist väterliche → Brutpflege unter den Vögeln weit verbreitet. Bei vielen Arten teilen sich die Geschlechter das Brutgeschäft und bei manchen ziehen allein die Männchen den Nachwuchs auf. Vögel müssen ihre Jungen nicht stillen. Nach dem Eierlegen ist der zwangsläufig weibliche Beitrag zur Vermehrung erledigt. Den Rest können Männchen ebenso gut.

Der Hahn des australischen → Thermometerhuhns ist monatelang damit beschäftigt, einen Bruthügel zu bauen. Er gräbt ein tiefe Mulde und scharrt dann aus Blättern, Sand und Erde einen Komposthaufen zusammen, der wie ein Brutkasten wirkt. Ist die richtige Temperatur erreicht, wühlt er ein Loch in den Hügel, in das die Henne ihr Ei legt.

Ein fleißiger Brüter ist auch der Afrikanische → Strauß. Er übernimmt die längsten Sitzungen auf den Eiern. Bei den südamerikanischen Nandus, die ebenfalls zu den Straußenvögeln gehören, brüten sogar die Hähne allein.

Vater Kaiserpinguin harrt steifgefroren auf dem Eis des Südpols, trägt sein einziges Ei auf den Füßen und brütet es in einer darüber gestülpten Bauchtasche aus. Der Weg vom Brutrevier bis zum offenen Meer ist so weit, daß er mehrere Wochen hungern muß, bis sein Weibchen vom Fischfang zurückkehrt. Erst dann darf er sich selbst etwas zu essen holen, muß aber, so schnell es geht, Futter für das geschlüpfte Junge herbeibringen.

Bei den Drosseluferläufern erobert und verteidigt das Weibchen im Frühjahr ein Brutrevier. Das Füttern der Nachkommen ist Aufgabe des Männchens. Die Hennen helfen nur dann mit, wenn sie keine weiteren Partner finden. Doch da bei dieser Vogelart Weibchen in der Minderheit sind, kommt das nur selten vor.

Auch bei → Blatthühnchen, Goldschnepfen und einigen anderen Vogelarten übernimmt der Hahn die Hauptlast der Aufzucht. Am radikalsten jedoch durchbricht das Rostkehl-Laufhühnchen gewohnte Rollenmuster. Nestbau, Brüten und Pflege der Jungen: alles reine Männersache. Bis zu vier Männchen hält sich die Henne zu diesem Zweck. Sobald ihre Küken selbständig sind, legt sie den Männchen neue Eier ins Nest. Auf diese Weise kann die Laufhühnchen-Henne im Jahr dreißigmal Mutter werden.

Im gesamten Tierreich wurden bisher nur etwa 100 Arten erforscht, die Brutpflege zur Männersache erklärt haben. Ein totaler → Rollentausch im Stil der → Laufhühnchen (wegen ihrer Streitlust auch Kampfwachteln genannt) ist jedoch selbst unter Vögeln die Ausnahme. Väter, die zumindest einen Teil der Brutpflege übernehmen, gibt es schon wesentlich häufiger. Sogar der im Volksmund verrufene Rabenvater baut seiner Brut ein komfortables Nest.

Die meisten mütterlichen Väter gibt es bei den Fischen. Ob → Schleimfische oder → Grundeln, Groppen oder Moderlieschen: Bei einem Achtel der 418 bekannten Fischfamilien haben die Männchen mit dem Nachwuchs alle Flossen voll zu tun. Meistens sind es sogar die Väter allein, die sich um Eier oder Jungfische kümmern. Dabei sind Fische in der Regel ziemlich kalt: Die weitaus meisten betreiben überhaupt keine Brutpflege. Männchen und Weibchen trennen sich nach der Befruchtung. Der Laich bleibt allein zurück.

Ein besonders fleißiger Vater ist der Dreistachlige → Stichling. Er baut für seinen Nachwuchs ein Nest, in das er ein Weibchen zur Eiablage lockt. Dort bewacht er die tausendköpfige Brut und fächelt ihr Frischwasser zu. Noch mehr Vaterliebe beweisen → Seepferdchen. Die Männchen dieser kleinen Fische, die aussehen wie der Springer beim Schachspiel, bewahren die befruchteten Eier in einem Bauchbeutel auf, was ihnen das Aussehen von Schwangeren verleiht. Wenn die kleinen Seepferdchen schlüpfen, sieht das aus wie eine Geburt bei Säugetieren.

Der Biologe Wolfgang Wickler ist davon überzeugt, daß im Tierreich Männchen und Weibchen das gleiche Ziel verfolgen: Mit möglichst wenig Aufwand möglichst viele Nachkommen zu hinterlassen. Doch sie streben dieses Ziel nicht immer gemeinsam an. Wenn möglich, überlassen sie die aufreibende Aufzucht ihrem Partner und schauen sich nach neuen Chancen um. »Die Frage ist nur«, sagt Wickler, »wer die bessere Gelegenheit hat, andere Sexualpartner zu finden. Männchen und Weibchen versuchen es gleichermaßen.«

Daraus erklärt sich auch, warum die meisten Säugetierväter das Weite suchen, während viele Fischväter die Brut bewachen. Die Befruchtung des Säugetiereies findet im Körper des Weibchens statt. Nach der Geburt muß es sich zwangsläufig um die Jungen kümmern. Denn Säugetierkinder brauchen → Milch, um zu überleben. Das Männchen jedoch kann inzwischen weitere Weibchen schwängern. Es darf sich sicher sein:

Alle Partnerinnen müssen wohl oder übel für das Überleben seiner Nachkommen sorgen.

Ganz anders bei den Fischen. Hier findet die Besamung außerhalb des Körpers im Wasser statt. Zunächst legt das Weibchen die Eier und dann gibt das Männchen sein Sperma hinzu. Dieser Augenblick wird von vielen Weibchen ausgenutzt, um zu verschwinden. Sie produzieren neue Eier und lassen diese von anderen Partnern befruchten. Ließe das Männchen die Eier im Stich, könnten sie vom nächstbesten Feind gefressen werden – er hätte also seine eigenen Nachkommen aufs Spiel gesetzt. Will er seinen Fortpflanzungserfolg sichern, muß er die Brut zwangsläufig bewachen. Damit sorgt er zugleich für den Nachwuchs seiner Partnerin. »Der erste, der sich davonstiehlt«, sagt Wickler, »verurteilt den anderen zur Brutpflege.«

Die Konkurrenz der Geschlechter erklärt jedoch nicht alles. Ob sich Väter wie asoziale Machos aufführen oder fürsorglich werden, hängt auch von der Umwelt ab. Forscherinnen von der Universität Illinois fanden heraus, daß sich Affenpaschas in kalten und kargen Gegenden viel stärker um den Nachwuchs kümmern als ihre Geschlechtsgenossen, die Nahrung im Überfluß finden. Die Hungerleider, so glauben die Wissenschaftlerinnen, wollen offenbar den stillenden Weibchen und damit der ganzen Horde das Leben erleichtern.

Vergewaltigung

Zuerst die gute Nachricht: Durch Männchen erzwungener Geschlechtsverkehr ist im Tierreich selten. Und jetzt die schlechte: Auch auf dem Sektor sexueller Gewalt kann die Natur dem Menschen nicht als Vorbild dienen. Es kommt in der Natur zu sexuell motivierten Gewaltexzessen, die den schlimmsten Szenen aus einschlägigen Gruselfilmen nicht nachstehen. Männliche Tiere aus allen Klassen, vom Hakenwurm bis zum possierlichen → Seeotter, schänden ihre Weibchen auf abscheulichste Weise.

Die in dieser Hinsicht wohl übelste Kreatur ist die Gemeine

Bettwanze. Sie vermehrt sich durch »traumatische Kopulation« (Adrian Forsyth). Konkret: Das Männchen benutzt seinen großen, spitzen → Penis wie eine Lanze und rammt ihn irgendwo in den Leib des Weibchens. Die Samenzellen wandern in ihr Blut und werden dort aufbewahrt, bis das Weibchen, durch menschliches Blut gestärkt, das nächste Mal Eier produziert. Einen Teil des Ejakulats nutzt sie als Nahrung und verdaut es.

Die brutalen Bettwanzen-Männchen machen vor ihren Geschlechtsgenossen nicht halt und injizieren auch diesen ihr Sperma. Dort wandert es in die Samenleiter des Opfers. Wenn dieses wiederum das nächste Weibchen vergewaltigt, gibt es den Samen seines Peinigers und Konkurrenten weiter. Den britischen Insektologen Howard Ewans packte angesichts solcher Sitten die Abscheu: »Bei der Vorstellung von einer Schar Bettwanzen, die sich auf diese Weise vergnügen, während sie auf die nächste Blutmahlzeit warten – nämlich unabhängig vom Geschlecht und beliebig herumkopulierend und sich mit ihrem Sperma gegenseitig Nährstoffspritzen verpassend –, kommt einem Sodom vor wie der reinste Vatikan.«

Auch die in Stadtparks überaus häufigen Stockenten gehören zu den schlimmsten Vergewaltigern im Tierreich. Der Vogelkundler Einhard Bezzel berichtet von Filmaufnahmen, die dokumentieren, wie auf einer nassen Straße zehn Stockentenerpel eine Ente zu Boden zwingen und zu Tode kopulieren (→ Nekrophilie). Heutzutage ist die Ansicht verbreitet, solches Verhalten wäre die perverse Konsequenz aus der Übersättigung der Entenvögel, die in den Parks von Tierfreunden mit Brot bombardiert werden. Im Klartext: Weil die Erpel sich nicht mehr ums Fressen kümmern müssen, steigert sich ihr Sextrieb. Bezzel meldet Zweifel an dieser Theorie an und zitiert den Schweizer Naturforscher Conrad Gesner, der bereits im 17. Jahrhundert – also in einer Zeit, als die Menschen zu arm waren, um Brot an wilde Enten zu verschenken – schrieb: »Wann die Enten viel beyeinander sind, so werden sie also hitzig, daß sie das Weiblein, indem einer nach dem anderen aufsitzet, ertödten.« Zu Anfang des 20. Jahrhunderts bemerkte der große englische Biologe Julian S. Huxley, daß schätzungsweise sieben bis zehn Prozent der weiblichen Enten durch erzwungene Begattung stürben. Daher erklärt Bezzel die Brutalität der Erpel ganz profan. Im Frühjahr sind ihre → Hoden (die im Inneren des Körpers liegen) auf gewaltige Größe geschwollen. Die Vögel versuchen lediglich, ihren Fortpflanzungserfolg zu erhöhen und deshalb möglichst viele Weibchen zu besteigen. Vergewaltigung hat sich dabei als evolutionär erfolgreiche Strategie durchsetzen können.

Im Kreise unserer nächsten Verwandten sind die → Orang-Utans am brutalsten. Die Hälfte der alten und alle jungen Männchen zwingen Weibchen zum Geschlechtsverkehr. Ganz anders die sexfreudigen → Bonobos, bei denen Vergewaltigung unbekannt ist. Bei diesen Menschenaffen haben die Männchen einen Heidenrespekt vor den Weibchen und treiben es nur auf freiwilliger Basis.

Die amerikanische Anthropologin Barbara B. Smuts beschrieb erfolgreiche Strategien gegen Sexgangster: Bei Kattas, Husarenaffen, → Makaken und Klammeraffen schmieden die Weibchen Bünde gegen Vergewaltiger. Viele körperlich überlegene Männchen, so Smuts, bleiben möglicherweise nur deshalb friedlich, weil die Weibchen notfalls Verstärkung holen könnten. Bei einigen Arten kommt es sogar vor, daß entschlossene Weibchengruppen lästige Männchen für immer verjagen.

Einige weibliche Wesen haben den Spieß auch umgedreht. So schnappt sich die Riesenwanze ihre zwei bis vier Männchen mit Gewalt und klebt ihnen trotz heftiger Gegenwehr ihre Eier an den Leib.

Vögeln

Schon im Mittelhochdeutschen bediente man sich der Vögel, um die koitale Tätigkeit eines Menschen auszudrücken (vogelen). Im Althochdeutschen hieß »fogalon« noch »Vögel fangen«. Warum das Verb seine Bedeutung veränderte und was die Gefiederten damit zu tun haben, ist unbekannt.

Vulva

Während → »Vagina« biologisch und medizinisch korrekt nur den inneren Körperkanal zur → Gebärmutter bezeichnet, umfaßt der Begriff »Vulva« den äußerlich sichtbaren Teil der weiblichen Geschlechtsteile, also die → Schamlippen und den Kitzler (→ Klitoris). Nur → Säugetiere sind mit solchen, die Geschlechtsöffnung umschließenden Accessoires ausgestattet. Die Weibchen anderer Tierklassen besitzen nur ein schmuckloses Loch oder einen Schlitz. Bei Fadenwürmern liegt dieser Schlitz nicht längs, sondern quer.

W

Wale

Lange Zeit galten Wale als intelligente und sanftmütige Riesen, die in vorbildlicher sozialer Harmonie leben. Walplakate zierten weltweit die Wände, und Walgesänge auf CD wurden zum Kult. Besonders die variationsreichen Klagelieder, mit denen einsame Buckelwalbullen ihre Sehnsucht in die Weite des Ozeans senden, faszinierten Forscher und Laien gleichermaßen. Wie die Meeressäuger, die über keine Stimmbänder verfügen, diese Tonfolgen hervorbringen, blieb bis heute ungeklärt.

Doch – wie so oft – konnte wissenschaftliche Beobachtung die Legende vom guten Schmusewal nicht bestätigen. Im Gegenteil: Die Männchen einiger Walarten sind üble Gewalttäter (→ Vergewaltigung). Gruppen männlicher Glattwale verfolgen

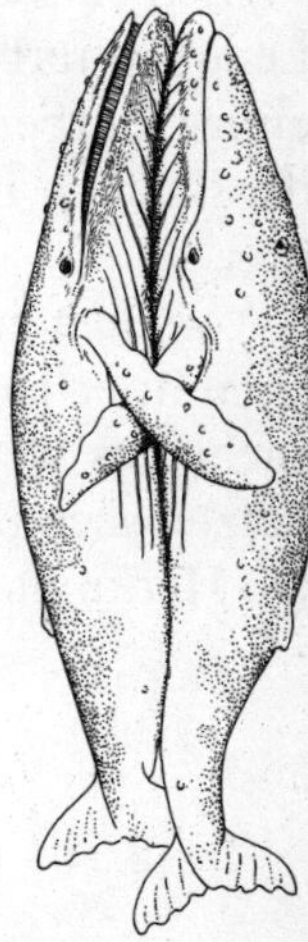

Buckelwale bei der Paarung

einzelne Weibchen und versuchen, sie mit Brutalität gefügig zu machen. Die bedrängten Walkühe schwimmen dicht an andere Weibchen heran oder versuchen zu fliehen. Gelingt ihnen das nicht, schwimmen sie mit dem Bauch nach oben zur Wasseroberfläche, um so ihre Scheide in Sicherheit zu bringen. Doch manchmal greift auch dieser Trick nicht. Denn die aggressiven Gruppen kreisen ihre Opfer ein und versuchen sie mit aller Kraft umzuwenden, so daß zumindest einer von ihnen zur Kopulation kommt. Ähnliche Szenen wurden auch bei Buckelwalen beobachtet.

Im Zuge dieser sexuellen Gewaltstrategie konkurrieren die Männchen auch untereinander und schürfen sich im Kampf um das Weibchen oft blutig. Jüngere Bullen halten sich von solchen gefährlichen Manövern fern und gehen lieber homosexuelle Beziehungen zu Gleichaltrigen ein (→ Homosexualität).

Das gigantische Gemächt der Meeresriesen hat immer wieder die Phantasie der Menschen angeregt. In Japan gibt es Postkarten, auf denen die Geschlechtsteile verschiedener Walarten abgebildet sind. Die Penislänge von Walen beträgt zirka acht bis zehn Prozent ihrer Körperlänge. Ein 20-Meter-Riese kann also ein Begattungsorgan von etwa 1,80 Metern ausfahren. Den Längsten besitzt der → Blauwal (2,5 Meter).

Die Penishaut ist die einzige Hautpartie der Wale, die sich zu Leder verarbeiten läßt. In den sechziger Jahren begannen einige Gerbereibetriebe damit, gaben aber bald wieder auf, da die Qualität im Vergleich zu anderen Ledern doch zu schlecht war.

Von dem griechischen Großreeder Aristoteles Onassis wird erzählt, er habe die Bezüge der Barhocker auf seiner Privatyacht aus weiß gefärbtem Pottwalpenisleder fertigen lassen. Setzten sich Damen auf die Hocker, genoß es Onassis, sie über die Herkunft ihres Sitzpolsters aufzuklären.

Wanzen

Eher an brutale Nahkampftechnik als an Sex erinnert der Geschlechtsakt der Bettwanzen. Ziellos rammen die Männchen ihr dolchartiges Begattungsorgan in den Hinterleib des Weibchens und entlassen ihr Sperma in deren Bauchhöhle (→ Vergewaltigung). Über die Blutzirkulation gelangt es in eine Art Speicherorgan, wo es entweder zur Befruchtung der → Eier verwendet wird oder als Protein in die Verdauung eingeht.

Auffällig ist, daß auch Männchen über dieses spezielle Körpergewebe verfügen, das für die Weiterleitung der Spermien zuständig ist. So konnte bei einigen Wanzenarten gleichgeschlechtlicher Sex beobachtet werden (→ Homosexualität), mit dem Ergebnis, daß die Spermien zweier oder mehrerer Männchen bei der nächsten heterosexuellen Kopulation auf das Weibchen übertragen wurden.

Das Männchen der Langwanze *(Lygaeus equestris)* geht da lieber auf Nummer sicher und setzt auf Ausdauer. Bis zu 24 Stunden kann sich der Geschlechtsakt bei dieser Art hinziehen. Allerdings überträgt das Männchen in der meisten Zeit nicht sein Sperma, sondern nimmt das Weibchen lediglich in Beschlag, um es vor Fremdbegattung zu schützen.

Weibchen der im Wasser lebenden Riesenwanzen *Belostoma niloticum* besteigen die sich heftig wehrenden Männchen und heften ihnen mit wasserfestem Klebstoff bis zu 175 Eier auf den Leib. Schließlich gibt er die Gegenwehr auf und besamt die Eier. Danach hält sich der frischgebackene Vater nur noch in besonders sauerstoffreichem Wasser auf, um seinem Nachwuchs optimale Bedingungen zu bieten. Schlüpfen die Larven, hilft er ihnen mit seinen Beinen aus der Eihülle. Um seinen großen Eivorrat loszuwerden, muß das Weibchen zwei bis vier Männchen niederringen.

Webervögel

Die biologische Tyrannei der → Damenwahl wirkt sich bei diesen fleißigen und hochbegabten Vögeln (68 Arten) besonders grausam aus. Männliche Webervögel bauen die kunstvollsten → Nester in der Vogelklasse. Sie beherrschen die verzwickteste Maschentechnik mit unglaublicher Perfektion und können mindestens sieben verschiedene Knoten binden. So bauen sie aus Gräsern ein kunstvolles geschlossenes Nest, das kaum erreichbar für Feinde an Zweigen befestigt in der Luft hängt. Der Nestbau ist bei den meisten Arten eine reine Männersache, bei einigen übernimmt das Weibchen die Auspolsterung des Inneren.

Das Webervogelmännchen baut unermüdlich an der kunstvollen Heimstatt und versucht alles, um es dem Weibchen recht zu machen. Diese sitzt in der Nähe auf einem Zweig, schaut zu und begibt sich ganz in die bequeme Rolle des Architekturkritikers. Ist das Männchen fertig, unterzieht sie das Nest einem gnadenlosen Belastungstest, zieht und zerrt daran und versucht, es abzureißen. Fällt es zu Boden oder mißfällt es dem Weibchen aus irgendeinem anderen Grund, muß der arme Kerl von vorn anfangen.

Gemeinschaftlichen und doch individuellen Wohnstil bevorzugen die Siedelweber. Einige Paare tun sich zusammen und beginnen mit den Bauarbeiten an einer Art »Appartement-Haus«. Entgegen aller architektonischen Gepflogenheiten beginnen sie zunächst mit dem Dach, das sie an einem Ast anbringen. Mit der Zeit gesellen sich immer mehr Paare hinzu und helfen kräftig mit. Auf diese Weise können Nester mit bis zu sechs Meter Durchmesser entstehen, die von über 100 Vogelpaaren bewohnt werden. Naheliegend, daß bei so viel Arbeitsaufwand die Beziehungen meist monogam verlaufen.

Wechseljahre

Unsere nächsten Verwandten sind, wie die Schimpansenforscherin Jane Goodall beobachtet hat, bis zu ihrem Tode empfängnisbereit. Goodalls Berichte machen deutlich, welche Tragik lebenslange Fruchtbarkeit mit sich bringt: Schimpansenweibchen werden als Greisinnen noch schwanger und sterben dann zu einem Zeitpunkt, an dem ihr Junges noch voller Zuwendung bedarf. Mit dem Tode der Mutter ist daher auch das letztgeborene Kind zum Sterben verurteilt.

Jane Goodalls Beobachtungen passen in die bisherige Lehrmeinung: Die Menopause, also das Ausbleiben der weiblichen Monatsblutung, ist eine Spezialität des Menschen. Doch der Göttinger Anthropologe Volker Sommer machte in den achtziger Jahren eine aufregende Entdeckung: Auch bei Grauen Languren, einer indischen Affenart, setzt im Laufe der Jahre der Monatszyklus aus. Statt noch weitere Junge in die Welt zu setzen, unterstützten die alten Äffinnen lieber ihre Töchter bei der Aufzucht. Sie kümmerten sich um die Fellpflege der Enkel und nahmen sie vor rabiaten Spielkameraden in Schutz. Sommer fiel dabei die Aufopferungsbereitschaft auf, mit der sich die Omas ihren Enkeln widmeten: Selbst bis aufs Skelett abgemagert, gaben die Alten ihre größten Futterbrocken ab und bewiesen sich bei Revierkämpfen als besonders mutige Verteidigerinnen. Solche Selbstlosigkeit macht nach der Kosten-Nutzen-Rechnung der Soziobiologie dennoch Sinn: Wenn Großmütter ihre Töchter bei der Aufzucht entlasten, können diese sich erfolgreicher vermehren – und verbreiten damit schließlich auch Omas Erbgut.

Auch von → Löwen und → Pavianen weiß man heute, daß die Evolution ebenfalls eine zeitliche Reproduktionsgrenze gezogen hat. Die Großmütter widmen sich dann liebevoll den Kleinsten. Doch all ihr Mühen bringt nichts. Das hat ein Team von Verhaltensforschern um Craig Packer von der University of Minnesota festgestellt. Das Ergebnis ihrer umfassenden Studien: Nur sieben Prozent der weiblichen Paviane und bloß halb so viele Löwinnen erreichen die Menopause. Ihr Engagement für die Familie wirkt sich aber weder auf die Überlebensfähigkeit der Enkel noch auf den Reproduktionserfolg der eigenen Töchter aus. Packer schließt: Die Wechseljahre sind lediglich ein Alterungsprozeß, ähnlich dem der nachlassenden Sehkraft.

Warum aber, so fragt sich der Verhaltensforscher Paul Sherman von der Cornell University (Staat New York), endet die Produktion der → Eier so früh und so plötzlich, während Männer bis ins hohe Alter zeugungsfähig bleiben? Die übliche Erklärung lautet: → Samen werden stets frisch gebildet, doch alle Eizellen einer Frau sind bereits bei ihrer Geburt im Eierstock vorhanden. Durch verschiedene Umwelteinflüsse mutieren im Laufe des Lebens immer mehr dieser weiblichen Keimzellen. Alte Mütter würden also zunehmend kranke Junge gebären. Die Menopause wäre damit eine Art Gesundheitsschutz für das eigene Erbgut.

Doch auch gegen diese These gibt es Einwände. Sherman sieht den Ursprung der Menopause woanders: Da alternde Weibchen ihren Nachwuchs zunehmend schlechter großziehen können, stellen sie die Fortpflanzung ein, um all ihre Kraft auf den letzten Wurf zu konzentrieren. Ein Erfolgsrezept, das sich im Laufe der Evolution durchgesetzt habe.

Forscher werden sich noch weiter streiten. Was uns Menschen betrifft, so weiß die richtige Antwort auf die Fragen der Forscher bereits jedes Kind: Bei der Omi schmeckt's am besten! Der Appetit der Kleinen scheint tatsächlich Ursache für die früh einsetzenden Wechseljahre von Frauen zu sein. Das haben die US-Anthropologen Kristen Hawkes und James O'Connell von der Universität Utah jetzt wissenschaftlich ermittelt. Ihre Studie am Volk der Hadza, einer afrikanischen Jäger-Sammler-Gemeinschaft, zeigte: Die Gewichtszunahme der Kinder hängt davon ab, wieviel Aufwand die Mütter für den Nahrungserwerb betreiben müssen. Nach der Geburt eines Babys bleibt den Frauen dafür weniger Zeit. Hier halfen die Omas aus und sorgten so dafür, daß alle Kinder reichlich zu essen bekamen.

Viel Wissenschaft um eine Wahrheit, die für Eltern auf der Hand liegt: Lebt eine Oma am Ort, die allen tatkräftig zur Seite steht, dann haben es Mütter und Väter viel leichter.

Wespen

Ex und hopp. Das Motto großstädtischer Beziehungskünstler trifft auch auf manche Wespenarten zu, allerdings mit einem kleinen Unterschied – das »Hopp« ist für Männchen wesentlich endgültiger.

Unmittelbar nach der (einmaligen) Befruchtung der Königin werden die nun nutzlosen Männchen von den Arbeiterinnen kopfüber in eine leere Wabe gestopft und so lange festgehalten, bis sie verhungern. Hintergrund dieser brachialen Form des »Nachspiels« ist purer Überlebenszwang. So bleibt mehr Nahrung für die vorwiegend weiblichen Larven, denn allein die weiblichen Wespen arbeiten. Den Männchen bleibt nur ein kurzes Vergnügen.

Die Juwelenwespe betreibt eine besonders grausame Form von Brutparasitismus (→ Parasiten). Das Weibchen umklammert eine Kakerlake, so daß es aussieht, als würden die beiden artfremden Tiere sich paaren. Doch in Wahrheit sticht das erbarmungslose Insekt Gift in den Körper der → Schabe, die dadurch gelähmt wird. Dann knipst die Wespe ihrem Opfer die Fühlerenden ab, wodurch es völlig orientierungslos wird. Sie zerrt die Kakerlake in ihre Höhle, legt ihr ein befruchtetes Ei an eine weiche Körperstelle und mauert sie ein. Dann sucht die Wespe das nächste Opfer für das nächste Ei. Gelähmt und lebendig begraben, dient die Schabe der in ihr heranwachsenden Larve als Nahrung. Die Made verpuppt sich im Körper des hilflosen Insekts, das erst stirbt, wenn die fertige junge Wespe schlüpft.

Winkerkrabben

Die in der Tierwelt herrschende → Damenwahl hat im Laufe der Evolution dazu geführt, daß bei männlichen Winkerkrabben eine der beiden Scheren zu einem sexuellen Signalgeber wurde. Sie ist wesentlich größer als die andere und bei vielen Arten obendrein auffällig gefärbt. Durch Winken mit der

Schere versuchen die Männchen, Weibchen anzulocken. Das sieht lustig aus und gab Biologen ein Rätsel auf. Warum winken alle Winkerkrabben im gleichen Takt? Wissenschaftler der Universität Witwatersrand in Johannesburg fanden es heraus. Der Gleichtakt entsteht, weil jedes Krabbenmännchen versucht, als erster zu winken. Was lernen wir daraus? Wenn alle einen Porsche fahren, ist es auch schon wieder wurscht.

Wintergoldhähnchen

Werdende Mütter haben einiges zu tragen. Was die weiblichen Wintergoldhähnchen allerdings mit sich herumschleppen, läßt auch den dicksten Bauch als Leichtgewicht erscheinen. Zweimal jährlich legt das winzige Vögelchen acht bis elf Eier, die zusammengenommen etwa dem Eineinhalbfachen des Körpergewichts entsprechen.

Wisente

Der europäische Büffel war das erste Tier, dessen Geschlechtsakt der Mensch künstlerisch verewigte. Bereits vor über 12000 Jahren (Spätsteinzeit) modellierte ein Cro-Magnon-Mensch Wisent-Sex aus Lehm. Die lebensechte Kleinskulptur wurde in der Grotte Tuc d'Audoubert in Frankreich gefunden.

Wühlmäuse

Wer ewige Treue sucht, findet in der Natur kaum Vorbilder, denn Warzenschweine, → Wale und Wachteln lassen nichts anbrennen. Es gibt jedoch eine leuchtende Ausnahme im sündigen Reich der Tiere: die Präriewühlmäuse. Im Gegensatz zu ihrer Verwandtschaft leben die niedlichen Nager *(Microtus ochrogastor)* streng monogam.

US-Forscher haben herausgefunden, was die Tiere so eng

aneinanderbindet: Es ist ihre orgiastische »Hochzeitsnacht«. Bis zu vierzig Stunden paaren sich die Wühler. Danach zeigen beide Partner ein völlig verändertes Sozialverhalten: Sie weichen einander nicht mehr von der Seite, kuscheln und liebkosen sich bei jeder Gelegenheit. Gegenüber Geschlechtsgenossen allerdings erweist sich das bislang friedliche Männchen plötzlich als bissiger Bösewicht, der sein Weibchen eifersüchtig bewacht.

Die Biologen um Sue Carter und Thomas Insel von der Universität Maryland nehmen an, daß Präriewühlmäuse durch die exzessive Begattung in eine biochemische Falle geraten, aus der sie ein Leben lang nicht mehr herausfinden. Bei beiden bewirkt die Paarung einen Hormonschub in der Hirnanhangdrüse (→ Hormone). Das Hormon Oxytocin sorgt für ein wonniges Wohlgefühl, das den Wunsch nach Bindung an den Partner verstärkt (und die so entstehende Schmusestimmung hält wiederum den Oxytocinpegel oben). Vasopressin macht das Männchen aggressiv gegenüber Geschlechtsgenossen. Ausschweifender Sex spielt für soviel Liebesglück übrigens nur anfangs eine Rolle. Später erledigen die Nager die Fortpflanzung mit einem Quickie (kommt einem doch irgendwie bekannt vor).

An einer anderen Wühlmausart konnte bewiesen werden, daß auch bei Nagetieren männlicher Wohlstand weibliche Zuneigung entfachen kann. Wie amerikanische Wissenschaftler herausfanden, steigt die Attraktivität des Männchens mit der Qualität der Nahrung, die es zu sich nimmt. Allerdings kommt es dabei weniger auf kulinarische Raffinesse an, sondern schlicht auf einen möglichst hohen Proteingehalt. Der bestimmt die Zusammensetzung eines Duftcocktails, den das Männchen versprüht (→ Geruchssinn). Weibliche Wühlmäuse, so vermuten die Forscher, sind in der Lage, Rückschlüsse vom Geruch auf den Eiweißgehalt der Nahrung zu ziehen, die das Männchen zu sich nimmt.

Z

Zebras

Jungfräuliche Steppenzebrastuten träumen vom starken Hengst, der sie endlich aus den engen Familienbanden befreit. Damit er auch kommt, machen die Jungstuten viel Getöse um ihren ersten Östrus (→ Brunst). Sie stellen sich breitbeinig in die Steppe, heben den Schwanz und zeigen am vorderen Ende das sogenannte Rossigkeitsgesicht: vorgestreckter Kopf, halb geöffnetes Maul und geschürzte Lippen. In der Regel genügt das, um einen interessierten Junggesellen anzulocken. Gegen den erbitterten Widerstand des Vaters entführt er die Tochter.

Auch wenn sich junge Stuten gerne Hengste angeln, gegen die Paarung sträuben sie sich zumeist. Viele lassen sich erst bei der zweiten Rossigkeit bespringen. Erst wenn sich der ersehnte Entführer nicht nur als Heißsporn, sondern auch als treuer Begleiter bewährt hat, kommt es zum Geschlechtsakt. Ist dieser einmal vollzogen, bleibt die Beziehung meist beständig. War der Freier vorher Junggeselle, wird die Stute zum weiblichen → Alpha-Tier des zukünftigen neuen Familienverbandes. War er bereits mit anderen Weibchen verbandelt, muß sie sich als Rangniederste in die Gruppe einordnen.

Wenn sie einen Hengst besitzen, machen Zebrastuten kein Aufhebens mehr um ihre fruchtbaren Tage. Der Familienhengst kontrolliert ohnehin ständig den → Urin aller seiner Stuten, den er genüßlich wie ein Weinkoster abschmeckt, um zu beurteilen, in welchem Zustand das Weibchen ist.

Ziegen

Ziegenböcke gelten seit alters als Inbegriff tierischer Geilheit. Bereits in der ägyptischen Götterwelt und der griechischen Mythologie wurde den männlichen Ziegen die Rolle des geilen Bocks zugewiesen. Die Griechen erfanden obendrein allerlei Mischwesen aus Mann und Bock, wie die → Satyrn und den frechen Gott Pan. Die körperliche Ausstattung dieser sinnesfrohen Gestalten (Hörner, Hufe, Bart) wurde vom Christentum übernommen, um den Teufel an die Wand zu malen.

Wirkliche Ziegenböcke machen ihrem Ruf durchaus Ehre. Um ihren strengen Bocksgeruch noch zu steigern, spritzen sie sich selbst → Urin und Sperma in die Spitzbärte. Dies soll den Geißen sexuelle Potenz signalisieren.

Doch haben Ziegenböcke auch überraschend weibliche Seiten. Wenn man ihnen über längere Zeit die Zitzen massiert, entsteht vor dem Hodensack ein stattliches Euter, und sie geben Milch.

Zikaden

Die Männchen einiger Arten aus dieser 30000 Spezies starken Insektenordnung sind bekannt für ihr überaus lautes Liebeswerben. Der durchdringende Lockruf entsteht durch Eindellen einer Membran (Schallplatte) und kann vom Weibchen vier Kilometer weit gehört werden. Weil der Mensch nicht so gute Ohren hat, nimmt er das metallische Sirren nur über 1,5 Kilometer wahr.

Der Reproduktionszyklus der Siebzehnjahreszikade *(Magicicada septendecim)* dauert – wie der Name sagt – 17 Jahre (kein Mensch weiß, warum). Die Larven verharren diese lange Zeit in der Erde und kommen dann hervor. Zu Tausenden klettern sie Bäume empor, krallen sich an der Rinde fest und erstarren. In der Nacht platzt ihr Panzer und es schlüpft die erwachsene Siebzehnjahreszikade. Gleich darauf wollen sich die

Zikaden paaren. Die Männchen rufen und die Weibchen kommen angeflogen. Die → Eier werden im Körper des Weibchens befruchtet.

Zitzen

Diese Saugwarzen an den Milchdrüsen (→ Säugetiere, → Milch, → Busen) werden beim Menschen als Brustwarzen bezeichnet. In ihnen münden die Ausführungsgänge der Milchdrüsen. Zitzen sind immer paarweise angeordnet, ihre Anzahl variiert je nach Tierart. Wie beim Menschen tragen auch männliche Tiere kleinere, relativ nutzlose Überbleibsel, die den weiblichen Saugwarzen entsprechen. Größe und Länge

Nur beim Menschen sorgen Fettpolster dafür, daß die weibliche Brust stets rundlich geformt ist. Bei allen anderen Säugetieren (hier ein Schimpansenweibchen) ist das Gesäuge außerhalb der Schwangerschaft und Stillzeit leer und schlaff.

der Zitzen sind artbedingt und auch individuell sehr verschieden. Immer aber sind sie haarlos, damit die Jungen sich daran festsaugen können. Der dabei entstehende Reiz wird von der Zitze weiter an die Milchdrüse geleitet. Diese zieht sich dadurch zusammen und läßt die Milch nach außen fließen (Milcheinschuß). Je nachdem, wie lange und wie stark an den Zitzen gesaugt wird, bildet die Milchdrüse mehr oder weniger Nachschub. Außerdem werden durch diese Stimulierung → Hormone ausgeschüttet, die die Mutter an das Kind binden.

Vor kurzem haben Forscher eine weitere, besonders beeindruckende Bedeutung der Zitzen entdeckt: Beim Säugen gelangt stets etwas kindlicher Speichel durch die Zitze (oder Brustwarze) ins Gesäuge (oder Brust). Hier checken bestimmte Gewebestrukturen die Kinderspucke auf eventuelle Keime ab. Gegebenenfalls werden dann – zusätzlich zu den zahlreichen Immunstoffen, die Muttermilch ohnehin enthält – vom mütterlichen Organismus paßgenaue Abwehrstoffe gebildet. Mit der nächsten Milchmahlzeit erhält das Junge dann automatisch einen individuellen, natürlichen Medizincocktail.

Zitzendippen

Hinter diesem klingenden Wort verbirgt sich nicht etwa die letzte Sexualpraktik, die noch nicht in Talkshows durchgenommen wurde. Zitzendippen ist ein landwirtschaftlicher Fachausdruck. Um Euterentzündungen und wunde Zitzen zu verhindern, taucht der Bauer das Gesäuge nach dem Melken einzeln in eine Desinfektionslösung.

Zwergmännchen

Manche Tierarten haben sich darauf besonnen, daß man Männchen eigentlich nur als Samenspender benötigt (siehe »Sex warum?«) und der Körper, der am Gemächt hängt, eigentlich überflüssig ist.

Die Männchen des Igelwurms Grüne Bonellia (→ Igelwürmer) verbringen ihr Leben wie → Parasiten in den Geschlechtsorganen des Weibchens. Die drei Millimeter kleinen Würmchen besamen die → Eier ihrer walnußgroßen Gattin und haben sonst nichts zu melden. Ähnlich erbärmliche Zwerge gibt es bei → Spinnen, Krebsen und Kopffüßern. Oft besitzen sie keinen Darm, und auch ihre anderen Organe sind – bis auf die → Hoden – reduziert.

Auch männliche → Anglerfische sind winzige Wichte. Treffen sie auf ein Weibchen, docken sie sich an ihren Körper an und hören auf zu fressen. Mit der Zeit wachsen sie fest und verbinden ihren Blutkreislauf mit dem ihrer Gattin. Bei Bedarf geben sie → Samen ab, alle anderen Körperfunktionen erlöschen.

Vereinzelt gibt es im Tierreich auch den umgekehrten Fall: kleinere Weibchen, die fest mit einem größeren Männchen verbunden sind. So ist es beispielsweise beim Pärchenegel aus der Familie der Saugwürmer. Das 7 bis 20 Millimeter kleine, fadenförmige Weibchen wird von dem zu einem Rohr gefalteten Männchen umschlossen. Diese Dauerpaarung findet in den Leber- und Darmvenen des Menschen statt und löst die gefürchtete Bilharziose aus.

Zwergmännchen sind eine extreme Form des Sexualdimorphismus (→ Geschlechtsunterschied).

Zwitter

Zwittrigkeit ist in der Natur nichts Ungewöhnliches. → Regenwürmer, Plattwürmer, manche Schwämme und → Schnecken produzieren sowohl Eier als auch Spermien. Viele Fische können ihr Geschlecht wechseln und später wieder zurückverwandeln (→ Transsexuelle). So sind alle Nassau-Grouper *(Epinephelus striatus)* in ihrem Jugendstadium zweigeschlechtlich. Die meisten werden später entweder Weibchen oder Männchen. Doch etliche Tiere bleiben auch im erwachsenen Zustand Zwitter. Sandbarsche der Art *Serranus subligarius* können nach der Paarung in Sekundenschnelle ihr Geschlecht wechseln und sich daraufhin erneut paaren, nur daß das Weibchen jetzt das Männchen ist und umgekehrt. Es kommt sogar vor, daß ein einsamer Sandbarsch zunächst seine Eier ablegt und sie anschließend selbst besamt.

In den letzten Jahren häufen sich jedoch Berichte über Zwitterwesen bei Arten, wo dies natürlicherweise nicht vorkommt. Als Ursache stehen Chemiegifte unter Verdacht, die im Körper möglicherweise eine östrogenähnliche Wirkung entfalten. Es wird aber auch diskutiert, ob nicht Hormonrückstände aus → Antibabypillen, die via Frauenpipi in die Umwelt geraten, auf Tiere wirken.

Britische Forscher versenkten Käfige mit männlichen Forellen hinter die Ausläufe von Kläranlagen. Innerhalb von wenigen Tagen produzierten die Männchen Vitellogenin, ein Stoff, den normalerweise nur Weibchen bilden, weil sie ihn zur Herstellung der Eier brauchen. Nach ein paar Wochen im Schmutzwasser waren die Forellen vollends verweiblicht.

Bei einer Studie über Eisbären in der Arktis stießen norwegische Forscher auf das gegenteilige Phänomen: vermännlichte Weibchen. Acht von über 170 untersuchten Bärenweibchen besaßen einen (in einigen Fällen sogar funktionsfähigen) → Penis.

[illegible]

Stichworte

Ausgewählte Literatur

Dieses Buch soll allein der Neugierde und dem Vergnügen dienen. Es beruht jedoch auf wissenschaftlichen Fakten. Neben Interviews mit Forschern und der unten genannten Fachliteratur habe ich bei der Recherche folgende Zeitschriften verwendet: Abenteuer Natur, BBC-Wildlife, Bild der Wissenschaft, Chancen, Das Tier, Discover, Kosmos, Natur, New Scientist, Geo, Mare, Omni, P.M., Spektrum der Wissenschaft, WWF-Journal. Außerdem fand ich viele wertvolle Informationen in den Wissenschaftsteilen von Der Spiegel, Die Welt, Die Tageszeitung, Die Zeit, Focus, Frankfurter Allgemeine Zeitung, Frankfurter Rundschau und Süddeutsche Zeitung.

Es gibt eine Fülle lesenswerter Monographien zu den einzelnen in diesem Lexikon vorkommenden Tieren, in denen immer auch etwas zur Fortpflanzung der jeweiligen Art steht. Bis auf zwei Ausnahmen (Schimpansen und Bonobos – weil bei denen Sex so eine große Rolle spielt) habe ich diese hier nicht aufgelistet und mich auf zoologische Nachschlagewerke und Bücher zum Thema »Biologie der Sexualität« beschränkt.

Aristoteles: Tierkunde.
Ferdinand Schöningh Verlag, Paderborn, 1957.
Erstaunlich, wie oft der alte Grieche nach den Erkenntnissen moderner Zoologie richtig lag.

Baker, Robin: Krieg der Spermien.
Limes Verlag, München, 1997.
Der britische Biologe schildert listige Strategien der Evolution, die das menschliche Liebesleben bestimmen.

Batten, Mary: Natürlich Damenwahl.
Deutscher Taschenbuch Verlag, München, 1994.
Die amerikanische Wissenschaftsjournalistin knackt die traditionelle Vorstellung vom passiven, schwachen Weibchen und zeigt, wer beim Sex in Wirklichkeit die Macht hat.

Becker, Ganter, Just, Sauermost (Red.): Lexikon der Biologie (11 Bände). Spektrum Akademischer Verlag, Heidelberg, 1994.
Das Nachschlagewerk über die lebendige Natur.

Bezzel, Einhard: Paschas, Paare, Partnerschaften.
Antje Kunstmann Verlag, München, 1993.
Der angesehene Ornithologe schildert die biologischen Hintergründe der Geschlechterrolle von Rabeneltern, Turteltauben und anderem Geflügel.

Bölsche, Wilhelm: Das Liebesleben in der Natur (2 Bände).
Eugen Diederichs Verlag, Jena, 1906.
Der große Volksaufklärer des Kaiserreichs überrascht mit ungewöhnlichen Themen: »Mensch und Schnabeltier«, »Der Liebesroman des Bandwurms« oder »Eine weltgeschichtliche Mission des Krötenfußes« (so einige Kapitelüberschriften).

Borneman, Ernest: Sex im Volksmund.
Rowohlt Taschenbuch Verlag, Reinbek, 1974.
Wer wissen will, was »Bachstelze« oder »Beutelratte« im Rotlichtmilieu bedeuten, wird hier fündig.

Brehm, Alfred E.: Thierleben (6 Bände).
Verlag des Bibliographischen Instituts, Hildburghausen, 1864. Faksimile-Ausgabe der Stuttgarter Faksimile Edition, 1979.
Bei aller Tierliebe schimpft Tiervater Brehm wie ein Rohrspatz, wenn es um die lockere Moral der Geschöpfe geht.

Buddenbrock, Wolfgang von: Das Liebesleben der Tiere.
Athenäum Verlag, Bonn, 1953.
Staunenswerte Fakten zum »wichtigsten Vorgang« in der Natur, von einem Professor der Zoologie im Plauderton dargeboten.

Buffon, Georges Louis L., Graf von: Naturgeschichte der vierfüßigen Tiere (22 Bände).
Joachim Pauli Verlag, Berlin, 1772.
Der »Brehm« des 18. Jahrhunderts.

Buss, David: Die Evolution des Begehrens.
Kabel Verlag, Hamburg, 1994.
Vergleiche des Sexualverhaltens verdeutlichen, daß Mensch und Tier sich sehr viel ähnlicher sind, als die meisten Menschen glauben.

Dekkers, Midas: Geliebtes Tier.
Carl Hanser Verlag, München 1994.
Ein überaus vergnügliches Werk über die Sittengeschichte der Sodomie, verfaßt vom »Grzimek der Niederlande«.

De Waal, Frans und Lanting, Frans: Bonobo.
University of California Press, Berkeley (USA), 1997.
Ein ausführlicher Text- und Bildband über unsere friedlichen Verwandten, die im Kongourwald nach dem Lustprinzip leben.

Diamond, Jared: Warum macht Sex Spaß?
C. Bertelsmann Verlag, München, 1998.
Freude am Sex ist einer der Gründe für den Erfolg des Menschen in der Evolution, argumentiert der Pulitzer-Preisträger.

Dossenbach, Hans Dionys und Bührer, Emil Martin: Von Liebe und Ehe der Vögel.
C. J. Bucher Verlag, Luzern (Schweiz), 1971.
Ein schöner und informativer Bildband über Balz, Brut, Eier, Nester und alles, was sonst noch zum Geschlechtsleben der Gefiederten gehört.

Eberhard, William G.: Sexual Selection and Animal Genitalia.
Harvard University Press, Cambridge (USA), 1985.
Der Autor belegt, daß das evolutionäre Prinzip der »female choice« (siehe: Damenwahl) die überaus bizarren Geschlechtsteile vieler Säugetiere, Insekten, Spinnen und Würmer hervorbrachte.

Fischer, Helen: Anatomie der Liebe.
Droemer-Knaur Verlag, München, 1995.
Die Anthropologin schildert, warum in der Evolution des Menschen so verwickelte Gefühle wie Liebe, Lust und Leidenschaft entstehen konnten.

Ford, Clellan S. und Beach, Frank A.: Das Sexualverhalten von Mensch und Tier.
Colloquium Verlag, Berlin, 1951.
In den prüden fünfziger Jahren zeigte dieses mutige Buch, daß auch in der Tierwelt Sex und Zeugung nicht das gleiche sind und selbst Homosexualität und Onanie biologische Grundlagen haben.

Forsyth, Adrian: Die Sexualität in der Natur.
Deutscher Taschenbuch Verlag, München, 1991.
Forsyth findet auch für das ausgefallenste tierische Sexualverhalten eine plausible evolutionsbiologische Erklärung.

Francé-Harrar, Annie: Die Liebeswelt der Tiere.
Walter Seifert Verlag, Stuttgart, 1927.
Sehr vermenschlichend, jedoch eine liebenswerte Verteidigung der Tiere, die, nach Ansicht der Autorin, nicht nur dem blinden Trieb folgen, sondern zu edleren Gefühlen fähig sind.

Garding, Axel: Sexuelle Weltrekorde.
Orion Verlag, Flensburg, 1997.
Dieses von einem Sexhilfsmittelversandhaus verlegte Buch birgt erstaunliche Bilder (z. B. das Glied des Pornodarstellers Long Dong Silver), bietet jedoch im Kapitel »Pflanzen und Tiere« mehr Legenden als Fakten (meist sind nicht einmal die Artnamen richtig übesetzt).

Gesner, Conrad: Thierbuch, Vogelbuch, Fischbuch (3 Bände).
Wilhelm Serlins Verlag, Frankfurt a. M., 1669. Nachdruck der Schlüterschen Verlagsanstalt, Hannover, 1983.
Das geballte zoologische Wissen der Renaissance mit vielen Kommentaren zum Triebleben der Tiere.

Goodall, Jane: Wilde Schimpansen.
Rowohlt Verlag, Reinbek, 1971.
Die große Schimpansenforscherin beschreibt das lockere Leben unserer promiskuitiven Vettern und Cousinen im Urwald.

Goodall, Jane: Ein Herz für Schimpansen.
Rowohlt Verlag, Reinbek, 1991.
Zwanzig Jahre nach ihrem ersten Buch demontiert Goodall den Mythos vom fröhlichen Waldschrat und schildert die dunkle Seite der Schimpansen: Mord, Kannibalismus, Krieg (für den unpassenden deutschen Titel kann die Aurtorin nichts).

Gourmont, Rémy de: Physik der Liebe.
Schneekluth Verlag, München, 1990.
»Die Liebe selbst ist von Grund aus tierisch«, schreibt der Autor (1858–1915) in dieser Enzyklopädie des Geschlechtsaktes, »und gerade darin liegt ihre tiefe Schönheit.«

Grzimek, Bernhard (Hrsg.): Grzimeks Tierleben (13 Bände).
Kindler Verlag, Zürich, 1971.
Immer noch das beste Tierlexikon, obwohl das Thema Sex, ensprechend dem Zeitgeist der sechziger Jahre, zu kurz kommt.

Grzimek, Bernhard (Hrsg.): Grzimeks Enzyklopädie der Säugetiere (5 Bände).
Kindler Verlag, München, 1988.
Neuere Forschungsergebnisse und mehr Sex als im »Tierleben«.

Hagen, Wally und Horst: Die Sache mit dem Storch.
Rasch und Röhring Verlag, Hamburg, 1993.
Das Autorenpaar reist seit Jahrzehnten in die Naturreservate Afrikas, schildert also viele bizarre Sexualpraktiken aus eigener Beobachtung.

Hauenschild, Carl: Fortpflanzung und Sexualität der Tiere.
B. I. Taschenbuchverlag, Mannheim, 1993.
Ein wissenschaftlicher Überblick für Biologen über die Grundlagen der Geschlechtlichkeit.

Immelmann, Klaus: Wörterbuch der Verhaltensforschung.
Verlag Paul Parey, Berlin, 1982.
Immelmanns klar und verständlich geschriebenes Nachschlagewerk ist ein wahrer Schatz für jeden, der sich für Tierverhalten interessiert.

Köhler, Peter: Menschen beschimpfen Tiere.
Reclam, Leipzig, 1998.
Eine Anthologie für alle, die wissen wollen, wie Tiervater Brehm das Hinterteil des Pavians beschreibt oder Monty Python das Sexleben der Meeresfrüchte beurteilt.

Margulis, Lynn und Sagan, Dorion: Geheimnis und Ritual.
Byblos Verlag, Berlin, 1991.
Eine packende Analyse des menschlichen Sexualverhaltens, bei der evolutionsbiologische Argumente und eine aufgeklärt-feministische Weltsicht trefflich kombiniert werden.

Marx, Vivien: Das Samenbuch.
Eichborn Verlag, Frankfurt a. M., 1997.
Alles über das bißchen Flüssigkeit, welches Männer zur Fortpflanzung beitragen.

Miketta, Gaby und Tebel-Nagy, Claudia: Liebe und Sex.
Trias Verlag, Stuttgart, 1996.
Eine spannende Entdeckungsreise durch die Biochemie der Libido.

Morris, Desmond: Der nackte Affe.
Droemer Knaur Verlag, München, 1970.
In seinem berühmten Buch liefert der britische Verhaltensforscher biologische Erklärungen dafür, daß Menschen das Küssen und andere erotische Spezialitäten entwickelt haben.

Neunhöffer, Hilde: Freie Frauen und ihre entscheidende Rolle in der Evolution des Homo sapiens.
Dr. Kovac, Hamburg, 1995.
Die Autorin untersucht die Bedeutung der »female choice« und des Matriachats bei der Entwicklung des Menschen.

Plinius Secundus, C.: Naturkunde (Band 8: Landtiere, Band 9: Wassertiere und Band 10: Vögel).
Heimeran Verlag, (ohne Ortsangabe), 1976.
Ähnlich wie Aristoteles (von dem er viel übernommen hat) mischt Plinius die Legenden seiner Zeit mit exakter Naturbeobachtung.

Prasad, M. R. N.: Männliche Geschlechtsorgane.
Handbuch der Zoologie Band 8/51 (Hrsg: Helmcke, Starck, Wermuth)
Verlag Walter de Gruyter, Berlin, 1974.
Der Formenreichtum der Penisse in Wort und Bild.

Seel, Otto (Übers.): Der Physiologus.
Artemis Verlag, Zürich, 1987.
Der naturkundliche Bestseller des Mittelalters erklärt die Tiere als christliche Allegorie.

Sommer, Volker: Wider die Natur?
C. H. Beck Verlag, München, 1990.
Der Anthropologe und Primatenforscher belegt, daß Homosexualität im Tierreich weit verbreitet ist und sogar der Fortpflanzung dienen kann.

Sommer, Volker: Die Affen.
Gruner + Jahr Verlag, Hamburg, 1989.
Im Kapitel »Sex – das ganz vertrackte Puzzle« geht Sommer der Frage nach, warum es unter den Affen so viele verschiedene Formen des sexuellen Zusammenlebens gibt.

Storch, Volker und Welsch, Ullrich: Kurzes Lehrbuch der Zoologie.
Gutav Fischer Verlag, Stuttgart, 1994.
Wer Kapitel 11 (Fortpflanzung) liest, weiß endlich, worum es beim Sex eigentlich geht.

Strauss, F.: Weibliche Geschlechtsorgane.
Handbuch der Zoologie Band 8/36 (Hrsg: Helmcke, Lengerken, Starck, Wermuth)
Verlag Walter de Gruyter, Berlin, 1964.
Alles über Eierstöcke und andere Teile der weiblichen Anatomie.

Volmarus: Der heiligen Hildegard mystisches Thierbuch und Artzeneyenkunde.
Gloriette Verlag, Wien (ohne Erscheinungsjahr – vermutlich erstes Drittel des 20. Jahrhunderts).
St. Hildegard entrüstet sich gern über das Triebleben der Tiere (»Der Bär hat einen Hang zur Sinneslust«) und empfielt mitleidlos die gesamte Fauna zu Tropfen, Pillen und Salben zu verkochen.

Wickler, Wolfgang und Seibt, Uta: Das Prinzip Eigennutz.
Piper Verlag, München, 1991.
Die beiden Verhaltensforscher zeigen, daß genetischer Egoismus das Handeln der Lebewesen bestimmt, auch bei der Fortpflanzung.

Wickler, Wolfgang und Seibt, Uta: männlich weiblich.
Piper Verlag, München, 1990.
Sexualität aus soziobiologischer Sicht.

SERIE PIPER

Francesco Santoianni

Von Menschen und Mäusen

Alles über Maus & Co. Aus dem Italienischen von Karin Diemerling. 233 Seiten. SP 2594

»Das Buch, dessen deutscher Titel auf John Steinbecks berühmten Roman ›Von Mäusen und Menschen‹ anspielt, handelt von Maus und Co. In den weitläufigen Familien der Nager sind viele Tiere bekannt, aber welche beschäftigen die Menschheit mit gleichbleibender Intensität seit Tausenden von Jahren? Ratten und Mäuse. Sie sind Ursache irrationaler Ängste, ein klarer Fall für die Psychoanalyse. Ihre enorme Fruchtbarkeit, die jeden Kampf gegen sie sinnlos macht, ist sicher ein Grund für diese Ängste, aber auch dafür, daß sie wichtige Rollen in uralten Mythen spielen und in manchen Ländern bis heute als Gottheiten verehrt werden. Sie vernichten Ernten und werden gejagt, aber ihnen brachte man in früheren Zeiten auch Opfer dar, um ihre Verwüstungen fernzuhalten. Mäuse wurden als Zeichentrickfiguren berühmt – die berühmteste heißt Micky Maus – und wärmten die Herzen mit der Vorstellung, daß auch ein kleines unterschätztes Wesen zum Helden werden kann. Mäuse bringen richtige kriminelle Energie auf, wenn es ums Eierklauen geht: Eine packt das Ei, eine andere zieht sie am Schwanz ins Mäuseloch – das ist belegt! Ratten sind erst recht für ihre Intelligenz und ihre sozialen Fähigkeiten berühmt: Sie finden jeden einmal gewiesenen Weg in Labyrinthen, keine Ratte frißt etwas, was einer anderen im Rudel nicht bekommen ist. Ratten brachten die Pest mit den großen Handelsflotten über die Meere von Kontinent zu Kontinent, aber nicht sie sind Überträger der Krankheit, sondern die Flöhe, die Ratten wie Menschen infizieren. Mäuse und Ratten enden zu Millionen in den Versuchslabors der industrialisierten Welt.

Das alles erzählt Francesco Santoianni mit Sympathie für die Tiere in lockerem Ton.

Westdeutscher Rundfunk

Peter Goldsworthy

Wunsch und ich

Roman. Aus dem Englischen von Margitt Lehbert.
332 Seiten. SP 2692

John James – kurz J. J. genannt – und seine Schülerin Eliza sind das provozierendste Paar der Saison: Eliza ist ein Gorillaweibchen, und J. J. soll ihr die Gebärdensprache beibringen. Irgendwie bisher im Leben zu kurz gekommen, widmet sich der gehemmte und einsame J. J. mit Hingabe dem Auftrag eines Tierschützer-Ehepaars. Die Hingabe aber mündet in eine Katastrophe – J. J. wird der Sodomie angeklagt… Mit enormer Sensibilität läßt Goldsworthy diese ungewöhnliche Geschichte John James selbst erzählen, so daß der Leser ganz in den Bann der Vielschichtigkeit und Intimität dieses Themas gezogen wird: eine tief berührende Liebestragikomödie, in der die moralischen, philosophischen und wissenschaftlichen Aspekte behutsam zu einer fesselnden Geschichte von Liebe, Leidenschaft und Tod verbunden sind.

William Quindt

Die Straße der Elefanten

Ein Roman aus Afrika.
297 Seiten. SP 2783

Im Auftrag einer reichen Lady reist Roger Robin, Weltenbummler und Abenteurer, ins innerste Afrika: Er soll den legendären Elefanten-Friedhof finden mit seinen Bergen von Elfenbein. Robin, den Abenteuer, aber auch das »weiße Gold« locken, fährt den Nil hinauf bis in die Sümpfe des Bahr-el-Ghazal. Da begegnet er Yala, der schwarzen Zauberin vom Stamm der Ndorobo. Sie führt ihn auf der Straße der Elefanten zum See Uobogo. Yala, die auch »Schwester der Elefanten« genannt wird, will verhindern, daß Robin die Elfenbeinschätze plündert. Als Robin zum ersten Mal den See Uobogo erblickt, weiß er, daß er im Paradies angekommen ist, daß er dieses atemberaubende Stück Natur niemals zerstören, niemals mehr verlassen wird.

SERIE PIPER

Bernard Werber

Die Ameisen

Roman. Aus dem Französischen von Michael Mosblech. 371 Seiten. SP 2842

Sie sind winzig, intelligent und grausam: die Ameisen. Und sie starten einen mörderischen Vernichtungsfeldzug gegen die menschliche Zivilisation. Das verhängnisvolle Experiment eines verrückten Wissenschaftlers ist der Auslöser einer Serie ebenso geheimnisvoller wie grausiger Ereignisse. Der Alptraum beginnt im Keller eines halb verfallenen Hauses ... Ein bizarrer und spannender Horrortrip in die phantastische Mikrowelt der Ameisen

Bernard Werbers atemberaubend spannender Roman beginnt in einem halb verfallenen Haus, das Jonathan von seinem Onkel, einem verrückten Wissenschaftler, geerbt hat. Sein Testament enthielt nur einen kryptischen Satz: »Niemals den Keller betreten!« Schon kurz danach werden Jonathan, seine Frau Lucie und sein Sohn Nicolas von einer beunruhigenden Vorahnung geplagt. Der Alptraum beginnt, als Nicolas' Pudel nach einer Expedition in den Keller nur noch aus blutigen Fetzen besteht. Während immer mehr Menschen, wie magisch angezogen, in den Keller steigen, ohne wiederzukehren, führt uns die Erzählung in eine unterirdische Gegenwelt: in die Millionenmetropole Bel-o-kan, regiert von einer mächtigen Königin, die ihre Soldatinnen, Arbeiterinnen, Nahrungs- und Nachwuchserzeugerinnen unter eiserner Kontrolle hat. Als Vermittler zwischen diesen beiden Welten entpuppt sich der Onkel, der in seinem unterirdischen Labor eine Sprache zwischen Mensch und Ameise entwickelt hatte.

»Neugierige seien gewarnt: Ihr Verhältnis zu Ameisen und Kellern wird nie mehr so sein wie vor der Lektüre dieses Wahnsinnsbuchs.«
Brigitte

Ella Maillart

Geliebte Seidenpfote

Mit einer Katze allein durch Indien. Aus dem Englischen von Ursula von Wiese. Mit einem Nachwort von Brigitte Ebersbach und neun Fotos der Autorin.
257 Seiten. SP 2903

Sie hat einfach mehr Glück als die meisten anderen Katzen in diesem Land: Ihr Leben beginnt in einem Schrank im indischen Tiruvannamalai, und dann verbringt sie drei Jahre an der Seite der Schweizer Abenteurerin Ella Maillart, als diese Anfang der vierziger Jahre Indien bereist. Ti-Puss, so nennt sie zärtlich das verspielte Katzenkind, wird als das Urbild aller Katzenwesen beschrieben und darf sie überallhin begleiten: Sie sitzt auf den Lagern der bewunderten indischen Meister, nimmt ein Bad im Ganges, geht mehrfach verloren und wird wiedergefunden. Die enge Verbindung zwischen dem kleinen, ungewöhnlichen Kätzchen und der Abenteurerin ist eine hinreißende Liebeserklärung an alle Katzen dieser Welt.

Die Seele des weißen Bären

Geschichten aus dem Reich der Tiere. Ein GEO-Buch. Herausgegeben von Peter-Matthias Gaede.
352 Seiten. SP 2898

In den hier versammelten Reportagen aus GEO erfährt man Erstaunliches über die friedfertigen Berggorillas in Rwanda oder über die Tüpfelhyänen, die fabelhaften Jäger der Savanne, aber auch Interessantes über die Verständigung zwischen Mensch und Tier – sei es bei der Raubtierdressur oder beim Tauchen mit Delphinen. Der Leser lernt lebende Fossilien wie die Quastenflosser kennen und ausgestorbene Tiere wie jene Flugechsen, die viele Millionen Jahre lang den Luftraum beherrschten. Und er erfährt Skurriles über so rätselhafte »Tiere« wie den Yeti oder den Orang-Pendek. Kritische Texte setzen sich mit der Rolle von Tieren in der Werbung und mit Tierversuchen auseinander. Das Buch lädt dazu ein, über die wilden Seiten scheinbar vertrauter wilder Wesen zu staunen.

Midas Dekkers

Miau

Aus dem Niederländischen von Maria Csollány. Illustrationen von Maus Slangen. 100 Seiten. SP 2634

Den alten Ägyptern war sie heilig, und in unserer Kultur ließen sich Maler und Schriftsteller wir Charles Dickens, Ernest Hemingway oder Charles Baudelaire von diesem geheimnisvollen Tier inspirieren: die Katze, geliebt oder gehaßt, aber immer ein großes Faszinosum. Warum es keine Bernhardiner-Katzen gibt, weshalb Sanftpfote von der Kirche einst zum Werkzeug des Teufels abgestempelt wurde oder wie es kommt, daß wir Katzen so gerne streicheln und ihr sanftes Schnurren auf unserem Schoß so sehr genießen – diesen und weiteren Fragen geht Midas Dekkers, Biologe und Katzenfreund, nach. Ein Buch für die zahlreichen Liebhaber dieser wundervoll-eigenwilligen Geschöpfte.

Brigitte Riebe

Moon

Ein Katzenroman. 320 Seiten. SP 2711

Katzenliebhaber trauen den kleinen Samtpfoten einfach alles zu. Aber kann die Katze Moon, die in einer mondhellen Sommernacht halbverhungert und verletzt vor der Villa der Familie Hirsch sitzt, vielleicht wirklich zaubern? Zumindest scheint das süße Ding mit geheimnisvollen Mächten im Bunde zu stehen. Denn bei Familie Hirsch, die Moon nach Leibeskräften pflegt und hätschelt, beginnen sich die unzähligen Dramen aufzulösen und die vielen Wehwehchen zu weichen. Mutter Evelyn kann endlich dem sinnlichen Schreiner Franz widerstehen, Vater Christoph weiß sich plötzlich Rat in seinen geschäftlichen Sorgen und kann seinerseits der verführerischen Maxie entsagen, Tochter Fanny wird ihre Ängste los und Sohn Till hat Erfolg im Schulmusical. Sogar Großmutter Ilona kommt plötzlich zu Geld und erlebt eine traumhaft romantische Liebesgeschichte.

SERIE PIPER

Dirk Maxeiner, Michael Miersch

Lexikon der Öko-Irrtümer

Fakten statt Umweltmythen.
494 Seiten. SP 2873

»Das Klima kippt.« – »Der Wald stirbt.« – »Die Rohstoffe werden immer knapper.« Täglich werden wir mit solchen Schreckensmeldungen konfrontiert. Häufig steckt dahinter jedoch ein Gemisch aus widersprüchlichen oder fragwürdigen Zahlen, aus Annahmen, Schätzungen und unzulässigen Verallgemeinerungen. Die renommierten Journalisten Dirk Maxeiner und Michael Miersch untersuchen rund hundertfünfzig Vorurteile, hinterfragen sie kritisch und lassen kompetente Wissenschaftler zu Wort kommen. Sie plädieren für einen Neuanfang in der Umweltpolitik und empfehlen, die erstarrten Weltbilder durch fröhliche Aufklärung und konstruktive Veränderung zu ersetzen. Sie bringen fundierte Fakten und Zahlen auf den Tisch, die ein erheblich differenzierteres Bild über den Zustand unseres Planeten ermöglichen.

Werner Fuld

Das Lexikon der Fälschungen

Lügen und Intrigen in Kunst, Geschichte und Literatur.
352 Seiten. SP 3011

Fälschung ist, wenn man erwischt wird. Und weil das selten geschieht, ist die Welt voller Fälschungen: Rolex-Uhren, Stradivaris, Münzen, Briefmarken, Hitlers Tagebücher und Shakespeares Manuskripte, Gemälde von Picasso und Skulpturen von Rodin. Werner Fuld präsentiert Lügen und Intrigen in Kunst, Wissenschaft, Geschichte und Literatur, er schildert unterhaltsam und kenntnisreich Hintergründe und Anekdoten, Ungeheures und Unglaubliches über Fälscher, Gefälschtes und ihre Opfer.

»Der Leser staunt und amüsiert sich köstlich – auch darüber, daß einige Fälschungen fast noch origineller wirken als manche Originale. Zumal Werner Fuld ausgesprochen originell, unterhaltsam und kenntnisreich in die Welt der Fälschungen, Plagiate und Erfindungen entführt.«

Deutsche Welle

Wie entsteht [illegible] Gänsehaut,
Schluckauf und Orgasmus?

Jürgen [illegible]
Lexikon der
[illegible]

[illegible] Mal [illegible] die
[illegible] Morgan [illegible]
[illegible]
[illegible] Körpers [illegible]
[illegible] Zwischen [illegible]

[illegible]ichborn